Wolfgang Brenner
Walther Rathenau

Zu diesem Buch

Erfolgreicher Großindustrieller im Vorstand der AEG, strategisch denkender Politiker, umtriebiger Erfinder, Philosoph und Schriftsteller: Walther Rathenau (1867 – 1922) ist eine ungemein komplexe und faszinierende Figur der deutschen Geschichte. Keine andere Persönlichkeit hat die Epoche des Übergangs vom Kaiserreich zur Republik so geprägt wie er. In seiner Wandlung vom preußischen Patrioten zum Demokraten verkörpert er beispielhaft jene Zeit des Umbruchs, deren Kenntnis heute jedem tieferen Verständnis der Jahre 1933 bis 1945 vorauszugehen hat. Denn mit Rathenaus Ermordung scheiterte auch die andere Möglichkeit der Geschichte: die Schaffung eines neuen demokratischen Deutschlands, für das dieser Mann stand und für das er sterben mußte. Gerade sein tragisches Leben aber eröffnet einen unverstellten Blick auf die deutsche Vergangenheit: Was wäre gewesen, wenn der Jude Rathenau nicht von seinen rechten Hassern ermordet worden wäre?

Wolfgang Brenner, geboren 1954 in Quierschied im Saarland, studierte Germanistik und Philosophie und ist als Journalist, Autor und Filmemacher in Berlin und im Hunsrück tätig. Neben der Biographie von Walther Rathenau hat er vor allem Romane und Erzählungen veröffentlicht.

Wolfgang Brenner

Walther Rathenau

Deutscher und Jude

Mit 33 Abbildungen auf Tafeln

Piper München Zürich

Von Wolfgang Brenner liegen bei Piper im Taschenbuch vor:
Vegetarische Weihnachten (mit Waldemar Thomas)
Walther Rathenau

FSC

Dieses Taschenbuch wurde auf FSC-zertifiziertem Papier gedruckt.
FSC (Forest Stewardship Council) ist eine nichtstaatliche, gemeinnützige Organisation, die sich für eine ökologische und sozialverantwortliche Nutzung der Wälder unserer Erde einsetzt (vgl. Logo auf der Umschlagrückseite).

Ungekürzte Taschenbuchausgabe
Juni 2007

Umschlag/Bildredaktion: Büro Hamburg
Heike Dehning, Charlotte Wippermann,
Alke Bücking, Daniel Barthmann
Umschlagfoto: Hulton-Deutsch Collection/Corbis
Satz: Uwe Steffen, München
Papier: Munken Print von Arctic Paper Munkedals AB, Schweden
Druck und Bindung: Clausen & Bosse, Leck
Printed in Germany ISBN 978-3-492-24977-5

www.piper.de

INHALT

IM NORDEN VON BERLIN
1867–1890

GROSSE FLUCHTEN
1891–1908

MEIN LEBEN ALS BÜRGER
1909–1913

DER KRIEG
1914–1918

DIE SPRACHE DER MÖRDER
1919–1922

IM NORDEN VON BERLIN

1867–1890

Die imaginierte Not

Walther Rathenau sprach oft darüber, und wenn er es tat, so klang er bitter: Er habe eine schwere Kindheit gehabt, geprägt von Verzicht, von Strenge, einem übermächtigen, ungerechten Vater, der die Kinder seinen zeitweiligen beruflichen Mißerfolg spüren ließ, und einer zarten Mutter, die darunter litt, daß sie ihrem Lieblingssohn Walther nicht das bieten konnte, was er verdiente. Diese Sichtweise hat sich festgesetzt.

Bei unbefangener Betrachtung muß man sagen: Die Not des jungen Rathenau entsprang allein seiner Imagination. Seine Kindheit war – zumindest was die äußeren Umstände und die Sorgfalt der Eltern anging – privilegiert, um nicht zu sagen, harmonisch.

Warum hat er das selbst anders empfunden? Das hängt wohl mit einer Überempfindlichkeit zusammen, die es ihm selten ermöglichte, menschliche Beziehungen ohne theatralische Überlagerungen zu sehen – im Guten wie im Schlechten.

Rathenau ist in gutbürgerlichen, materiell und emotional gesicherten Verhältnissen im damals proletarisch geprägten Berliner Norden aufgewachsen. Seine Eltern waren Juden – aber sie hatten keine orthodoxen Ambitionen. Die Rathenaus gehörten zur Mehrheit unter ihren besser situierten Glaubensgenossen, die der Praxis ihrer Religion gegenüber eine gewisse Souveränität, man mag es auch Nachlässigkeit nennen, an den Tag legten.

Walthers Nichte Ursula von Mangoldt, die Tochter seiner 15 Jahre jüngeren Schwester Edith, schrieb dazu: »Rathenaus waren keine orthodoxen, sondern liberale Juden. Sie feierten christliche Feste, wenn auch, wie meine Mutter uns erzählte, Weihnachten immer sehr trostlos war. Wohl stand ein geschmückter Baum im Zimmer, aber die Geschenke waren kläglich und ohne jede Phantasie.«[1]

Man weiß, daß Kinder aus liberal-jüdischen Elternhäusern oft mehr zu leiden glaubten als ihre Altersgenossen aus dem streng religiösen Milieu, die die Orthodoxie als folkloristische Bereicherung empfanden oder sie bis zur Adoleszenz mit Fatalismus hinnahmen. Sein Judentum war Walther ein »notwendiger und geliebter Feind«[2]. Er bekämpfte es bei sich und bei anderen – und löste sich deshalb nie von ihm.

Nur ein Jahr vor Walther Rathenaus Geburt hatte Preußen einen Krieg gewonnen. Im Streit um die Vorherrschaft in Mitteleuropa war es den Berlinern 1866 gelungen, die zweite deutsche Großmacht Österreich zu schlagen und aus dem Deutschen Bund zu vertreiben. Preußen war zur zentralen Macht geworden. Die Schlacht bei Königsgrätz hatte General Helmuth Graf von Moltke vor allem durch den Einsatz des neuartigen Zündnadelgewehrs und der Eisenbahn als Truppentransportmittel gewonnen. Folglich wußte man in Berlin fortan zu schätzen, was es hieß, seinem Gegner technologisch voraus zu sein.

In dieser Welt wurde der kleine Walther groß.

In kurzer Zeit wurden nacheinander das Telephon durch Alexander Graham Bell, der Viertaktmotor durch Nikolaus Otto und durch Thomas Alva Edison der Phonograph erfunden und ausgewertet. Seit 1870 verkehrten Züge der Union Pacific regelmäßig zwischen Boston und Kalifornien.

Im selben Jahr fand ein für das jüdische Berlin großes Ereignis statt: In der Oranienburger Straße wurde nach sieben Jahren Bauzeit die neue Synagoge eingeweiht. Der Davidstern auf der reich verzierten Kuppel prangte 50 Meter über der Straße.

Bereits im Jahre 1869 war der Bauzaun um den wohl größten Bauplatz der boomenden Stadt gefallen. An der Königstraße zwischen Spandauer und Jütenstraße wurde das Rote Rathaus eröffnet. Am 30. Juni tagte der Magistrat zum ersten Mal in dem imposanten Gebäude, das im damals exotisch wirkenden »toskanischen Stil« errichtet ist. Der Turm war mit seinen 74 Metern das höchste Gebäude Berlins.

Das neue Gebäude ersetzte das alte Cöllnische Rathaus, das für die immer größer werdende Verwaltung der Hauptstadt zu eng geworden war. Noch heute erahnt man angesichts des Roten Rathauses die Dimensionen, in denen die Stadtväter in den sechziger Jahren des 19. Jahrhunderts dachten. Das imposante Haus entspricht in seinen Ausmaßen durchaus den repräsentativen Bedürfnissen einer Millionenstadt. Als es geplant wurde, hatte Berlin mit seiner Umgebung gerade 500 000 Einwohner. 1871 waren es schon doppelt so viele, und zwei Jahrzehnte später war die Zweimillionengrenze erreicht.

Rathenau wuchs also in einer Stadt auf, deren Einwohnerzahl sich innerhalb von 25 Jahren vervierfachte. Das war eine Dynamik, die für heutige Verhältnisse unvorstellbar ist. 1914 – zu Beginn des ersten Weltkriegs und vor Rathenaus Zeit als aktiver Politiker – hatte Großberlin bereits 3,7 Millionen Einwohner, war also auf die Größe von Paris angewachsen. Dieses enorme Wachstum vollzog sich vor allem in den Jahren, in denen Rathenau zum Erwachsenen heranreifte. Als der Prozeß abgeschlossen war, hatte er das 46. Lebensjahr erreicht. Das heißt, er hat den Großteil seiner Lebenszeit in der Phase verbracht, in der Berlin sich zur europäischen Metropole entwickelte. Das hat ihn stark geprägt.

Aufsehen erregte im Berlin des Jahres 1880 – Walther war noch keine 14 Jahre alt – der »Antisemitismusstreit« mit dem Historiker Heinrich von Treitschke. Dieser hatte in einem demagogischen Aufsatz die Juden als Nichtdeutsche und fremdes Element im Volk beschrieben. Sein Kollege Theodor Mommsen antwortete, Treitschke habe sich mit dem »Pöbel aller Klassen« gemein gemacht, und nannte ihn später den »Vater des modernen Antisemitismus«.

Begonnen hatte die Auseinandersetzung bereits 1879, als der Politiker Wilhelm Marr die »Antisemitenliga« gegründet hatte. Marr hatte den Begriff des Antisemitismus in die politische Debatte eingeführt; der Historiker Treitschke übernahm ihn dankbar. In einem vielbeachteten Artikel in den *Preußischen Jahrbüchern* schob er den Juden die Schuld an dem Materialismus zu, der im soeben erst gegründeten Deutschen Reich um sich griff. Es war, als habe Treitschke ein Wehr geöffnet, das die Affekte der christlichen Deutschen bisher nur mit Mühe im Zaum hatte halten können. Ein wahrer Schwall von Vorwürfen ergoß sich über die Juden. So sollten sie, weil viele von ihnen als Geschäftsleute erfolgreich waren, nicht nur für den Verfall der deutschen Ideale verantwortlich sein: Auch die dramatische Finanzkrise des Jahres 1873, als die meisten euphorischen Gründeraktivitäten sich als Luftblasen erwiesen hatten, sollten sie verursacht haben. Vor diesem Hintergrund wird auch verständlich, daß der Jude Emil Rathenau seine Gewinne aus diesem Börsendebakel mit allergrößter Diskretion behandelte.

In krisenhaften Zeiten und nach herben wirtschaftlichen Verlusten, die man sich mit dem wenigen, was man über die Kräfte der Ökonomie zu wissen glaubte, kaum erklären konnte, lechzte man nach einfachen Ursachen – und nach Schuldigen. Die Stimmung im Deutschen Reich richtete sich gegen die jüdischen Mitbürger. Das ging so weit, daß ihnen von mehreren Seiten unterstellt wurde, sie hätten ein Interesse daran, mit ihren wirtschaftlichen Machenschaften den noch jungen deutschen Staat zu ruinieren.

Dabei betrug der Anteil der Juden an der Gesamtbevölkerung in den siebziger Jahren des 19. Jahrhunderts gerade mal 1,7 Prozent. Dennoch nahm die Hetze ständig zu. Ein wichtiger Streitpunkt war die rechtliche Gleichstellung der deutschen Juden durch die neue Reichsverfassung von 1871, die diesen Punkt von der Verfassung des Norddeutschen Bundes übernommen hatte.

Vater Rathenau war kein Mann der Politik. Aber diese Stimmung hat er genau registriert, wie sein Umgang mit den Börsengewinnen zeigt. Vor seiner Familie hat er die möglichen Folgen der antijüdischen Hetze jedoch geheimgehalten.

Zwischen zwei Familien

Walther Rathenau wurde am 29. September 1867 in Berlin geboren. Er war das erste Kind des Maschinenfabrikanten Emil Rathenau und seiner damals 22jährigen Frau Mathilde. Die Mutter sollte zum wichtigsten Menschen im Leben des Jungen werden.

Mathilde war die Tochter des Frankfurter Bankiers Isaak Joseph (später Isidor) Nachmann und stammte aus einer wohlhabenden sephardischen Familie. Wie viele Bankhäuser geriet jedoch auch das Institut Nachmann in diesen Jahren in eine Krise. Isidor

Nachmann verlor schon vor dem großen Gründerkrach von 1873 sein gesamtes Vermögen und beging 1870 im Alter von 54 Jahren Selbstmord.

Damals war Walther kaum drei Jahre alt. Er hat den reichen Frankfurter Großvater nicht mehr kennengelernt, aber von der großen Zeit der Nachmanns durch seine Mutter viel gehört. Mathilde hat ihr ganzes Leben lang den kultivierten und luxuriösen Jugendjahren in Frankfurt nachgetrauert – obwohl ihr etwas weniger großbürgerlicher Gatte Emil die Familie niemals, auch nicht beim großen Finanzkrach, auch nur an den Rand des Ruins brachte. Der Untergang des Hauses Nachmann durch den tragischen Freitod des Vaters hat die schwärmerische Mathilde dennoch darin bestärkt, dem ältesten Sohn ihre Frankfurter Mädchenjahre als einen im Vergleich zum drögen Berliner Alltag paradiesischen Zustand kultureller und wirtschaftlicher Erfüllung vor Augen zu führen.

Auch wenn der scharfe Kontrast, den die Mutter dem Sohn vermittelte, den Berliner Rathenaus Unrecht tat: Mathilde stammte aus einem ehrwürdigen jüdischen Geschlecht. Die Familien Stiebel, Bonn, Speyer, Strauß, zu deren Kreis die Nachmanns gehörten, waren die ältesten jüdischen Patrizier Frankfurts, ihre Ahnenreihe reichte bis ins 15. Jahrhundert zurück.

Walthers Berliner Großvater hieß Moritz Rathenau. Er war kein Unbekannter, in seinem Haus traf sich das bessergestellte jüdische Berlin. Geschäftlich blieb dem Fabrikanten der dauerhafte Erfolg jedoch versagt. Um so gesünder war für die Rathenaus seine Heirat mit einer jüdischen Patrizierin: Es gelang dem kaufmännischen Versager, die Tochter des Kommerzienrats Joseph Bendix Liebermann zu erobern.

Dieser Liebermann besaß mehrere Fabriken und vor allem Stahlhütten im Osten des Landes. Seine Familie war in Preußen hoch geachtet, sie brachte berühmte Wissenschaftler hervor und sogar einen Künstler von Weltruf. Der Maler Max Liebermann war der Cousin von Walthers Vater Emil. Was jedoch noch mehr zählte als diese illustre Verwandtschaft: Bendix Liebermann verfügte durch seine Hütten über genügend Geldmittel, um dem eingeheirateten Rathenau und seiner jungen Familie in entscheidenden Momenten unter die Arme greifen zu können.

Zu beiden Familien, zu den Rathenaus und den Nachmanns, entwickelte Walther ein komplexes Verhältnis. Er fühlte sich von ihren Eigenarten angezogen, gleichzeitig aber bekämpfte er ihren Niederschlag in seiner Persönlichkeit. Eine Mischung aus Trabantentum und Autonomie nennt Peter Berglar diese zwiespältige Erbschaft und vermutet, daß die daraus resultierende seelische Spannung eines von Rathenaus Lebensgesetzen war.[3]

Daran ist bestimmt etwas Wahres. Die Folgerung aber, die nicht vollzogene Abnabelung vom Elternhaus sei die Ursache dafür gewesen, daß Walther zeitlebens keine echte Bindung hat eingehen können, keine Familie gründen, keine Kinder hat zeugen können, ist eine typische Verirrung der Zeit, in der Berglar über Rathenau geforscht hat. Sein Buch über Rathenau ist 1970 erschienen.

Mathilde Nachmann wurde am 17. März 1845 geboren, sie heiratete im Alter von 21 Jahren, nämlich am 16. Oktober 1866, den 28jährigen Emil Rathenau. Sie sprach gerne von der Großzügigkeit ihres Vaters, des Bankiers Nachmann, der zahlreiche Briefe von Menschen besessen habe, die ihm seine Wohltätigkeit in warmen Worten gedankt hätten. Angeblich hatte der alte Nachmann diese Dankesbriefe vernichtet, nachdem er sie seiner Tochter gezeigt hatte[4].

Mathilde Nachmann neigte dazu, die Menschen, die sie liebte, zu stilisieren. Sie tat das nicht ungeschickt, indem sie selten deren Einzigartigkeit bloß behauptete, sondern sich dazu immer eines Dritten bediente: So urteilte nicht sie, sondern – nach ihrem Zeugnis – der weltberühmte Erfinder Thomas Alva Edison über ihren ältesten Sohn Walther: »He knows things, I have no idea of.«[5]

Walther, der an Mathilde hing und sich gleichzeitig ein Leben lang aus ihrer Kontrolle zu befreien versuchte, hat seine Mutter als warmherzig, sensibel und künstlerisch interessiert dargestellt. Wir dürfen uns Mathilde Rathenau, geborene Nachmann, jedoch nicht als ein sanftmütiges Bankierstöchterchen vorstellen, das die Liebe in den stumpfsinnigen Haushalt eines kunstfeindlichen preußischen Industriellen verschlagen hatte.

Zwar litt sie unter der geschäftlichen Besessenheit ihres Gatten – und sie entschädigte sich für das Entgangene an ihrem Sohn. Das tat sie so, wie unzufriedene Mütter das zu tun pflegen: besitzergreifend und rücksichtslos. Zwar zeigte sie Verständnis für seine von ihr geweckten musischen Interessen. Aber das tat sie nur, solange Walther sich anstrengte, das zu sein, was sie ihn ihm sah.

Wenn Etta Federn-Kohlhaas, die sie gut kannte und mit der sie nach dem Tod ihres Sohnes lange Gespräche führte, betont, ihr psychologisches Urteil sei »von männlicher Schärfe und Klarheit« gewesen, so hieß das: Mathilde war zu drastischen Charakterisierungen in der Lage und hielt auch mit ihrer Meinung nicht hinterm Berg, wenn diese verletzend war.

Walther bekam das vor allem in seinen späteren Jahren zu spüren, als Mutter Mathilde zwar »abgeklärter und weiser«, aber auch bitterer und menschenfeindlicher geworden war. Ihr legendärer Brief an Frau Techow, die Mutter eines der Mörder ihres Sohnes, der lange als Musterbeispiel humanistischer Größe galt, ist ein raffiniertes Zeugnis dieser Verhärtung: »Hätte er [Ihr Sohn] meinen Sohn gekannt, den edelsten Menschen, den die Erde trug, so hätte er eher die Mordwaffe auf sich selbst gerichtet, als auf ihn. Mögen diese Worte Ihrer Seele Frieden geben.«[6]

Etta Federn-Kohlhaas, die Mathilde dankbar für die Anregung zu ihrem Buch war, kommt nicht umhin zu bemerken, bei aller Monomanie des Gatten Emil sei auch Mathilde eine »Herrschernatur« gewesen.[7]

Da der von der Technik und seinen Geschäften völlig in Anspruch genommene Ehemann, der ihr das Familiäre weitgehend überließ, wenig Angriffsfläche für ihren Drang zu herrschen bot, konzentrierte sie ihre Ambitionen auf den Ältesten, der dafür empfänglicher schien als der zweitgeborene Erich. Dieser kam zu sehr nach dem Vater, drohte ebenso ein technisches Genie zu werden und besaß trotz einer schweren Erkrankung die glückliche Gabe der Sorglosigkeit und Lebensfreude, die andere schnell einnahm, aber wenig Chancen für komplizierte Vereinnahmungen bot.

Walther hingegen kam nach der Mutter. Er sehnte sich nach immaterieller, musischer Erfüllung und wurde darin von sanfter, aber nachdrücklicher Hand bestärkt. In schulischen Angelegenheiten zog Mathilde allerdings am selben Strang wie der Vater: Walther sollte arbeiten und als Klassenprimus nach Hause kommen, nicht als mittelmäßiger, sich durchlavierender Schüler. Als Walther kurz vorm Abitur – verschreckt durch die Mahnung des Lehrerkollegiums und durch den Furor des Vaters – verbissen zu lernen begann, wollte sie ihn unterstützen. Sie examinierte ihn in allen Fächern, in denen er schlecht stand. Sogar griechische Vokabeln und Grammatik hörte sie ab, obwohl sie selbst nie Griechisch gelernt hatte.[8]

Die Strenge Emil Rathenaus in schulischer Hinsicht war verständlich.

Er selbst hatte aus Gründen, die mit der wechselhaften finanziellen Geschichte seiner Familie zu tun hatten, eine sehr lükkenhafte Schulbildung genossen. Er konnte das Gymnasium am Grauen Kloster nur besuchen, weil vermögende Verwandte ihn unterstützten. Von dort wurde der junge Emil jedoch relegiert, nachdem er im Unterricht Knallerbsen geworfen hatte.[9] Anschließend blieb ihm nichts anderes übrig als eine Maschinenbaulehre in der Fabrik seines Onkels in Wilhelmshütte. So etwas prägt den Umgang mit der nachwachsenden Generation.

Auch wenn es bei Rathenaus rigide Regularien gab, so wurden die Kinder dennoch nicht so streng erzogen, wie das in wilhelminischer Zeit üblich war, also mit drakonischen Strafen, die bis zum regelmäßigen Prügeln gingen. Mathilde lehnte Schläge ab, der Vater hatte wohl keine Zeit und nicht die Nerven dazu. Walther und Erich (die Schwester Edith wurde erst 1883 geboren) wurden »aktiv« erzogen, das heißt, Mathilde versuchte sie, nötigenfalls auch mit Nachdruck, von der Richtigkeit ihrer Forderungen zu überzeugen. Das war alles andere als die Regel in dieser Zeit und in diesen Kreisen.

Walther machte es ihr dennoch nicht immer leicht. Der Junge, der die Mutter um so mehr vergötterte, je mehr er sich vom Vater zurückgestoßen fühlte, versuchte oft, sich ihrem Vernunftdiktat zu entziehen, und entwickelte dabei Taktiken, die auch später für ihn typisch blieben.

Schon der kleine Walther war ein Fatalist. Und wenn er eine Strafe zu ertragen hatte, tat er das mit einem solch demonstrativen Gleichmut, daß sich die Erzieher verhöhnt fühlten. Stellte die Mutter ihn zur Strafe in die Ecke, so nahm er dort ein Buch und las es. »Das ist ja wohl nicht verboten«, pflegte er der entnervten Mutter zu sagen. Auch andere Einschränkungen seiner Bewegungsfreiheit nahm er gelassen und mit provokanter Heiterkeit hin. Dies erscheint geradezu als Vorwegnahme seiner fatalistischen Haltung in der Zeit der ersten Morddrohungen.

Bei Mathilde hatte der trotzige Optimismus des Ältesten den Erfolg, daß sie sich irgendwann zu fragen begann, ob das »Strafen zwecklos gewesen sei«[10].

Der kleine Walther war ein Mutterkind. Sein Charakter, seine Ambitionen, sein Habitus ähnelten dem Vorbild Mathildes. Dem Vater zu gleichen war ihm in jeder Hinsicht unangenehm. Der Großvater Nachmann hatte, wie Walther Rathenau stets stolz vermerkte, in seinen guten Zeiten als Bankier eines großen Fürsten fungiert. Zwar kam Emil auch nicht aus dem Scheunenviertel, wo die armen Ostjuden wohnten, aber sein Ältester warf ihm dennoch lange vor, die Pfründe, mit denen er gestartet war, verloren und die Seinen deshalb in unverschuldete Not gebracht zu haben.

Das stimmte – und stimmte wiederum nicht. Es gab eine Phase, in der die Rathenaus Abstriche von ihrem großbürgerlichen Lebenswandel hinnehmen mußten. Die waren allerdings vergleichsweise unspektakulär. Aber die Tatsache, daß Walther, nachdem Emil einen zweiten Start gewagt hatte und dabei sehr erfolgreich gewesen war, weiter an ihm herummäkelte, zeigt, daß es bei dem Zerwürfnis nicht wirklich um die wirtschaftlichen Entbehrungen ging, die der Vater der Familie angeblich zugemutet hatte.

Die Mutter wird als Frau von »fast bäurisch gesunden Nerven« beschrieben. Von ihr hatte Walther sein mediterranes Äußeres, seine dunkle, kantige Physiognomie – sie war in jungen Jahren eine südländische Schönheit, eine Sephardim wie aus einer Oper von Georges Bizet. Aus Frankfurt war sie eine luxuriöse Hofhaltung gewohnt: Die Nachmanns unterhielten eine große Dienerschaft und Equipagen. Insofern mag der Wechsel in die Chausseestraße wirklich schwierig für sie gewesen sein – sie hat sich aber weit weniger darüber beklagt als der erstgeborene Sohn, der in Berlin aufwuchs und den Frankfurter Lebensstil nur aus ihren Erzählungen und von seltenen Besuchen kannte. Diese Besuche fanden alle zu einer Zeit statt, als die Nachmanns ihr Vermögen verloren hatten und der Bankier längst tot war.

Höchstens bei den Großeltern väterlicherseits konnte Walther eine Vorstellung von den Annehmlichkeiten des großbürgerlichen Lebens mitbekommen haben. Sie wohnten zunächst am Monbijouplatz, dann am Tiergarten, in der Viktoriastraße 3, in dem Haus, das später auch Walthers Heim wurde. Der preußisch bescheidene Wohlstand von Emils Eltern konnte jedoch nicht mit dem Reichtum der Frankfurter Nachmanns konkurrieren. Emils Mutter lebte zwar zeitweilig auf großem Fuß, sie hatte aber die Ressourcen schnell aufgebraucht und hinterließ den Kindern nur einen »Tischkasten voll unbezahlter Rechnungen«[11].

Geld, Geld, Geld. Darum ging es bei Emils Eltern, weil niemand damit umgehen konnte. Darum ging es später auch bei Emil und Mathilde in der Chausseestraße. Emil hatte die Lektion des Tischkastens voller Rechnungen gelernt. Aber Geld war ihm nie Selbstzweck. Er brauchte Geld, um zu leben. Er lebte, um große Dinge zu tun, um zu erfinden, zu berechnen, zu produzieren, um neue Märkte zu erobern. Für seinen Sohn Walther sollte Geld viel, viel wichtiger werden. Er vergötterte das Geld – aber nur, weil es ihm das höchste Gut verschaffte, das es für ihn gab: die Unabhängigkeit.

Emil lag nichts an der Unabhängigkeit. Er funktionierte nur in Zwängen, dann lebte er auf, dann begann sein Genie zu arbeiten, sich Lösungen auszudenken, er kam sogar auf Lösungen, für die es noch gar keine Probleme gab. Nur dafür brauchte er das Geld.

Er war – darin stimmten seltsamerweise viele überein – ein großes Kind. »Rathenau begreift und billigt alles bis zum Betrag von dreihundert Mark, dann kommt eine große Lücke, innerhalb deren [sic] er finanzblind ist. Erst bei drei Millionen fängt das Verständnis wieder an«, sagte Carl Fürstenberg, das Ziehkind Gerson Bleichröders und der einzige Bankier, dem Emil Rathenau vertraute.[12]

Der erwachsene Walther Rathenau wußte, daß seine Einkünfte ein Garant relativer Freiheit waren. Deshalb legte er Wert darauf, genug Geld zu besitzen. Geld war für einen deutschen Juden das einzige Mittel, sich einen gewissen Einfluß und gesellschaftliche Unantastbarkeit zu sichern. Er gab es auch gerne aus – vor allem für die kostbare Einrichtung seiner Grunewald-Villa und des Schlosses, das er in der Mark besaß. Aber dies geschah geradezu unter dem Zwang, andere daran nicht teilhaben zu lassen. Er war niemand, der den Luxus, den er sich leistete, auch zeigte. Und er hielt mit dem Geld haus, als wäre es seine einzige Waffe gegen die feindliche Welt.

Darin glich er seinem Vater mehr, als er es wahrhaben wollte. Darin unterschieden sich Vater und Sohn, die sonst so wenige Gemeinsamkeiten zu haben schienen, jedoch grundsätzlich von ihrer in Geldsachen gedankenlosen Mutter beziehungsweise Großmutter.

Emil Rathenau vertrug keine Ausgaben »für den bloßen Verbrauch«, wie sein Biograph Alois Riedler schon bemerkte.[13] Er lebte sparsam und hielt seine Familie zur Sparsamkeit an. Walther, der von beiden Großelternpaaren eine gewisse Nonchalance im Umgang mit Geld und einen ausgeprägten Sinn für schöne Dinge geerbt hatte, empfand die hausväterliche Strenge in Gelddingen als einengend, ja als eine Degradierung seiner Wünsche. Daß die Eltern des Vaters mit ihrer Sorglosigkeit Schiffbruch erlitten hatten, rechnete Walther Emil nicht an, es interessierte ihn wenig.

Der Vater Emils hatte schon beim großen Brand in Hamburg, der vom 5. bis zum 8. Mai 1842 gewütet hatte, einen beträchtlichen Teil seines Besitzes eingebüßt. Dazu kamen dann noch die fehlende Fortüne in späteren Unternehmungen und die Nachlässigkeit der Gattin. Deshalb wurde Emil auch kurzerhand als Praktikant in die Maschinenfabrik seines Onkels gegeben, nachdem er das Gymnasium verlassen hatte.

Emil Rathenau scheint die Lehrzeit gut bekommen zu sein. Er absolvierte eine viereinhalbjährige praktische Ausbildung im Betrieb der reichen Verwandtschaft Liebermann und lernte dort den Maschinenbau von der Pike auf.

Der alte Liebermann hatte mit seinen Söhnen die Wilhelmshütte bei Sprottau am Bober gekauft. Diese primitive Stahlschmelze hatte die Familie zu einer für die damalige Zeit ungewöhnlichen Anlage ausgebaut. Sie bestand aus einem Hochofen, einem Walzwerk und einer Maschinenfabrik, die Schlesien mit landwirtschaftlichen Maschinen, Pumpen und Eisenwaren versorgte. Emil kam als Auszubildender in ein einmaliges Ensemble – in einen

Horizontaltrust im kleinen, wie er ihn später mit der AEG europaweit aufbauen sollte: Alle wichtigen Produktionszweige waren miteinander eng verbunden und am gleichen Ort.

Der damalige Maschinenbau basierte auf praktischer Erfahrung. Es war weniger die wissenschaftlich exakte Durchdringung, die das Metier lenkte, als vielmehr die traditionelle Fertigkeit der Handwerksmeister in den Schlossereien. Diese »Veteranen« schufen noch echte Kunststücke: stilvolle Maschinen mit gotischen Aufbauten und griechischen Säulen.[14] Emil Rathenau bekam so in Sprottau ein Gespür für die Ästhetik der frühen Metallverarbeitung und zugleich eine solide handwerkliche Ausbildung.

Er verfügte seit dieser ungewöhnlich langen Lehrzeit über einen gesunden Sinn für die Probleme der Fertigung und hat zeitlebens seine Visionen aus der Perspektive ihrer technischen, wirtschaftlichen, aber auch handwerklichen Realisierbarkeit gewonnen. In dieser Beziehung unterschied sich Walther kaum vom Vater.

In einer jüdischen Familie dieser Zeit wurde ein Sprößling, der Begabungen aufwies, nicht allein gelassen. Der Großvater Liebermann vermachte seinem »Lehrling« Emil 5000 Taler, und der finanzierte damit eine polytechnische Hochschulausbildung in Hannover und in Zürich. Nach dem Studium bemühte Emil Rathenau sich um eine Anstellung in der Lokomotivfabrik von August Borsig, wo er erst als Zeichner, dann als Konstrukteur tätig wurde.

Doch 1863 gab er diese Anstellung überraschend auf und begab sich nach England. Dort – an der Wiege des industriellen Kapitalismus – durchlief er eine ganze Reihe von Praktika als Ingenieur und Konstrukteur. Er arbeitete als technischer Zeichner bei der Firma John Penn & Sons in Greenwich. Anschließend wechselte er zu Easton & Amos in London. Seine Auslandspraktika endeten bei der British and Continental Steam Improvements Company.[15]

1865 kehrte Emil Rathenau nach fast zwei Jahren Abwesenheit nach Berlin zurück. Seine Eltern bestanden darauf, daß er nun in der Heimat blieb. Wieder wurde eine größere Summe mobilisiert, um Emil den Weg zu ebnen. Zusammen mit seinem Jugendfreund Julius Valentin erwarb Rathenau für 75 000 Taler die Maschinenfabrik M. Webers in der Chausseestraße. Dort bezog die Familie auch ein Wohnhaus, in dem 1867 der erste Sohn Walther zur Welt kam.

Zehn Jahre lang stand Rathenau als Konstrukteur am Reißbrett und konstruierte Dampfmaschinen in allen Variationen und Einrichtungen für Gas- und Wasserwerke. Eine besondere Novität, die die »Berliner Union«, wie die Firma jetzt hieß, anbot, waren Dampfheizungen unter den Sitzbänken von Eisenbahnwaggons. Aber dieses Geschäft entwickelte sich nur langsam. Noch war die Bahn nicht das Massenverkehrsmittel des ausgehenden 19. Jahrhunderts.

Über ratternden Transmissionen

Die Rathenaus bewohnten nun das Haus in der Chausseestraße, im damaligen Norden Berlins, einem Arbeiterbezirk. Zum Anwesen der Familie gehörte auch die kleine Maschinenfabrik, die Emil betrieb. In dem Anbau waren etwa 40 Mitarbeiter tätig. Die Fabrikhalle war einmal der Tanzsaal des Vergnügungslokals »Bellavista« gewesen. Die Privaträume der Familie befanden sich im Vorderhaus des ehemaligen Lokals, das auch einen ansprechenden Vorgarten zur Straße hin hatte – das Ganze war also ein zusammenhängender Komplex.[16]

Bei den Rathenaus gingen Leben und Arbeit nahtlos, aber nicht reibungslos ineinander über. Zu jener Zeit – also in den sechziger und siebziger Jahren des 19. Jahrhunderts – befand sich die Berliner Industrie noch in einem manufakturartigen Zustand. Es gab neben einigen großen Fabriken viele solcher Kleinbetriebe, die häuslichen Bereich und Arbeitsräume umfaßten. Die Kinder einer Generation, die wenige Jahre zuvor noch mit dem Vieh unter einem Dach gelebt hatte, wuchsen nun in der unmittelbaren Nähe der Werkbänke und kleinen Dampfmaschinen auf. Damals waren Dampfkessel und kleinhubige Dampfmaschinen, die über Wellentransmissionen einfache Werkzeugmaschinen aus Berliner und Chemnitzer Fabrikation antrieben, noch in Hinterhöfen und sogar in den Kellerräumen von Wohnhäusern erlaubt.

In der preußischen Metropole lebten das Alte und das Neue so dicht beieinander, daß die Grenzen kaum auszumachen waren.

Die kleine Welt war im Übergang. Die Zukunft stand schon in den Hinterhöfen bereit, während im Vorderhaus noch die Vergangenheit stolz, aber schon etwas fadenscheinig geworden, residierte.

Im Januar 1867, ein halbes Jahr vor Walthers Geburt, hatte der Ingenieur Werner von Siemens der Berliner Akademie der Wissenschaften einen Bericht vorgelegt, in dem er beschrieb, wie man mechanische Kraft in elektrischen Strom umwandeln könne. Siemens hatte den Dynamo erfunden.

Schon im Herbst des Vorjahres hatte der angehende Industrielle eine Maschine mit einem Elektromagneten gebaut, den eine galvanische Batterie antrieb. Beim Betrieb stellte sich durch Zufall heraus, daß die Maschine auch ohne Batterie lief, weil die Remanenz (der Rest an Magnetkraft) ausreichte, ihr Strom zu liefern. Diese Erfindung war epochal. Mit ihr gelang es Siemens, der bisher nur durch das eher unbedeutende Rohrpostsystem zwischen Französischer Straße und der Börse hervorgetreten war, elektrischen Strom in beliebiger Stärke zu erzeugen.

Auf dem Rathenauschen Firmengelände an der Chausseestraße ging es laut zu, die Wohnung der Familie war tagsüber »lärmerfüllt«. Ein Dampfkessel und eine mittelgroße Dampfmaschine trieben über Wellentransmissionen die Werkzeugmaschinen in der Halle an. Es zischte, es brummte, es rappelte unentwegt.

Im Garten des Grundstücks befanden sich unter hohen Linden und Kastanien eine Kesselschmiede, eine Gießerei und eine zusätzliche Montagehalle. Und an die kleinen Fluchten, die Kinder so lieben, war auch nicht zu denken: Auf der Grenze zum Nachbargrundstück stand eine unüberwindbare Mauer – und dahinter lag der Alte Friedhof der Charité.

Der Standort der Maschinenfabrik war wirtschaftlich günstig. Sie lag – von Kasernen und Exerzierplätzen umgeben – in der Nähe der großen Fabriken von Borsig, Schwarzkopf und Wöhlert. Geführt wurde der Betrieb von zwei Männern, von Emil Rathenau, der als technischer Leiter fungierte, und seinem Sozius Julius Valentin, dem kaufmännischen Leiter.

Zehn Jahre lang hielten sich die beiden ganz achtbar über Wasser. Emil Rathenau sagte über die Geschäfte in der Maschinenfabrik: »Obgleich wir durch unsere Verheiratungen mit Frauen aus wohlhabenden Familien zwei kostspielige Haushaltungen zu bestreiten hatten, flossen jährlich neue Mittel zu, die wir lieber in Fabriken als in Spekulationspapieren, Hypotheken oder Grundstücken anlegen wollten.«[17]

Er kümmerte sich also wenig um den Erwerb, nur das Werk als solches interessierte ihn.

Die kleine Firma erlebte sogar einen Boom: Sie bekam endlich den Zuschlag für die Herstellung von Dampfheizungen für Eisenbahnen. Aber die Firma Rathenau & Co. stellte auch Wohnungsheizungen her – ein Produkt, das sich in den sechziger und siebziger Jahren des 19. Jahrhunderts leider noch keiner großen Nachfrage erfreute.

Obwohl der Chef alles Gekünstelte verachtete, führte er in seiner Produktionspalette nicht nur profane Posten wie Dampfheizungen. Emil Rathenau fungierte nämlich auch als Lieferant für alle Apparate, die die Königlichen Theater benötigten. Besonders stolz war Emil darauf, daß er gleich zu Beginn dieser regen Geschäftsbeziehung mit den staatlichen Berliner Kunstbetrieben den schwierigen Auftrag bekommen hatte, ein ganzes Schiff für die Inszenierung von Giacomo Meyerbeers neuer Oper *Die Afrikanerin* am Königlichen Opernhaus zu liefern.[18]

Offensichtlich erledigte der wenig kunstsinnige Fabrikant aus der Chausseestraße diese Bestellung zur vollen Zufriedenheit der Intendanz. Von nun an kamen regelmäßig Anfragen von Berliner Bühnen ins Haus, die zwar nicht unbedingt auffällig zu Buche schlugen, aber Emils Selbstbewußtsein schmeichelten und den künstlerischen Ambitionen seiner Gattin entgegenkamen. Für die Geschäftsführung dürfte es jedoch weniger darum gegangen sein, ab und an Bühnenluft zu schnuppern: Für einen deutschen Juden war es eine unbezahlbare Reputation, sich als Hoflieferant, also als Adressat von höchsten Staatsaufträgen, ausweisen zu können.

Emil Rathenau bemerkte in seiner offenherzigen Art dazu: »Mein Interesse für diese Arbeiten war gering. Weder die Bühne noch die Balletteusen, für deren Gruppendarstellungen schmiedeeiserne Konstruktionen dienten, übten eine Anziehungskraft auf mich aus, und Sorgen um die Förderung des Unternehmens, in dem zumeist fremde Mittel angelegt waren, nahmen mich in Anspruch.«

Das war genau der Ton, der den kunstbegeisterten jungen Walther später auf die Palme brachte. Und man muß nicht unbedingt mit seiner oft etwas überspannten Opposition zum Vater sympathisieren, um Emils kunstfeindlichen Macherduktus als provokant zu empfinden. Aber das war es auch, was Emil wollte: seinen Sohn und dessen feinsinnige Generation mit dem brachialen Realismus der Gründer provozieren.

In seiner zweiten Karriere als eine der innovativen Gründerpersönlichkeiten der deutschen Elektroindustrie sollte Emil diese frühe Geschäftsbeziehung zur Bühne erneut zugute kommen, denn die ersten Großkunden, die sich für seine revolutionäre Neuerung erwärmten, nämlich die Glühbirnenbeleuchtung von Innenräumen, waren … Theater.

Doch davon ahnte der kleine Walther noch nichts, als er »über den ratternden Transmissionen« aufwuchs.[19] Für einen Jungen seines Charakters mag das Dasein in Tuchfühlung mit der lauten Fabrik manchmal entnervend gewesen sein. Immerhin gab es in dem Mikrokosmos in der Berliner Chausseestraße, wo bildungsbürgerliches Patriziertum, die neue zupackende Gründergeneration, die immer wichtiger werdende Kaste der Techniker und Ingenieure und das Proletariat unter einem Dach wohnten und arbeiteten, keine sozialen Unverträglichkeiten. Walther Rathenau, der sonst nicht gerade zimperlich bei der kritischen Beurteilung seiner Herkunft verfuhr, schwelgte später sogar in idyllischen Kindheitserinnerungen: »… die Arbeiter und Meister vom berühmten Schlage der alten Berliner Maschinenbauer waren freundlich zu dem kleinen Jungen, der sich unter ihnen herumtrieb, und erklärten ihm manches Werkzeug und Werkstück.«

Was sich wie eine der üblichen Reminiszenzen an eine bescheidene Mittelstandsidylle anhört, verrät dennoch viel über das, was Rathenau – entgegen seiner oft übellaunigen Darstellung der Kindheit – wirklich geprägt hat. Er mag den Lärm und die Hektik der Manufaktur beklagt haben, aber was ihm in der Chausseestraße vermittelt wurde, waren die Freude an der dinglichen Produktion, der Sinn für die Ästhetik der noch unschuldigen industriellen Arbeit, die Faszination der neuen stählernen Werkzeuge und alles dessen, was man mit eigenen Händen gefertigt hatte. Auch wenn Rathenau sich später – ebenso wie sein Vater, den er immer für unflexibel hielt – schnell von diesen Wurzeln entfernte, so ist doch diese zu Hause erworbene Liebe zur Arbeit in seinem ganzen Leben spürbar gewesen.

1871 waren anläßlich der Reichsgründung alle Zollschranken im Deutschen Reich gefallen. Endlich konnte ein unbeschränkter Handel vonstatten gehen. Zudem flossen durch die Reparationsleistungen, die dem besiegten Frankreich auferlegt worden waren, große Geldmengen ins Land. Vor allem die Reichshauptstadt wurde von einer beispiellosen Euphorie erfaßt. Überall schossen Firmen aus dem Boden. Kredite waren noch niemals so günstig zu haben gewesen.

Nach nur zwei Jahren war der Traum abrupt zu Ende. Am 28. Oktober 1873 platzte in Berlin die Spekulationsblase des Gründerbooms. Die Kurse der börsennotierten Firmen stürzten ins Nichts. Die Krise wirkte sich im Nu im ganzen Reich aus. Berlin war aber deutlich am stärksten betroffen, da in der jungen Reichshauptstadt auch die meisten Betriebe entstanden waren.

Man hatte in den zwei euphorischen Jahren mehr produziert, als verkauft werden konnte. Es gab am Rand der Stadt ein riesiges Lumpenproletariat, das kaum Kaufkraft besaß, in Berlin herrschte trotz der unermüdlichen Bautätigkeit eine enorme Wohnungsnot. Die Wohnungsmieten in der Stadt waren in den beiden Jahren des Booms um 175 Prozent gestiegen. Friedrich Engels schrieb dazu: »Leider stellte sich am Tag der Krise heraus, daß es für diese riesige Produktion keine Verbraucher gab.«

Die Absatzprobleme treffen besonders die eben erst gegründeten Unternehmen des Baubereichs und der chemischen Industrie, die über keine Kapitaldecke verfügen. In den wenigen Wochen des Herbstes 1873 gehen allein 28 Banken in der Stadt bankrott. Jeder versucht, seinen Aktienbesitz schnellstens loszuschlagen.

In diesem Krisenjahr 1873, sechs Jahre nach der Geburt Walther Rathenaus, verkauften die beiden Teilhaber Knall auf Fall die Firma in der Chausseestraße. Der Betrieb florierte, jedem von ihnen blieben 900000 Reichsmark. Allein von den Zinsen hätten sie mit ihren Familien als wohlsituierte Rentner leben können.[20]

Günter Ogger behauptet, es seien nur 750000 Reichmark gewesen. Aber er widerspricht heftig der Legende, Emil sei mittellos aus der Union herausgegangen, weil die Banken ihn gegen seinen Willen an die Börse gezwungen hätten und das sauer erarbeitete Kapital der Firma dort beim großen Gründerkrach vernichtet worden sei.[21] Es stimmt – die Banken hatten Rathenau und Valentin an die Börse gedrängt. Doch die beiden Teilhaber waren so klug gewesen, ihre persönlichen Anteile an der Firma, über deren Geschicke nun die Banken entschieden, noch vor dem Eklat von 1873 zu veräußern. Sie gingen als reiche Männer in den Bankrott.

Natürlich gab es in Berlin Gerüchte. Rathenaus Maschinenbaufirma war gegen dessen Willen an die Börse gegangen. Dort erlitt sie das Schicksal vieler Firmen dieser Zeit: Ihr Wert stürzte ins Bodenlose. Der Wirtschaftschronist Hermann Brinckmeyer, der sich in den zwanziger Jahren mit Monographien über Industrielle einen Namen gemacht hat, behauptet in seinem Rathenau-Buch, Emil Rathenau habe nicht eine einzige Aktie besessen und sei aus Protest gegen die Börsennotierung aus dem Unternehmen ausgeschieden. Brinckmeyer schreibt, diese Erfahrung »erfüllte Emil Rathenau mit wahrer Abscheu gegen die Effektenspekulation, die sich nie verlor, und [...] ihm für sein ganzes Leben ein tiefes Mißtrauen einflößte gegen Banken und Bankiers«[22]. Auch wenn die Umstände nicht ganz korrekt wiedergegeben sind – das trifft zu. Emil Rathenau hat aus der Affäre gelernt.

Emil war zu vorsichtig, die wahren Hintergründe seiner persönlichen Börsenkatastrophe publik zu machen. Auch wenn es zu jener Zeit unüblich war, daß Juden sich in die sich gerade entwickelnde Industrie begaben – Emil Rathenau war Jude, und er wußte um die Gefahren dieser Hypothek. Deshalb verschwieg er geflissentlich, daß er nicht etwa ein Verlierer des großen Gründerkrachs war, sondern einer der wenigen Gewinner.

Emil Rathenau war gegen die Börsennotierung seiner Firma gewesen, und er hatte sich nicht dagegen wehren können. Also versuchte er, das Beste daraus zu machen. Nachdem die Aktien einen positiven Anfangsparcours durchlaufen hatten, verkaufte Rathenau alle seine Anteile. Er verdiente kräftig daran. Die Börsengeschäfte gingen nämlich glänzend, solange die Hochkonjunktur andauerte[23]. Als der Katzenjammer begann, hatte Rathenau sein Schäfchen im trockenen. Doch das mußte man ja – vor allem angesichts des Heulens und Zähneknirschens, das nun einsetzte – nicht unbedingt an die große Glocke hängen.

Schließlich hatte sein Schwiegervater Nachmann, der reiche Frankfurter Bankier, der auf den Berliner Emporkömmling stets etwas herabgeschaut hatte, schon vor dem sogenannten Gründerkrach sein gesamtes Vermögen verloren und sich das Leben genommen. Auch innerhalb der Familie wäre es deshalb pietätlos gewesen, sich damit zu brüsten, daß man der Katastrophe nicht nur entgangen war, sondern sogar an ihr verdient hatte.

Wenn es nach 1873 eine neue Bescheidenheit im Hause Rathenau gab, dann war sie bitter notwendige Mimikry. Den Neid und den Haß der christlichen Geschäftswelt wollte Emil Rathenau ebensowenig wecken, wie er die Gefühle seiner Frau Mathilde, die lange um ihren toten Vater getrauert hatte, verletzen wollte.

Emil benutzte das so gewonnene Vermögen (über dessen Höhe er alle im unklaren ließ), um sich und seine Familie durch die nun anbrechenden mageren Jahre zu bringen. Für Sohn Walther waren es die Jugendjahre, in denen ihn der Verzicht auf Vergnügungen am härtesten traf – zumal der Vater nichts zu tun schien, um die Situation zu verändern, und sich auch noch Weltreisen gönnte, die anscheinend nur seiner Zerstreuung dienten.

Daß in der gleichen Zeit andere Familien alles verloren und zerstört wurden, hat Walther nicht wahrgenommen. Dazu war er noch zu jung. Und daß der ehemals so biblisch reiche Großvater Nachmann keines natürlichen Todes gestorben war, sondern sich aus Kummer über seinen Bankrott das Leben genommen hatte, wurde dem Jungen wohlweislich verschwiegen.

Walther Rathenaus unermüdliche Klagen über seine Kindheit und Jugend bedürfen also einer Relativierung. Er selbst hat die Richtung dieser Korrektur schon angedeutet, als er in seiner *Apologie* schrieb: »In Not bin ich nicht aufgewachsen, aber in Sorgen.«

Der Segen der Glühbirne

Emil Rathenau, beim großen Krach 35 Jahre alt, denkt nicht daran, sich aufs Altenteil zurückzuziehen. Er legt eine kreative Pause ein, in der er wenig tut. Zumindest sieht das für den kleinen Walther so aus, der sich damit quält, daß der anscheinend untätige Vater ihm überflüssige Ausgaben strikt untersagt.

Natürlich muß Emil das Geld zusammenhalten. Er will seine Familie durchbringen, und er hat ein Ziel: Emil Rathenau will herausfinden, was die Technik den Menschen bringt. Deshalb studiert er unentwegt Fachzeitungen. Er besucht aber auch die großen Messen dieser an Innovationen so reichen Zeit. So reist er zur Weltausstellung nach Wien. 1876 besucht er sogar die Weltausstellung in Philadelphia – und zu Hause fragt sich der mittlerweile achtjährige Walther, warum der Vater nicht wie alle anderen Väter morgens das Haus verläßt, um zur Arbeit zu gehen.

Daß das Verhältnis zwischen Vater und Sohn dennoch längst nicht so entfremdet war, wie sich das später darstellte, zeigt ein Brief, den der Junge im Juni 1876 nach Philadelphia schrieb: »Noch ein Mal erinnere ich Dich an die große amerikanische Marke und an die kleinere, die du mir versprochen hast. Wie gefällt es Dir in Philadelphia? Ist es dort schön heiß? Ich gehe jetzt alle Tage baden und schwimme schon an zwei Blasen an der Hundepeitsche das ist eine Stange die hält ein Mann daran ist ein Seil daran hängt man an zwei Blasen. Der Mann geht oben und ich schwimme. Das Wasser geht mir dort weit über den Kopf. Hoffentlich werde ich bald freischwimmen. Viele Grüße von Deinem Walter [sic].«[24]

Auf der Pariser Weltausstellung von 1878, die der Bildungsreisende natürlich nicht ausläßt, sieht Emil Rathenau zum ersten Mal das elektrische Bogenlicht als Straßenbeleuchtung. Noch konnte er wenig mit dieser spektakulären Erfindung anfangen, denn Emil war eben ein Maschinenbauer – und hatte noch wenig Gespür für die Möglichkeiten der sich gerade erst entwickelnden Elektrotechnik. 1881 reiste Emil wieder nach Paris. Und Walther war nun schon 14, mitten in der Pubertät und sowieso nicht gut auf seinen Vater zu sprechen. Er litt unter der alltäglichen Anwesenheit des Vaters, weil dieser dann die Familie im Auge hatte und um so effektiver die Ausgaben kontrollieren konnte.

Aber Walther litt ebenso unter Emils Abwesenheit: Während der Vater sich nämlich ohne für den Jungen erkennbare geschäftliche Intention in Wien, Philadelphia und Paris auf den glänzenden Events der boomenden Technikkultur umtat, saß Walther zu Hause und mußte sich mit so prosaischen Dingen wie Schulaufgaben und häuslichen Pflichten beschäftigen.

Auch wenn Walther diese Zeit wie eine endlose Phase der Untätigkeit erschien – in Emil Rathenau reifte ein Konzept.

In den zehn Jahren nach dem Verlust der »Berliner Union« nahm Emil Rathenau eine angesichts der allgemeinen Depression durchaus vernünftige Haltung ein. Wirtschaftlich stand er nicht unter Zugzwang. Also investierte er auch nicht – zumal in dieser Zeit Investitionen verpufften. Er war aber auch nicht so untätig, wie sein Sohn glaubte. Er verfolgte die Geschäftsentwicklung der schwer angeschlagenen Industrie – und er versuchte sich über alle technischen Innovationen auf dem laufenden zu halten.

Dabei gab er sich Mühe, über den Tellerrand seines Metiers hinauszuschauen. Ihn beschäftigte nicht mehr nur der Maschinenbau, von dem er nach dem allgemeinen Zusammenbruch sowieso enttäuscht war. Er wollte wissen, was nach dem Maschinenboom kommen würde. Deshalb studierte er unentwegt die einschlägigen Fachblätter. Deshalb verpaßte er keine der internationalen Messen.

Seinen Freunden galt der Frührentner als »Genie von morgen«[25]. Für den Sohn war er ein Versager – zudem noch einer, der die Familie mit seiner Sparsamkeit tyrannisierte.

In Philadelphia hatte Emil Rathenau schon einen ersten Versuch unternommen, wieder neu in das Geschäft einzusteigen. Nicht mit schweren Maschinen, sondern mit einer fragilen Technik, die damals noch den Charakter einer Jahrmarktsattraktion hatte. Emil hatte in den USA das erste Telephon der Welt gesehen und daran gedacht, diese Erfindung des Alexander Graham Bell in Deutschland für einen großen Markt nachzubauen. Was ihn letzten Endes davon abhielt, war nicht die Ungläubigkeit, die seine Zeitgenossen dem Telephon damals noch entgegenbrachten.

Rathenau erkannte die immensen Chancen dieser Erfindung. Aber er war eben Techniker und Kaufmann. Deshalb begriff er schneller als andere, daß Bells Technik einen großen ökonomischen Nachteil hatte: Sie war zu einfach. Jede kleine Firma konnte sie nachbauen und sich mit ihrer Version des Fernsprechers auf den Markt begeben. Einer solchen erdrückenden Konkurrenzsituation wollte sich Rathenau aber auf keinen Fall aussetzen. Schließlich hatte er gerade erst erlebt, wie fatal eine panische Massenreaktion auf dem noch jungen und unstrukturierten Markt technischer Neuheiten enden konnte.

Die Weltausstellung in Philadelphia von 1876 war für Emil dennoch eine Offenbarung gewesen. Nicht nur, daß er dort die Technologien hatte kennenlernen können, die den Weg ins nächste Jahrhundert wiesen; er hatte auch Kontakte zur amerikanischen Industrie knüpfen können.

Rathenau hatte bei seinem Aufenthalt zahlreiche Betriebe besucht. Er hatte die amerikanische Arbeitsteilung und die ersten automatisch funktionierenden Maschinen kennengelernt, die feinsten Meßinstrumente und Präzisionsmaschinen für die Massenfabrikation, arbeitssparende Methoden und Anlagen, die die Leistung steigerten.

Emil Rathenau hatte in Amerika auch die erste Schreibmaschine und den ersten funktionierenden Telephonbetrieb gesehen. Während das Telephon in Deutschland noch im Erfindungsstadium steckte, wurde die neue Technik in Amerika schon ausgewertet – auch wenn sie noch nicht mehr war als eine amüsante Spielerei.

Wieder in Berlin, konsultierte Rathenau Heinrich von Stephan, den Generalpostmeister des Deutschen Reiches, um mit diesem über die Einführung der Telephontechnik in der Hauptstadt zu sprechen. Stephan beauftragte Rathenau damit, sich in lokalen Industriekreisen für die Errichtung eines Berliner Telephonnetzes einzusetzen, was Emil auch mit Begeisterung tat – eine staatliche Oberhoheit über das zukunftsweisende Projekt würde vielleicht verhindern, daß sich zu viele Bewerber gegenseitig zerfleischten.

Stephan meinte, es würden sich kaum ein Dutzend Teilnehmer am Telephonnetz finden lassen. Und wirklich: Es meldeten sich nur zehn Interessenten für den Versuch. Der erste war der alte Bankier Gerson Bleichröder.[26] Das Telephon konnte also noch nicht das Objekt sein, auf das Emil Rathenau all die Jahre gewartet hatte.

In Paris sollte er endlich das finden, was er so lange gesucht hatte. Emil Rathenau begegnete dort einem Mann, der ihn tief beeindruckte. Die beiden hatten viel gemeinsam – und vielleicht war die menschliche Nähe, die sie schnell zueinander fanden, ausschlaggebender als die Genialität der Erfindung, um die sie sich von nun an gemeinsam kümmern sollten.

Thomas Alva Edison wurde 1847 in Ohio geboren, war also neun Jahre jünger als Emil Rathenau. Wie dieser war er vor allem Techniker – dazu noch ein Autodidakt, was Emil zwar nicht war, was dessen Denkweise aber entgegenkam. Beide waren besessen von der Praktikabilität einer Idee. Sie gingen induktiv vor, erprobten Ideen, bevor sie sie weiterdachten, kamen überhaupt erst durch die tägliche Praxis auf neue Fragen. Und für beide galt unumstößlich: Eine Erfindung ist um so mehr wert, je weniger Probleme sie in der Praxis schafft.

Edison war ein Tüftler. Er hatte über hundert Patente angemeldet und war schon als Telegraphist tätig, bevor er sich auf dem Gebiet der Telegraphie mit ersten Erfindungen hervortat. Ebenso wie bei Emil Rathenau war auch bei Edison auf die praktische Grundausbildung eine lange Phase der Probe gefolgt. Auch er war auf ruhelose Wanderschaft gegangen, um herauszufinden, wie die Menschen sich technisch einrichteten und mit welchen Problemen die Produktion sich herumschlug. Danach hatte er sich in New York ein kleines Laboratorium aufgebaut, in dem er das Kohlenkörnermikrophon entwickelt hatte, wodurch Bells Telephon erst über große Entfernungen Verwendung finden konnte.

Wie Rathenau war Edison nicht bei einer Technologie hängengeblieben, sondern stets auf der Suche nach Neuem. So hatte er den Phonographen entwickelt, einen Vorläufer des Grammophons. Danach beschäftigte ihn wieder etwas anderes: das künstliche Licht. 1879 erfand er die Kohlenfadenglühlampe. Das war ein Modell in einer langen Reihe von Glühlampen. Doch Edisons Erfindung war die weltweit erste, die sich für die industrielle Produktion und für eine Verwendung im großen Maßstab eignete.

Als Emil Rathenau auf Edison stieß, gab es schon elektrisches Licht. Doch die damals gebräuchlichen Glühlampen brauchten sehr viel Strom. Die Öffentlichkeit glaubte noch nicht an die neue Technologie, man sah sie noch als »verfehltes Gaslicht« an. Niemand konnte sich vorstellen, daß die Glühlampen jemals die seit gut drei Jahrzehnten gebräuchliche Bogenlampe ersetzen würden.

In Berlin installierten Siemens & Halske bereits die erste Bogenlichtbeleuchtung in der Leipziger Straße. Rathenau zögerte nicht, in der benachbarten Wilhelmstraße eine Konkurrenzanlage mit Glühbirnenbeleuchtung einzurichten, sobald er das Geld für diese Werbemaßnahmen hatte. Emil war sich sicher, daß Edisons Glühbirne bald alle konkurrierenden Systeme überflügeln würde. Er hatte den »festen Punkt« gefunden, von dem aus er seine neue industrielle Karriere beginnen konnte.

Fast zehn Jahre hatte Emil Rathenau gelauert, nun zögerte er keinen Tag. Er erkannte die »ungeheure Bedeutung für die Allgemeinheit« und überredete Edison noch auf der Weltausstellung, ihm die Produktionslizenz für seine Glühlampe exklusiv zu überschreiben. Emil Rathenau, der in den Augen seines Sohnes ein Zauderer und Geizhals war, hatte seine Passion gefunden.

In den unsicheren Zeiten, die der Gründereuphorie gefolgt waren, erwies es sich als fast unmöglich, das große Kapital, das Emil benötigte, auf die schnelle aufzutreiben. Deshalb verlegte er sich nach einigen mißglückten Finanzierungsvorstößen 1882 – also gut neun Jahre nach seinem Austritt aus dem aktiven Geschäftsleben – darauf, die Möglichkeiten des Edison-Patents in einer »Versuchsgesellschaft« zu sondieren. Im April 1883 tat er sich mit dem Bankier Jacob Landau aus Berlin, den Gebrüdern Sulzbach aus Frankfurt und der Darmstädter Nationalbank zusammen. Das Konsortium gründete die »Deutsche Edison-Gesellschaft für angewandte Elektrizität AG«. Das Gründungskapital betrug fünf Millionen Reichsmark.

Noch bevor er eine Bank im Boot hatte, hatte Emil Rathenau bereits begonnen, die Werbetrommel für seine »Geschäftsidee« zu rühren. Er griff dabei auf gewagte Strategien zurück: So suchte er sich Multiplikatoren, denen er seine Technologie umsonst antrug, damit sie für ihn warben. Nach der Probestation in der Wilhelmstraße installierte Emil Rathenau in dem vornehmen Berliner

Club »Union« die erste elektrische Beleuchtungsanlage für Innenräume. Bei der festlichen Präsentation in den luxuriösen Klubräumen kam es dann auch zu einer ersten Panne. Mitten im festlichen Bankett der Berliner High-Society fiel die Beleuchtung aus. Emil Rathenau in seinen Erinnerungen: »In der gehobenen Feststimmung bemerkte niemand das Verschwinden des Ehrengastes, der im Gesellschaftsanzug die persönliche Führung der Anlage bis zum Morgen übernahm. Ein Verlöschen des Lichts an dieser prominenten Stelle wäre ein harter Schlag für das Schicksal der elektrischen Beleuchtung geworden.«[27]

Im gleichen Jahr war er schon Teilnehmer an der Elektrotechnischen Ausstellung in München. Rathenau führte dort dem staunenden Publikum eine Glühlichtanlage vor. Da er nun schon einmal vor Ort war, suchte er auch Kontakt zu den Bühnen der bayerischen Hauptstadt. Der Berliner hatte schließlich Erfahrung in diesem Metier.

Der Intendant des Residenztheaters, Karl von Perfall, beauftragte Rathenau, in seinem Haus eine Beleuchtungsanlage mit Glühbirnen zu installieren. Perfall verstand es, die Verlegenheit des Berliners zu nutzen: »Machen Sie die Sache auf Ihre Gefahr; wenn es gutgeht, behalte ich sie, sonst ist es Ihr Pech.« Doch Rathenau schaffte es, und bald zeigten sich auch andere Theater in Deutschland an der elektrischen Beleuchtung interessiert.[28]

Rathenau errichtete erste, noch sehr kleine Anlagen in gewerblichen Betrieben. Und er gewann einen wertvollen Mitarbeiter, der seinen und auch den Lebensweg seines Sohnes begleiten sollte: Felix Deutsch. Deutsch wurde zum engsten Berater Emils und später zum »Außenminister« der AEG. Er war auch der inoffizielle Nachfolger des Konzerngründers nach dessen Tod 1915, während der erstgeborene Sohn Walther auf einen repräsentativen Präsidentenposten weggelobt wurde. Deutsch und Walther Rathenau sollten sich nach Emils Tod auseinanderleben – nicht nur wegen der AEG, sondern vor allem auch wegen Lili Deutsch, der ebenso schönen wie kapriziösen Gemahlin von Felix, der Walther sehr nahe stand.

Emil Rathenau und Felix Deutsch waren nicht die einzigen, die eine Chance in der neuen Glühlampentechnologie witterten. Wirtschaftlich unsolide Aspiranten tummelten sich ebenso auf dem noch kleinen, aber springlebendigen Markt wie ausgebuffte Schwindler und Kopisten. Es herrschte deshalb ein »Berg vom Mißtrauen« (Brinckmeyer) auch gegen diejenigen Unternehmer, deren Absichten integer und deren Geldbeutel dick genug waren, den anstehenden Konkurrenzkampf zu überstehen. Doch Emil Rathenau war kein Anfänger. Er wußte aus seiner ersten Karriere als Maschinenbauer, was ihn erwartete – und der Mann, der zehn Jahre lang ein Aussteigerdasein geführt hatte, setzte sich nun gegen die Konkurrenz durch. 1885 gelang es ihm mit der »Actiengesellschaft Städtische Electricitäts-Werke Berlin«, die ersten großen Lichtanlagen in Berlin aufzustellen. Mit einem Kapital von nur drei Millionen Mark richtete Rathenau ein Lichtnetz mit 3000 Lampen ein.

Doch mitten in der emsigen Aufbauarbeit geriet Emil erneut in eine Krise. 1887 spielten plötzlich die Investoren verrückt. Es trat das ein, was Rathenau schon mit seiner »Berliner Union« in der Chausseestraße hatte erleben müssen: Die Banken wollten ihm seine Geschäftspolitik diktieren. Man hatte die Geduld mit dem Pionier verloren, der unentwegt kleine Anlagen aus dem Boden stampfte, aber noch keine ernsthafte Rendite aufweisen konnte. Die Geldinteressen wollten sich nicht mehr »mit den Betriebsinteressen des Unternehmens« decken.[29]

Emil hatte diesen Angriff des Kapitals auf die Produktionsmittel schon 1873 überstanden, und er überstand ihn erst recht jetzt, wo er eine Vision hatte. Diesmal wollte er sich nicht wieder auf halbem Weg ausbremsen lassen.

1873 hatte er den Aktiengang widerwillig mitgemacht, aber vor dem Crash alle seine Anteile an der eigenen Firma losgeschlagen. Diesmal machte er es umgekehrt: Die Edison-Gesellschaft kaufte kurz entschlossen alle Aktien der Elektrizitätswerke zurück, die sie an die Börse gebracht hatte. Gleichzeitig pumpte Rathenau das vorhandene Geld in die Anlagen, die er erweiterte und somit ihren Wert und ihre Kapazitäten beträchtlich erhöhte.

Dabei hatten ihm alle Fachleute geraten, kleine Brötchen zu backen. Sie konnten sich einfach nicht vorstellen, daß die exotische Technik sich in absehbarer Zeit wirklich durchsetzen würde. Aber Rathenau investierte in Großmaschinen und nicht in die kleinen »Schnelläufer«, die man ihm so dringend angeraten hatte.

Sein »Maschinenbauerverstand« sagte ihm, daß die großen Anlagen das Rennen entscheiden würden.[30]

Als eine der größten Anlagen gerade in Betrieb ging, kam eine überraschende Nachricht aus Übersee: Edison kündigte seinen Besuch in Berlin an. Er wollte sehen, was Freund Rathenau mit seinen Patenten so trieb – und dieser bekam einen Riesenschreck. Emil wußte, daß der Erfinder und Tüftler Edison ein entschiedener Gegner der Großmaschinentechnik war. Wie viele andere seiner Zeit glaubte auch er an den handwerklichen Kleinbetrieb, der überschaubar und kalkulierbar war und die technischen und unternehmerischen Risiken minimal hielt.

Kurz entschlossen brachte Rathenau seinen amerikanischen Freund, sobald der in Berlin eingetroffen war, in die neue Großmaschinenanlage. Edison ließ sich herumführen und von Rathenau alles erklären. Eine Weile grübelte der immer etwas arrogant und mißtrauisch wirkende Erfinder aus Philadelphia. Dann sagte er: »Nicht so schlecht, wie ich dachte.«

Emil Rathenau atmete auf. Eine negative Haltung des weltbekannten Erfinders zur Verwirtschaftung seiner Idee hätte die Geldgeber und zukünftige Kunden verschreckt. Doch dann kam eine Breitseite von Edison: »Wieviel Geld macht Ihre Maschine bei jeder Umdrehung?«

Rathenau war einen Moment in Verlegenheit, dann setzte sich sein Kaufmannsverstand durch, und er nannte Edison einen ungefähren, vielleicht auch etwas optimistischen Wert. Edison rieb sich nachdenklich das Kinn und sagte dann: »Your plant is an excellent one.«

Dieses Zwischenspiel gab Emil Rathenau zu denken. Zwar war er mittlerweile in eine Gewinnzone gelangt, aber ein zweites Mal wollte er das Risiko einer Kontrolle seiner Betriebe durch den Erfinder nicht eingehen.

Rathenau und Edison blieben privat eng verbunden. Der Amerikaner war oft Gast in der Viktoriastraße und bewunderte die unterschiedlichen Talente der Kinder. Aber dennoch wollte Emil geschäftlich unabhängig von dem Freund sein. So löste er sich 1887 – »im Jahr der glücklich überstandenen Krise« (Brinckmeyer) – auch nominell aus der Patronage der Edison-Lizenzen. Rathenau vollzog die Umwandlung seiner Edison-Gesellschaft in eine »Allgemeine Elektrizitätsgesellschaft« mit zwölf Millionen Mark Stammkapital. Nach vier Jahren emsiger Lobbyarbeit und der Planung einer industriellen Basis für die Verwertung des Glühbirnen-Patents wurde die AEG gegründet.

Stirb, Ungeheuer!

Walther Rathenau berichtete später immer wieder, daß es in den Aufbaujahren, also während seiner Jugend, bei Tisch nur ein Thema gegeben habe: die Auswertung der Edison-Patente. Walther bedauerte vor allem die musisch interessierte Mutter Mathilde. Sie habe die »monomanische Besessenheit« ihres Mannes nur schwer ertragen können. Deshalb sei sie oft mit ihren Kindern Walther, dem vier Jahre jüngeren Erich und dem Nachkömmling Edith ins großbürgerliche Haus der Schwiegereltern am Tiergarten, Viktoriastraße 3, geflüchtet, wo man trotz Geldmangels immer noch einen luxuriösen Haushalt führte – mit gesellschaftlichem Umgang, kulturellen Ereignissen und einer repräsentativen Dienerschaft.

Emil Rathenau hat seine Umgebung tyrannisiert, indem er von nichts anderem sprach als von seinen schwierigen und vielfältigen Unternehmungen. Etta Federn-Kohlhaas, Rathenau-Biographin und späte Vertraute der Mutter, schrieb 1927: »Emil Rathenau war weich und gütig wie ein Kind, und wie ein Kind lehnte er heftig und leidenschaftlich alles ab, was seinem Wesen fremd war. Seine Genialität war einseitig auf Technik und Wirtschaft gestellt, alles andere blieb ihm fremd …«[31]

Daß Emils Einseitigkeit nicht nur die Gestaltung der Tischgespräche betraf, sondern daß er mit seinen Vorgaben den Alltag der Familie erheblich reglementierte, belegen auch andere Zeitzeugen. Carl Fürstenberg war einer der engsten Weggefährten des Geschäftsmanns Emil Rathenau. Der weltgewandte und dem Freund gegenüber wohlwollende Bankier drückt das geschickt und originell aus, was den jungen Walther am Vater wohl am meisten störte: Emil war – bedingt durch die zehn schweren Jahre der Umorientierung und Suche nach neuen Aufgaben – in vielem kleinlich.[32]

Das verzieh der heranwachsende Sohn, der die Attraktionen und Annehmlichkeiten einer atemberaubend wachsenden Großstadt auskosten wollte, seinem Vater am wenigsten. Als der Vater später bereit gewesen wäre, ihm Geld für seine unternehmerischen Tätigkeiten (auch über die Summe der magischen 300 Mark hinaus) zuzuschießen, lehnte der Sohn dies ab. Der Biograph Harry Wilde dazu: »... zweifellos eine Reaktion auf dessen Knauserigkeit, die ihn in der Jugend seltsam berührt, sogar abgestoßen hatte.«[33]

Walther Rathenau hat nicht nur auf die Hilfe seines Vaters verzichtet, als es darum ging, für sich eine eigene unternehmerische Existenz aufzubauen. Er hat auch das beträchtliche väterliche Erbe ausgeschlagen – nicht nur, weil er beim Tode des Vaters 1915 schon selbst ein Vermögen angesammelt hatte. Er hat auch betont, daß die Unabhängigkeit, die er mit dem Verzicht bewies, dem Vater mehr imponiert hätte.

Die Mutter hat im Gegensatz zu ihrem ältesten Sohn still an der Einseitigkeit des Vaters gelitten. Walther ließ keine Gelegenheit aus, sich über die Versäumnisse des Familienoberhaupts zu beschweren – auch wenn die Außenstehenden seinen Klagen nur bedingt folgen konnten. Neben dieser Unvereinbarkeit des Lebensstils gab es noch eine weitere Schwierigkeit: Während Walther sich um die Aufmerksamkeit und Zuneigung seines vielbeschäftigten Vaters erfolglos bemühte, fand dieser einen einfachen und herzlichen Zugang zu dem zweitgeborenen Sohn.

Erich, der im Jahr der Reichsgründung 1871 zur Welt kam, hatte schon als Kind einen Herzfehler und erkrankte früh an Gelenkrheumatismus. Wie immer, wenn es ein Sorgenkind in der Familie gibt, schenkten die Eltern diesem mehr Zeit und Zuneigung als den gesunden Geschwistern. Walther hat das nur schwer verkraftet. Er wollte den Vater für sich gewinnen, strengte sich an, blieb aber weitgehend erfolglos – in seinen Augen. Erich hingegen mußte fast nichts tun – außer krank sein. Das arbeitete in dem sensiblen Walther und mußte, so fragil wie sein Charakter war, zwangsläufig zu einer Katastrophe führen.

Zu Weihnachten 1913 schrieb der 46jährige Walther Rathenau an den ihm damals noch gewogenen Freund Maximilian Harden: »Ich habe meinen Vater sehr gern und gleiche ihm mehr von Tag zu Tag, obgleich er im äußeren und teilweise im inneren Leben alles verachtet, was ich liebe, und alles liebt, was ich verachte.«[34]

Der reife Mann, der äußerlich mit dem Vater seinen Frieden gemacht zu haben schien und von ihm zwei Jahre später sogar das Zepter übernehmen sollte, hatte die Verwundungen der Kindheit noch längst nicht hinter sich gelassen. Im Gegenteil: Die Schärfe der Formulierung in ihrem Kontrast zu dem ungewöhnlich warmherzigen Liebesgeständnis zeugt von den inneren Kämpfen, die Rathenau immer noch mit sich und seiner Kindheit auszufechten hatte.

Im Alter von 13 Jahren, am 11. Dezember 1880, schrieb Walther sein erstes Gedicht. Er widmete es dem Menschen, dem er sich am nächsten glaubte, der Mutter. Als Illustration malte das Kind einen Geldsack. Darunter stand: »Stirb, Ungeheuer! / Du aller Sorgen / Du allen Kummers / Drückende Last.«

Man muß sich vor Augen führen, in welcher Situation die Familie zu dieser Zeit lebte. Das dritte Kind, die kleine Edith, war noch nicht geboren. Man befand sich im siebenten Jahr der halb erzwungenen, halb selbst auferlegten Arbeitspause des Vaters. Die Familie lebte von den Zinsen der beim Verkauf der Maschinenfabrik erzielten Gewinne – sie lebte nicht in Saus und Braus, aber sie lebte keineswegs schlecht. Nicht so wie die Arbeiterfamilien der Mietskasernen in den Randgebieten, die Walther nur vom Hörensagen kannte. Er orientierte sich an einem anderen Maß: an dem großbürgerlichen Haushalt der Großeltern in der Viktoriastraße. Und da schien es ihm, als würde den Rathenaus in der Chausseestraße allerhand entgehen.

Dabei hatte man auch in Walthers Familie Personal: Es handelte sich erst nur um ein Kindermädchen, das für die beiden Söhne zuständig war. Später wurde dieses durch eine französische Gouvernante ersetzt, an der Walther sehr hing. Er war sehr liebenswürdig zu ihr und zeigte schon als Kind Verantwortungsbewußtsein der Bediensteten des sparsamen Vaters gegenüber. So habe der Knabe, wie die Dame später berichtete, ihr hoch und heilig versprochen, ihr nicht nur alle anfallenden Arbeiten im Haus abzunehmen, sondern auch Geld für sie zu verdienen, damit sie schöne Kleider tragen und gutes Essen essen könne.[35]

Es war der eher milde Milieuunterschied zwischen dem Norden Berlins und dem halbfeudalen Tiergarten, der Walther so quälte. Ein graduelles Phänomen. Vor allem wenn man bedenkt, daß der Privatier mit seiner Frau und den Kindern auch ausgedehnte Urlaubsreisen unternahm, was selbst in bürgerlichen Kreisen, sieht man von Wochenendausflügen ins Umland oder nach Usedom ab, nicht unbedingt üblich war. Doch auch das hat den Heranwachsenden eher erzürnt als besänftigt.

Er beklagte bitter, daß man selbst bei den Urlaubsplanungen der Familie auf den jüngeren Bruder mehr Rücksicht nehme als auf ihn, den bildungsbeflissenen und fernwehkranken älteren Sohn. Da man sich – wie sich später herausstellte, durchaus berechtigt – Sorgen um die Gesundheit des herzkranken zweiten Kindes machte, wählte man Reiseziele aus, an denen Erich warm baden konnte und deren Klima seinem Rheumatismus entgegenkam. Also fuhren die Rathenaus nicht wie andere Berliner Familien an die Ostsee oder in den Harz, sie fuhren in den Süden. Nach Italien. Auch das empfand der junge Walther als Einschränkung.

Hinzu kam, daß Vater und Mutter Wert darauf legten, daß auf den langen Reisen der Schulunterricht nicht ausfiel. Weil aber dem Vater einheimische Hauslehrer angeblich zu teuer waren, kaufte er seinen Söhnen lateinische oder italienische Grammatiken und unterrichtete sie selbst. Daß solche Übungen in den Sommerferien für Walther nicht unbedingt eine helle Freude waren, kann man sich vorstellen. Einen Grund, dem Vater mangelndes Verständnis und Geiz vorzuwerfen, gaben solche Eigenheiten noch lange nicht ab. Welche Klassenkameraden von Walther wurden, falls ihre Eltern mit ihnen in Südfrankreich oder Italien unterwegs waren, schon von Hauslehrern unterrichtet?

Daß die Familie Rathenau bei ihren Erholungsreisen nicht in drittklassigen Herbergen abstieg, sondern unterwegs ein gewisser Grad an Luxus durchaus gang und gäbe war, zeigt folgende Geschichte:

Emil Rathenau war ein überschäumender Mensch, der in Phasen der Euphorie gerne vertrauensselig mit jedermann über seine Pläne und seine Geschäfte plauderte. Den in seinen Emotionen stetigeren Sohn hat verständlicherweise gestört, daß diese Stimmung bei dem Vater »jäh und unberechenbar« in das Gegenteil umschlagen konnte: in grenzenlosen Pessimismus, »wortkarge, mißmutige Verschlossenheit«. Emil-Rathenau-Biograph Riedler schrieb: beim Planen unbegrenzter Optimismus, Pessimismus und schärfster Zweifel bei der Ausführung seiner Pläne.[36]

In seinen euphorischen Phasen kannte Emil keinerlei Mißtrauen. Er »riß die ganze Welt in sein Vertrauen« (Kessler), »erzählte alles, was er auf dem Herzen hatte, plauderte über seine Pläne, selbst mit Wettbewerbern, ganz rückhaltlos« (Riedler). So habe sich ein anderer Industrieller diese kindliche Eigenart des späteren AEG-Konzernherrn zunutze machen wollen. Er sei jedes Jahr zu der Zeit nach Sankt Moritz gereist, in der auch Emil Rathenau mit seiner Familie sich dort aufhielt. In dem mondänen Alpenkurort habe nun der heimliche Konkurrent alles daran gesetzt, sich immer in Rathenaus Nähe zu bewegen, um so dessen euphorische Phasen mitzubekommen und sich das zu merken, was dieser an geschäftlichen Vorhaben heraustrompetete.

Der Konkurrent erfuhr so alles über die technologischen Ideen und ihre geschäftlichen Möglichkeiten aus dem Munde des vertrauensseligen Emil. Zu Hause setzte er dann alles daran, die in Sankt Moritz erworbenen Erkenntnisse in seiner Firma umzusetzen und den Rahm von Emils planerischer Arbeit abzuschöpfen. »Mit fortdauerndem Optimismus und schlechtestem Erfolg«, schrieb Riedler. Schließlich habe es der Plagiator sogar geschafft, mit dieser unredlichen Masche seine eigene Firma vollends zu ruinieren.

Offensichtlich fehlte ihm die zweite Seite des Propheten Rathenau – der zerrüttende Zweifel an der Vision, die Kritik in der mühseligen Praxis, die Bereitschaft, alles anders zu machen oder sogar zu verwerfen. Emil lebte in diesem Zustand nur noch für das »Aufspüren und Widerlegen von Bedenken«. Was andere – allen voran sein Sohn – als einen psychischen Defekt Rathenaus erlebten, war jedoch ein notwendiges Korrektiv des Technikers und Kaufmanns im Umgang mit den in der Euphorie gewonnenen Zukunftsvisionen. Da der Schlaumeier, der ihn alljährlich in Sankt Moritz belagerte, über diese oft schmerzliche Seite Emil Rathenaus nicht verfügte, waren seine Plagiate der Rathenauschen Visionen allesamt zum Scheitern verurteilt.

Was uns an dieser etwas nach Legendenbildung klingenden

Anekdote zu interessieren hat, ist das Körnchen Wahrheit, das sie enthält. Riedler und andere konnten diese Geschichte nur kolportieren, wenn allgemein bekannt und anerkannt war, daß Rathenau senior samt Familie alljährlich in Sankt Moritz weilte. Und das ist eine Tatsache, die die Beschwerde des Sohnes Walther über die Eintönigkeit und Bescheidenheit der Urlaubsplanung zurechtrückt.

Lebensmuster

Die Empfindlichkeit des jungen Rathenau gegenüber den Eigenarten des Vaters ist von außen gefördert worden. Die Mutter, die ahnte, daß ihr Sohn einen anderen Weg gehen würde[37], hat ihren Teil zu den Qualen, die ihr Sohn durchlitt, beigetragen, indem sie dem Ältesten immer wieder seine Einzigartigkeit und seine Begabung für all das vor Augen hielt, was dem Vater so offensichtlich abging. Sie unterrichtete ihn in musischen Dingen und unterstützte, so weit ihr das mit ihren Haushaltsmitteln möglich war, seine künstlerischen und geistigen Interessen – auch wenn, wie immer und überall betont wird, dem Vater Eleganz als Schwäche galt.

Wenn das aber so war, wenn Emil Rathenau ein solcher Banause und Kunstfeind war, ein ausgemachter Materialist und Positivist – warum hat er dann eine sensible und kunstsinnige Frau wie Mathilde Nachmann geheiratet? Und warum hat die Tochter des reichen Frankfurter Bankiers sich ausgerechnet in den spröden, tüftlerischen und eher »plebejischen« Rathenau aus Berlin verliebt?

So enorm, wie es die Klagen Walthers glauben machen, werden die Gegensätze nicht gewesen sein. So einseitig und so diametral waren auch die Anziehungen zwischen den Eheleuten nicht, auch wenn Walther das gerne so sah, denn er hat die Mutter ebenso heiß geliebt, wie er den Vater zeitweilig gehaßt hat.

Selbst wenn die Wahrnehmung des Kindes gewisse Unvereinbarkeiten übertrieben haben sollte – man darf dennoch nicht den Schmerz unterschätzen, der dieser Einschätzung zugrunde lag. Walther litt unter der Bevorzugung seines kranken Bruders. Er litt darunter, daß der Vater sich für alles mögliche interessierte und darüber schwadronierte, daß aber seine eigene Leidenschaft für die Kunst und das Immaterielle vom Vater übersehen wurde. Am meisten aber litt er darunter, daß er die Zuwendung und die Anerkennung des mit sich selbst beschäftigten Vaters so sehr ersehnte und sie dennoch nicht so unumwunden bekam wie sein jüngerer Bruder Erich.

In gewisser Weise kündigt sich in dieser verqueren Vater-Sohn-Problematik schon das Drama des erwachsenen Walther an. Er sollte sein Leben lang um die Zuneigung, die Liebe von Menschen ringen, die ihm – sieht man von der Mutter ab – höchstens freundlichen Respekt entgegenbrachten, nie aber echte Liebe und echte Bewunderung. Es wurde zum Muster seines Leidens, daß er sich an Menschen hielt wie seinen Vater, dessen Horizont enger und dunkler gelagert war als sein eigener und der deshalb seine Talente, seine Klarsicht, seine Kunst, ja auch seine Menschlichkeit nicht würdigen konnte oder nicht würdigen wollte.

Er blieb ein Fremder für die, deren Liebe er ersehnte – so wie er seinem Vater lange ein Fremder blieb. Sein Werben um Maximilian Harden, um den Kaiser, um Erich Ludendorff, um den Weimarer Kanzler Joseph Wirth blieb zwangsläufig erfolglos: Das Muster der Kindheit wiederholte sich. Rathenau tat alles, um die Zuneigung der Menschen zu erringen, aber seine Anstrengungen wurden als Zwang und Anbiederung empfunden – auch wenn sie das, wie etwa im Fall von Harden, nicht waren.

Seine Kindheit wurde noch von einer weiteren Problematik bestimmt: Das aufgeweckte, sensible, kunstsinnige und originelle Kind Walther war alles andere als ein guter Schüler. Seine Leistungen an den Gymnasien, die er besuchte, blieben bis zum Abitur bescheiden. Das war ein Zustand, den der Vater als ein Mann der Technologie und des Fortschritts schon aus Verantwortung dem Sohn gegenüber nicht hinnehmen konnte. Es kam zu schlimmen Vorwürfen, die Walther um so mehr kränkten, als seine musische Ader vom enttäuschten Vater nicht ernst genommen wurde.

Emil Rathenau drängte darauf, daß sich schnellstens etwas änderte an der schulischen Lage seines Ältesten. Der Mann, der gerade dabei war, eine große Firma aufzubauen, die sich gegen mächtige Konkurrenten im »High-Tech-Bereich« profilieren wollte, erwartete von seinem Erstgeborenen und designierten Nachfolger an der Firmenspitze auch entsprechende Spitzenleistungen in der Schule.

Immerhin hat Walther das bei allem Jammer über die schwierige Vater-Sohn-Beziehung verstanden – und er hat darin eine Möglichkeit gesehen, die Liebe des Vaters, wenn der sie ihm schon nicht unumwunden schenken wollte, durch eine imposante Leistung zu erobern. Er nahm die Herausforderung an und gab sich größte Mühe, den Vater davon zu überzeugen, daß sich sein Ältester auch auf den Gebieten, die ihm wichtig erschienen, bewähren konnte.

Auch dieser Umgang des jungen Rathenau mit Zurückweisungen sollte sich in seinem späteren Leben, sogar in der Politik, fortsetzen: Er reagierte immer, wenn er von denen, die er umwarb, das Ersehnte nicht bekam, mit einem Reflex der Demut.

Rathenau war ein Prototyp der Übererfüllung. Anstatt gegen überzogene oder gar kränkende Forderungen aufzubegehren, nahm er sie scheinbar erfreut auf, um ihnen nicht nur zu entsprechen, sondern sie durch die eigene Leistung auch noch zu überbieten. Nichts anderes war in ihren Grundzügen die sogenannte »Erfüllungspolitik«, eine Strategie, die eigentlich nur von einem komplizierten Menschen wie Walther Rathenau stammen konnte. Galt es doch, den unrealistischen Reparationsforderungen auf den Buchstaben genau zu entsprechen, um sie auch in den Augen der Sieger ad absurdum zu führen. Allerdings fiel die Kritik an dieser Konzeption der Übererfüllung sehr vehement aus.

Die Mutter erzählte eine verblüffende Geschichte, die die dialektische Entwicklung schon andeutet. Einmal sei sie zu einer öffentlichen Prüfung in Walthers Schule geladen worden. Der Sohn habe jedoch, als er seine Mutter im Publikum entdeckte, kein Wort mehr verlauten lassen und nicht eine einzige Frage beantwortet. Die Mutter war so beschämt darüber, daß sie die Prüfung vor deren Ende verließ. Als Walther jedoch mittags nach Hause kam, war er erstaunlicherweise nicht etwa geknickt, sondern fragte die Mutter erfreut, wann sie denn das nächste Mal zu einer Prüfung in seine Schule komme.[38]

Emil sah, daß sich die Leistungen seines Sohnes in kurzer Zeit dramatisch verbesserten. Aber für ihn war das kein Grund, seine

Distanz zu Walther aufzugeben, denn ein glänzendes Abitur war nicht mehr als eine Selbstverständlichkeit für den angehenden Konzernherrn.

Das war die eigentliche Kränkung, die den Menschen Walther Rathenau geformt hat. Nicht die kleinliche Sparsamkeit des Vaters, deren Berechtigung er, wenn er nicht ganz verbohrt war, als Erwachsener verstanden haben muß. Aber die Sturheit des Vaters, dessen Unvermögen oder sogar die Weigerung, in das Herz des Sohnes zu schauen, haben ihn gepeinigt. Auch wenn er das selten aussprach und ein Leben lang – übrigens ebenso kleinlich wie der Vater, da fiel der Apfel nicht weit vom Stamm – auf dem angeblichen Geiz des Vaters herumritt.

Dabei muß dem in seelischen Dingen hellsichtigen Walther Rathenau der späteren Jahre klar gewesen sein, daß Geiz allein nicht den tieferen Grund für ein Zerwürfnis abgibt, wie er es mit seinem Vater durchlebt hatte.

Immerhin war der »lebenslange Sohn«, dem manche nachsagten, er könne keine Bindung zu einer Frau eingehen, weil er noch nicht aus dem Kreis der Familie entlassen sei, im Alter zu mancher relativierenden Einsicht in der Lage. So schrieb er 1918 an die Freundin Lore Karrenbrock: »… ich habe keine Familie gründen können. Einen Sohn habe ich entbehrt, ja; aber wenn ich bedenke, wie ich mich mit meinem Vater gequält habe, und wie jeder Sohn sich mit dem seinen quält, so kann ich nicht mehr bedauern, keinen zu besitzen. Ich wäre wohl kein bequemer Vater.«[39]

Obwohl der junge Walther von allen Seiten als ein besonnener, sehr kontrollierter Mensch geschildert wurde, dem die Sprunghaftigkeit und das Umtriebige seines Vaters ganz und gar abgingen und der die stählernen Nerven der Mutter geerbt zu haben schien, entlud sich diese Spannung, die seit Jahren zwischen Vater und Sohn geherrscht hatte, in einem hochdramatischen Akt, der die Familie über die Grenzen ihrer Leidensfähigkeit hinaus strapazierte: Das Kind Walther Rathenau versuchte, sich umzubringen.

Viel ist darüber nicht bekannt. Er selbst hat fast nie darüber gesprochen, und wenn, dann in der wilhelminisch-verschlüsselten Art, der er sich bediente, wenn er in Sphären des Daseins geriet, die ihm nicht geheuer waren.

Selbst wann das Ungeheuerliche geschah, ist unklar. Mit siebzehn Jahren »absolvierte ich meine Schulzeit, mit dreiundzwanzig waren Studium und Dienstzeit beendet und ich ging in die Praxis«, heißt es in der *Apologie*, die Rathenau über sein Leben verfaßte.

Man muß, da Rathenau nach dem Abitur das Elternhaus bald verließ, den tragischen Vorfall also vor dem 17. Lebensjahr ansiedeln. Und je jünger Walther gewesen sein mag, als er sich das Leben nehmen wollte, desto tragischer und leidvoller erscheint das Ereignis.

Erstaunlich wenige Biographen gehen dem Hinweis darauf überhaupt nach. Die meisten scheinen, ohne daß sie das auszudrücken wagen, der Meinung gewesen zu sein, daß der Selbstmordversuch des Jungen eine nachträglich konstruierte oder zumindest in den larmoyanten Lebenserinnerungen des Erwachsenen mythisch aufgeblähte Eskapade gewesen sei.

Der aufgrund eigener Anschauung kenntnisreichste Biograph Rathenaus, nämlich Harry Graf Kessler, schenkt der Angelegenheit die größte Beachtung. Allerdings gibt auch Kessler wenig Auskunft über die Hintergründe des Vorfalls, er erwähnt ihn nur – und dann auch noch in einer Klammer. Immerhin betont Kessler, daß die Tatsache, daß Walther als Kind versucht hatte, sich umzubringen, was er nicht in Zweifel zieht, belegt, wie gefährlich die Situation zwischen Vater und Sohn wirklich war und daß die Sache leicht noch tragischer hätte ausgehen können.[40] Damit ist gemeint: wenn der Selbstmordversuch nicht mißglückt wäre.

Wie bei jedem Generationensprung hatten sich die Schulverhältnisse des Sohnes in Vergleich zu denen des Vaters geändert. Es herrschte kein so rigides Regiment mehr an den höheren Schulen, niemand wurde wegen eines Knallfrosches verwiesen.

Doch die Schulzeit war für Walther kein Zuckerschlecken. Er litt unter dem Leistungsdruck, er litt unter den Lehrern, er litt – was kein Wunder war bei seiner schwierigen Verfassung – unter seinen Mitschülern. Walther mußte in der Schule erkennen, daß es nicht nur ein einziges »Ungetüm« in der Welt gab, nämlich den geizigen, strengen, amusischen Vater, sondern daß die Mehrzahl der Erwachsenen in ihrer Haltung dem Vater ähnelten: Weder sahen sie in ihm den kommenden Künstler, noch zeigten sie angesichts seiner ungewöhnlichen Interessen Nachsicht. Vielmehr drängten sie darauf, daß er das allgemeine Pensum erfüllte.

Auf die Zensurenmappe, die die Mutter aufgehoben hatte, obwohl ihr Inhalt sie nicht gerade erfreute, schrieb er als Erwachsener: »Unsinn, du siegst!«

Zu dieser Zeit hatte er es denen, die ihn mit mathematischen und sprachlichen Finessen hatten aufhalten wollen, längst gezeigt. Da war er promoviert, ein erfolgreicher Wirtschaftsmann und bestaunter Autor. Den »Groll« (Federn-Kohlhaas) des sich unterschätzt fühlenden Kindes hatte er allerdings, wie diese ungewöhnliche Handlung belegt, längst noch nicht überwunden.

Den Großteil seiner Schulzeit verbrachte Walther vor allem damit – zu lesen. Er hielt sich dabei nicht an den schulischen Kanon, sondern fraß sich beharrlich und besessen von der fremden Gegenwelt durch die belletristische Literatur. Weil das Taschengeld nicht für teure gebundene Bücher reichte (was einige Biographen monieren, als sei das bei Heranwachsenden nicht die Regel), kaufte er sich Bücher aus der günstigen Reclam-Bibliothek.

Vor allem zu Hause las er unentwegt und wurde deswegen getadelt, da er über der Lektüre seine Pflichten vernachlässigte. Einmal wurde die Mutter nachts wach, weil ein Lichtschein sie irritierte. Sie dachte an Einbrecher, weckte den Vater, der der Sache mutig auf den Grund ging. Emil fand Walther im Wohnzimmer am Bücherschrank, mit einer Kerze in William Shakespeares *Macbeth* lesend. Es gab einen harschen Verweis – was Walthers Leselust aber nicht im geringsten beeinträchtigte.

Immerhin schaffte er es mit seiner Bücherleidenschaft zu einer guten Bewertung im Schulfach Deutsch – während er in dem Fach, das seinem Vater am wichtigsten war und das er als späterer Naturwissenschaftler hätte gebrauchen können, eher schlecht abschnitt: Mathematik blieb für den jungen Walther Rathenau bis zum Abitur ein weißer Fleck auf der Landkarte seiner Kenntnisse und Interessen.

Eine weitere Leidenschaft des jungen Walther Rathenau war das Zeichnen. Er entwickelte schon früh ein beachtliches Talent, fertigte unentwegt Skizzen und kleine Tuschezeichnungen von

Eindrücken des täglichen Lebens an. Dabei kam ihm sein photographisches Gedächtnis zugute, das weit in die frühen Kindheitsjahre zurückreichte. So berichtete die Mutter von Zeichnungen, in denen er spezielle Eindrücke seiner frühesten Lebensjahre verarbeitete, die von erstaunlicher Stimmigkeit gewesen seien.

Es sind beachtliche Arbeiten des Jungen erhalten, die Rathenaus Ernst und seine Zielstrebigkeit bei der Selbstausbildung zeigen: So finden sich ausgearbeitete Darstellungen von einem Stiefel und einer Tabakspfeife. Er versuchte sich allerdings auch an der Natur, an Zeichnungen von Blumen, Bäumen und Landschaften. Porträts sind seltener.[41]

Rathenau entwickelte in seinen Bemühungen um die bildende Kunst einen besonderen Hang zur Mystik, zur Versenkung ins Detail, zur Flucht aus der Welt des konfliktreichen Alltags in die Sphären der ewigen Gesetzlichkeit, der Natur und der Architektur. Obwohl er früh den Wunsch verspürte, bildender Künstler zu werden, was dem Vater natürlich nicht gefiel und zu heftigen Auseinandersetzungen führte, schlägt sich diese Ambition Rathenaus in seinem Schulzeugnis jedoch nicht nieder.

Immerhin ließen sich die Lehrer des am Tiergarten gelegenen Wilhelm-Gymnasiums 1884 auf dem Abgangszeugnis zu einem Lob seiner philologischen Fähigkeiten hinreißen: »Die schriftlichen Arbeiten zeigen sowohl umfassende Aufmerksamkeit und lichtvolle Entwicklung des Stoffes wie sprachliche Gewandtheit und Korrektheit der Darstellung. So erhielten dann seine Arbeiten fast durchweg das Prädikat gut, auch die Prüfungsarbeit. Bei der Lektüre der Klassiker zeigte er sinnige Auffassung und eindringliches Verständnis.«

Emil wird sich gefreut haben.

Der reife Walther kommentierte seine Abneigung gegenüber der Schule auf die gleiche Art, wie das in allen Zeiten schlechte Schüler, aus denen doch noch etwas geworden ist, getan haben: »Es ist ein Glück, daß der Säugling die Dinge der Welt nicht aus der Systematik eines Lehrers, sondern aus der Zufallsreihe des Erlebens empfängt. Ich halte mehr von der Alltagserziehung.«[42]

Der Bruder

1871 war Erich, das zweite Kind der Rathenaus, zur Welt gekommen. Der Junge entwickelte sich trotz seiner Erkrankung zu einer Frohnatur. Man bekräftigte immer wieder, daß er dem Vater sehr ähnelte, nicht nur im Aussehen und in seinem Talent für alles Technische.

Erich schloß schnell Freundschaften und besaß großes Geschick im Umgang mit Menschen. Es schien, als hätten alle die guten Eigenschaften, die Außenstehende an dem späteren Konzernherrn Emil auffielen, während die eigene Familie sie wegen der Schwierigkeiten, die ihnen der Vater manchmal bereitete, übersah, sich in dem jüngeren der beiden Söhne vereint, um nun als eine seltene Erscheinung von Lebensfreude und Menschenliebe, aber ohne die bekannten Nebenwirkungen hervorzutreten.

Emil Rathenau hatte natürlich bemerkt, daß sein kleiner Erich so etwas war wie eine reinere Version seiner selbst. Er liebte ihn sehr, und er konnte vor Walther nicht verbergen, daß er weniger Schwierigkeiten hatte, dem Kleinen mit Zärtlichkeit und Güte zu begegnen.

Es gelang Emil Rathenau nicht, über seinen Schatten zu springen. Da hatte er ein Kind, das ihm Schwierigkeiten bereitete und dessen Wunsch nach Zuneigung er nicht nachkommen konnte, da ihm dies fremd und unangebracht erschien. Das zweite Kind aber war ihm ans Herz gewachsen, der Umgang mit ihm ergab sich un kompliziert und ohne die peinlichen Irritationen, wie er sie von Walther kannte.

Hätte er nun dem kleinen Erich gegenüber dieselbe Härte und Strenge walten lassen sollen, um den schwierigeren älteren Sohn nicht zu verletzen? Heute würde man von ihm erwarten, daß er, wenn er schon in Erich vernarrt war, Walther gegenüber zumindest eine ähnliche Zuneigung hätte andeuten können. Damals aber urteilte man anders über Kinder und ihre Bedürfnisse.

Hinzu kam – und das wäre heute ebenso – die deutliche Verschiebung in der Behandlung der beiden Kinder durch die Erkrankung des Jüngeren. Daß ein an einer so quälenden Krankheit wie

Gelenkrheumatismus leidendes Kind die besondere Liebe und den Trost der Eltern erfährt, ist selbstverständlich. Die gesunden Kinder bleiben dabei zwangsläufig ein wenig auf der Strecke – wobei im Falle Rathenau die Mutter nicht duldete, daß Walther durch die besondere Vaterliebe Emils zu Erich allzusehr ins Hintertreffen geriet.

Aber es gab auch ganz banale, schwer durch elterliche Sorgfalt zu dämpfende Auswirkungen der Erkrankung des Zweitgeborenen, die Walther trafen. So war die Mutter gezwungen, mit dem kleinen Erich regelmäßig Heilbäder aufzusuchen. Da Walther, als Erich zwei Jahre alt war, schulpflichtig wurde, konnte er nicht mitkommen. Er blieb also in Berlin, beim strengen Vater, ohne den Schutz der Mutter.

Es ist gut möglich, daß der Selbstmordversuch in einer solchen Phase stattgefunden hat: Als Walther sich allein gelassen fühlte von der sonst fürsorglichen Mutter, den in seinen Augen gnadenlosen Ansprüchen des Vaters ausgesetzt, ohne Aussicht auf Trost. Eine ganze Weile mußte er sogar, weil der Vater sich auf der erwähnten Forschungsreise durch Amerika befand und die Mutter mit dem kleinen Erich alle Hände voll zu tun hatte, zu der Großmutter Nachmann nach Frankfurt am Main ziehen und dort zur Schule gehen.

Walther hat unter der Trennung von der Mutter sehr gelitten – auch wenn er in den Briefen aus dieser Zeit lieber von seinen schulischen Problemen redet, als seine Verzweiflung mitzuteilen. Möglicherweise hat der ominöse Selbstmordversuch, über den sich die Mutter selbst nach seinem Tod ausgeschwiegen hat, auch während einer solchen Auslagerungsphase aus dem Elternhaus stattgefunden.

Nach seinen Bedürfnissen – so stellte es sich für den jungen Rathenau dar – fragte niemand. Er war gesund, und was er seelisch entbehrte, spielte anscheinend keine Rolle. Die geliebte Mutter, der einzige Mensch, dem er nahestand, ließ ihn mit dem schwierigen Vater allein, um dem kranken Erich die nötige Pflege angedeihen zu lassen. Walther kompensierte dieses Mißverhältnis auf seine Art. Andere Kinder hätten den Bruder gehaßt und ihn mit dem Vorwurf verfolgt, er simuliere seine Krankheiten nur. Das paßte nicht zu Walther Rathenau. Er begegnete solchen emotionalen Herausforderungen immer auf eine verquere Art – in der Familie, in seinen wenigen Beziehungen, in der Politik.

Dem vier Jahre jüngeren Bruder Erich gegenüber zeigte er sich eben nicht gekränkt und voller Eifersucht auf die Zuneigung, die die Eltern diesem schenkten, während sie es ihm so schwermachten. Er legte von Anfang an im Verhältnis zum Bruder eine fürsorgliche Haltung an den Tag. In den späteren Jahren gefiel er sich zunehmend in einer »väterlich erzieherischen« Attitüde gegenüber dem Jüngeren. Selbst die allen Mißtönen gegenüber immune Etta Federn-Kohlhaas kommt nicht umhin, dem heranwachsenden Walther, was seinen Bruder betrifft, Altklugheit und Anmaßung vorzuwerfen. Aber: »Diese Briefe erinnern an die frühen Jugendbriefe Goethes an seine Schwester Cornelie.«[43]

Die altkluge Haltung gegenüber dem jüngeren und in mancher Hinsicht gehandicapten Erich überdeckte eine gegenläufige Beeinflussung, die folgenreich sein sollte. Es war nämlich nicht nur Walther, der Erich den Weg durch die verwirrende Welt wies. Vielmehr ging auch von Erich ein Impuls aus, den Walther mehr oder weniger bewußt aufnahm und in erstaunlicher Weise weiterentwickelte. Während der ältere Bruder vergeistigt war und sich wenig für die Domäne des Vaters interessierte, nämlich die Verwertbarkeit technischer Novitäten, erwies sich Erich als ein genialer Bastler.

Man kann durchaus darüber spekulieren, inwiefern Walthers erstaunlicher technischer Weitblick als späterer AEG-Planer für komplizierte Kraftwerke sich in der Auseinandersetzung mit dem jüngeren Bruder entwickelte. Thomas Alva Edison jedenfalls erkannte in Erich bei einem seiner Besuche im Hause Rathenau auf Anhieb den »geborenen Techniker«. Der kleine Bruder war damals 14 Jahre jung.

Keine fünf Jahre später, im Sommer des Jahres 1890, machte der jüngere der Rathenau-Söhne bereits Furore. In der Nähe eines kleinen roten Backsteinhauses am Wannsee – ein Elektrizitätswerk, das allerdings nicht der Vater, sondern der findige Werner von Siemens erbaut hatte – versenkte er einen elektrifizierten, mit Bleiplatten verbundenen kurzen Draht im Wasser. Einen sehr viel längeren zweiten Draht führte er am Ufer vorbei bis zum Strandbad Wannsee und verband ihn mit einem Telephon. Das andere

Ende des zweiten Drahtes wurde ebenfalls an Bleiplatten im Wasser versenkt. Nun sandte Erich vom Siemens-Kraftwerk aus verschieden lange elektrische Signale, also Morsezeichen, über den kurzen Draht aus. Sie waren durch den Hörer des Telephons am Strandbad deutlich zu vernehmen.[44] Erich Rathenau war damit ein spektakulärer Versuch mit der drahtlosen Telegraphie gelungen – zwar noch nicht durch die Luft, wie sieben Jahre später Adolf Slaby und Georg Graf von Arco bei der Heilandskirche von Sakrow, aber physikalisch ebenso wirkungsvoll durchs Wasser.

Erstaunlich ist, daß der allem Physischen gegenüber feindlich eingestellte Walther bei der Beschäftigung mit den technischen Fragestellungen seines Bruders auch den Fragen näherkam, die den Vater umtrieben. Erich scheint Walther den Weg zu den Finessen der Verwertbarkeit von schwer einzuschätzenden Technologien gewiesen zu haben. Überraschenderweise belegte der 18jährige Student Walther Rathenau einen naturwissenschaftlichen Studiengang – und als Kompromißfach zwischen den Forderungen der Familie nach Rationalität und Ökonomie und den eigenen kulturellen Interessen: Philosophie.

Kleine Fluchten

Sein Studium begann 1885 in Berlin. Er hörte bei Wilhelm Dilthey, dem allem Irrationalen gegenüber aufgeschlossenen Lebensphilosophen. Rathenaus bekanntester naturwissenschaftlicher Lehrer aber war Hermann von Helmholtz, der Papst der damaligen Physik. Bei ihm promovierte Walther am 23. Oktober 1889 im Alter von 22 Jahren. Das Thema seiner Dissertation lautete *Die Absorption des Lichts in Metallen.*

Nach einem Jahr unterbrach er sein Studium in Berlin für vier Semester in Straßburg. Diese Zeit war bestimmt von eifrigen Kontrollschreiben des Vaters aus Berlin. Rathenau reagierte auf die monotonen Fragen nach dem Fortgang seiner Studien und auf die unverhohlene Recherche nach unliebsamen Unterbrechungen und Ablenkungen durch die dem Vater verhaßten kulturellen Interessen auf seine Weise: nämlich mit akribischen Rechnungslegungen. Dabei gab es keinen Grund zur Sorge. Walther war ein braver

Student. Er hielt leistungsmäßig Schritt und arbeitete zielstrebig auf einen qualifizierten naturwissenschaftlichen Abschluß hin.

Ein Photo zeigt ihn in einer damals typisch studentischen Haltung: den Kopf auf die Faust gestützt, über einem zugeschlagenen Büchlein, neben sich eine riesige Karaffe und ein fast randvolles Glas. Doch das ist Selbstinszenierung.

Viel wichtiger ist seine veränderte Physiognomie: Das Derb-Jungenhafte ist verschwunden, der »braune, hochgewachsene Beduine« ist schmal geworden, sein Gesicht ist fahl, das Mediterrane, Sinnliche ist zeitweilig ausgeblendet. Er sieht aus wie ein unglücklicher junger Bankangestellter mit schrecklichem Heimweh. Man spürt: Straßburg war nicht einfach für ihn, trotz der guten Noten und der Fortschritte im Studium.

Selbst an den damals in Studentenkreisen üblichen Trinkgelagen beteiligte er sich nur pflichtgemäß. 1887 schrieb er der Mutter aus dem fernen Straßburg, wo er doch zum ersten Mal die ungewohnte Freiheit hätte auskosten können: »Ich habe aber, wie Du weißt, nicht die Fähigkeit, mich zu betrinken, daher habe ich allerdings am folgenden Tage einen klaren Kopf, aber am Abend selbst habe ich nicht die rechte naive Freude und kann mich bestenfalls über die anderen amüsieren.«[45]

Bereits promoviert, absolvierte Walther in München noch ein Aufbaustudium, das ganz nach dem Wunsch des Vaters war: Maschinenbau und Elektrotechnik belegte er an der angesehenen Technischen Hochschule der bayerischen Metropole. Da München auch als heimliche Hauptstadt der deutschen Kunst galt, sah sich Walther jedoch wiederum dem stillschweigenden Vorwurf ausgesetzt, er würde seine eigentlichen Pflichten an der Technischen Hochschule vernachlässigen und sich mehr in den pulsierenden Kreisen um die Kunstakademie herumtreiben als im Hörsaal der Maschinenbauer und Elektrotechniker.

Rathenau reagierte mit »Angst und Bitterkeit«[46]. Er legte so sorgsam und penibel Zeugnis über seine akademischen Bemühungen ab, daß man bei der Lektüre den Eindruck gewinnt, er habe befürchten müssen, die (in seinen Augen natürlich karge) finanzielle Unterstützung aus Berlin gestrichen zu bekommen, wenn er sich auch nur in seiner Freizeit der geliebten Kunst widmete – was er übrigens dennoch tat.

Daß das Verhältnis zum Vater auch in den Jahren des akademischen Erfolgs nicht ungetrübt war, zeigen die Berichte von den Umständen der Promotion, die in Berlin erfolgte, wo Walther wieder im Elternhaus wohnte. Am großen Tag verspätete sich Walther beim Mittagessen. Als er endlich erschien, bemerkte der Vater erstaunt, daß der Sohn einen Frack trug. Auf seine diesbezügliche Frage erklärte Walther dem ahnungslosen Emil Rathenau, er sei deshalb so spät dran, weil er eben »doktoriert habe«.

Das alles klingt so, als habe Walther zwar den Eltern eine gewisse Eigenständigkeit beweisen wollen, sei aber letztes Endes auf die Vorgaben des Vaters eingeschwenkt: nämlich die philosophischen Ambitionen aufzugeben und sich ganz und gar dem Metier zu widmen, dem der Vater nachging, der wirtschaftlichen Auswertung elektrotechnischer Innovationen.

Doch Walther dachte nicht daran, sich nach seiner Promotion dem Werk des Vaters zur Verfügung zu stellen.

In erster Linie war die Hinwendung nach München eine elegante Art, sich der familiären Aufsicht zu entziehen und eigene Wege zu gehen, ohne daß es in Berlin zum Krach kam. Wenn Walther seine wissenschaftlichen Studien fortsetzte und nicht sofort ins väterliche Geschäft eintrat, konnte Emil das schlecht monieren, denn seine eigene Ausbildung an den Polytechnika in Hannover und Zürich, die der damaligen Notsituation der Familie entsprechend nur kurz ausgefallen war, entsprach längst nicht mehr der Dimension, in der seine Firma mittlerweile agierte.

In München sollte Walther nur ein Jahr bleiben. Der Schwerpunkt seines Aufbaustudiums lag mit Bedacht in einem Fach, das dem Vater beinahe so fremd war wie die Philosophie. Walther Rathenau begann sich sehr für die damals noch junge Elektrochemie zu interessieren. Später schrieb er dazu in seinen Lebensdaten: »Dieser Zweig der Elektrizitätsanwendung war im Entstehen; es war der einzige, auf den die Unternehmungen meines Vaters noch nicht die Hand gelegt hatten. Dementsprechend: ein Jahr polytechnischer Studien in München.«[47]

Auch wenn Walther der Familie durch seine Promotion bei Helmholtz gezeigt hatte, daß er fähig und willens war, den vorgezeichneten Weg zu gehen, so waren die Beteuerungen, die er nun aus München schickte und auch schon aus Straßburg geschickt hatte, nicht ganz ehrlich. Der junge Rathenau erfüllte peinlich genau seine akademischen Pflichten – aber er gönnte sich während der Studienzeit durchaus auch einige heimliche Ausflüge in die vom Vater so verachtete Kultur.

Aus der Zeit in Straßburg stammt seine erste literarische Arbeit. Es handelt sich um ein Theaterstück. *Blanche Trocard* erschien 1888 anonym im Verlag Schultze & Co. in Straßburg. Die Eltern hatten keine Ahnung von der Existenz des Werkes. Erst nach dem Tod ihres ältesten Sohnes erhielt die Mutter eine Ausgabe des gedruckten Stückes – und fiel aus allen Wolken.

In Straßburg erhoffte Walther sich einen Befreiungsschlag durch das Theaterstück. Er ließ es drucken, um ein Theater dafür zu interessieren. Eine Aufführung von *Blanche Trocard* wäre ein Triumph für ihn gewesen: Aus dem unglücklichen Studiosus, der um des lieben Friedens und der Notwendigkeit willen, sich materiell unabhängig zu machen, den ungeliebten Beruf eines akademisch gebildeten Technikers angestrebt hatte, wäre über Nacht ein Theaterautor geworden, der es allen zeigte.

Blanche Trocard spielt in Frankreich. Die arme Modistin Blanche hat den Freund des Sohnes ihrer Patin geheiratet, der aus besserem Hause stammt. Berthier, der Sohn der Patin, der Blanche zur Heirat geraten hat, besucht das junge Paar nach wenigen Jahren Ehe in der Provinz und trifft auf einen gänzlich veränderten Freund. Dieser ist hochnäsig und selbstgefällig geworden, denkt nur ans Geldverdienen und sieht sich als Wohltäter seiner ehemals mittellosen Frau. Doch Blanche langweilt ihn, er sieht in ihr nur das Seelchen, das sich mit einer kruden Innenwelt herumschlägt, anstatt das Leben so anzugehen, wie es nötig wäre. Der Gatte tröstet sich bei der Frau seines Geschäftspartners Rozan.

Berthier, der Blanche geliebt hat und immer noch liebt, ist entsetzt und kümmert sich um sie. Dabei erfährt er, daß Blanche ihn ebenfalls liebt. Doch aus Verantwortungsbewußtsein ihrem Gatten gegenüber weigert sie sich, sich zu ihm zu bekennen.

Die wohlwollende Etta Federn-Kohlhaas nennt das Stück eine Erzählung in Dialogen. Handlung, findet sie, sei nicht vorhanden.

Dennoch fällt auf, daß der junge Rathenau in einer sehr stringenten Weise seine eigene Kindheit und die Disharmonie, die er in seiner Familie zu spüren glaubte, aufgearbeitet hat. Auch seine Mutter Mathilde hatte nach der Meinung des Autors einen besseren, sprich sensibleren Mann verdient als den materialistischen Emil. Anzeichen dafür, daß Emil seine Mathilde nicht geliebt und sich alle die Jahre mit ihr nur gelangweilt haben könnte, gibt es jedoch nicht.

Leider konnte sich keine deutschsprachige Bühne für eine Inszenierung von *Blanche Trocard* erwärmen. Rathenau war darüber so bestürzt, daß er zusammen mit seinem Kommilitonen Heinz Rubens alle greifbaren Exemplare (es dürften nicht allzu viele gewesen sein) in einem wütenden Autodafé am Stadtrand der idyllischen Elsaßmetropole verbrannte. Lange Jahre war nur das Frankfurter Theater noch im Besitz eines Druckes von Rathenaus Erstlingswerk.

Erziehung vor Pasewalk

1890, im Jahr nach seiner Promotion, mußte Walther Rathenau zum Militär einrücken. Er erhielt die Einjährigen-Einberufung zu einem Infanterieregiment. Durch seltsame Umstände kam er aber zu den Gardekürassieren in Pasewalk. Etta Federn-Kohlhaas vermutet, dies sei »seines ungewöhnlich hohen, schönen Wuchses« wegen geschehen.[48] Mathilde ist wohl an dieser Spekulation der Biographin nicht ganz unschuldig gewesen.

Emil Rathenau protestierte gegen die Einberufung seines Ältesten nach Pasewalk. Er hatte gute Gründe, die davon zeugen, daß es ihm nicht nur darum ging, seinen Sohn in eine Laufbahn zu zwingen, die den Bedürfnissen der AEG entsprach. Zuerst einmal war das Pasewalker Gardekürassier-Regiment eine besonders »teure« Garnison der Kavallerie. Das heißt, es galten dort hohe Normen des gesellschaftlichen Umgangs. Die jungen Rekruten, meist Adlige, hatten einen luxuriösen Hofstand zu führen. Das war dem Vater aus den bekannten Gründen nicht recht. Aber etwas anderes dürfte für Emil wichtiger gewesen sein, denn 1890 hätte es sich der Firmenchef leisten können, seinem Ältesten eine Apanage zu zahlen, die dem Pasewalker Standard entsprochen hätte.

Emil war ein kaisertreuer Deutscher und somit für die Armee. Er hatte Kontakt zum Hof, Kaiserin Auguste Viktoria war bei seiner Mutter öfters zum Tee gewesen. Emil Rathenau selbst wurde auf zwei Nordlandfahrten des Kaisers mitgenommen und von Wilhelm II. gerne an seiner Seite gesehen – was allerdings nichts viel bedeutete. Denn auch Albert Ballin, der Begründer der Hapag-Lloyd, galt als enger Freund des Kaisers. Erst als Ballin sich aus Kummer über den Ausgang des Weltkriegs umbrachte, erfuhr der Kaiser, daß einer seiner besten bürgerlichen Freunde Jude gewesen war. Bis dahin hatte er nichts von dessen Religion gewußt. Das sagt wenig über die Toleranz des Kaisers in Umgang mit Juden – aber viel über die Ernsthaftigkeit kaiserlicher Freundschaften.

In der Pasewalker Angelegenheit zeigte sich mehr noch als bei anderen Streitpunkten zwischen Vater und Sohn, daß Emil eben nicht nur aus Sparsamkeit – oder, wie Walther argwöhnte, sogar aus krankhaftem Geiz – handelte. Gerade durch seine Nähe zur Macht und die exponierte Rolle, die Emil Rathenau zu dieser Zeit in der Riege der Berliner Industriekapitäne spielte, wußte er sehr wohl und wahrscheinlich besser als sein erst 22jähriger Sohn um die Grenzen der friedlichen Koexistenz zwischen Christen und Juden. Und beim Militär waren diese Grenzen sehr eng gezogen.

Es war 1890 in Deutschland und vor allem in einem Vorzeigeregiment wie den Pasewalker Gardekürassieren undenkbar für einen Juden, Offizier zu werden. Wäre Walther Christ gewesen, so wäre er nach seiner Einjährigenzeit in Pasewalk – falls er sich nicht besonders hätte hervortun wollen – zumindest als Leutnant entlassen worden. Als Jude konnte er selbst bei hervorragender Eignung und ungewöhnlichem Ehrgeiz niemals mehr als den Rang eines Vizewachtmeisters erreichen.

Walther, der für das Militär entbrannt war und in jeder Gemeinschaft unter den Besten zu sein strebte, hat in Pasewalk, unter all den stolzen Junkern aus der Mark, nicht mehr erreichen können als einen niederen Mannschaftsdienstgrad. Das wollte selbst sein sonst so dickhäutiger Vater ihm nicht zumuten. In Emils Augen wäre eine unauffällige Rekrutenzeit in einem wenig ambitionierten, möglicherweise bürgerlich dominierten Regiment die beste Lösung für seinen Sohn gewesen.[49]

Für Walther gab es keine andere Möglichkeit. Einrücken mußte er sowieso – warum dann nicht nach Pasewalk, wo das Militär noch strahlte wie bei einem Sommermanöver? Daß seine Möglichkeiten dort sehr begrenzt sein würden, hat er vorher gewußt. Aber er hat es verdrängt.

Für den jungen Walther Rathenau war das Militär ein Ausnahmezustand. Als Soldat war er erlöst von den drängenden Forderungen der AEG, von den Sparzwängen der Familie, von dem Leistungsdruck des Studiums, durch das er sich von denen, die ihn in eine ihnen genehme Laufbahn zwingen wollten, mit aller Kraft emanzipieren mußte. Beim Militär machte Walther Urlaub von der Enge seines muffigen bürgerlichen Lebens.

In seiner Jugend galt die Offizierslaufbahn als die Erfüllung aller Wünsche. Im Frieden führte man ein freies Leben unter jungen Männern, wurde nur reglementiert durch die mit dem Rang abnehmende Truppendisziplin. Offizier zu sein war in der kaiserlichen Gesellschaft eine Ehrenposition. Nichts Ziviles kam dem gleich. Man genoß einen unangreifbaren Status – wenn man Christ war.

In seiner Kindheit hatte er wenig Kontakt zu gleichaltrigen Jungen gehabt. Seine Spielkameraden waren die Arbeiter in der Maschinenfabrik seines Vaters in der Chausseestraße gewesen. Sein bester Freund war sein Bruder Erich – doch der war vier Jahre jünger und zudem noch krank.

In Pasewalk aber erwartete Walther eine große Gemeinschaft Gleichaltriger. Er sehnte sich danach, in diese Gemeinschaft einzutauchen, endlich das nachzuholen, was er so lange entbehrt hatte und was ihm das studentische Dasein mit seinen damals noch sehr engen und förmlichen Umgangsformen nicht hatte geben können. Walther wollte in Pasewalk seine verpaßte Pubertät nachholen.

In seinen Aufzeichnungen aus der Militärzeit klingt vor allem die Freude am Leben in der männlichen Gemeinschaft durch. Es ist viel von der Erfüllung im Zusammensein mit einfachen Menschen die Rede und davon, wie neu für ihn das Gefühl war, dazuzugehören[50]. Walther, der sich sonst so schwer tat, wenn es darum ging, sich in Gruppen einzufügen, beteiligte sich an den Festivitäten der Truppe und hatte auch keine Angst mehr vor den gefürchteten Besäufnissen im Verband. Allerdings schilderte er nur

Zusammenkünfte mit Mannschafts- und Unteroffiziersgraden. Zu den Veranstaltungen der Offiziersränge hatte der Jude Rathenau – auch als Sohn eines mächtigen Konzernherrn – keinen Zutritt.

So bestand einmal ein Offizier, dem Rathenau bei einem Trinkgelage seine Flasche Bier abgetreten hatte, darauf, diese anschließend zu bezahlen. Für Rathenau war das mehr als eine Taktlosigkeit. Es ging um ein Geschenk von Kamerad zu Kamerad. Daß der Offizier ihm nun für sein Geschenk Geld aufdrängte, verstieß nicht nur gegen sein Verständnis von Kameradschaft. Es kränkte ihn vor allem deshalb, weil in der Sturheit des Offiziers der unterschwellige Vorwurf des Christen gegen den schachernden Juden spürbar wurde: Ein Jude gibt nur etwas, wenn er dafür auch Geld zurückbekommt.

Etta Federn-Kohlhaas schreibt über die Pasewalker Zeit den bedeutungsschweren Satz: »Er machte mit, aber er verlor sich nie daran.«[51]

Wie so vieles, was die durch die Mutter gut informierte Biographin schrieb, ist auch diese Formulierung ebenso wahr wie falsch. Natürlich hat Rathenau sich auch in der rauhen und sicher nicht sehr prüden Atmosphäre des Kasernenlebens niemals eine Blöße gegeben. Dazu war er bei allem Überschwang doch zu kontrolliert – und vielleicht auch schon etwas lebenserfahrener, als sein Vater annahm.

Nicht nur als Jude wußte Walther, daß er sich in acht nehmen mußte. Er war ein Einzelgänger und hatte schon auf dem Gymnasium leidvoll erfahren müssen, wie schnell man den Spott und die Wut der Mehrheit auf sich zieht, wenn man sich allzu vertrauensselig gibt. Zudem gab es auch in der lockeren Burschengemeinschaft der Gardekürassiere klare Grenzen: Homophile Schwärmereien oder gar offene Flirts unter den Rekruten hätten empfindliche Strafen und eine Ächtung durch die Kameraden nach sich gezogen. Insofern verlor er sich nicht.

Allerdings glaubte Walther – wie so oft – durch besondere Leistung und Ernsthaftigkeit auch Widerstände überwinden zu können, die sonst niemand überwand. Daß er selbst bei hervorragender Führung kein Offizier werden konnte, hat er gewußt. Auch sein Vater hatte ihn darauf hingewiesen. Dennoch drängte es ihn nach dieser Karriere.

Ein Photo aus den in mancher Hinsicht glücklichen Pasewalker Tagen zeigt uns einen gänzlich veränderten Rathenau. Nicht mehr den riesenhaften, unförmigen Jungen, dem seine Kleider zu klein zu sein scheinen, der sich in dem feinen Reglement seiner bürgerlichen Herkunft eingeengt fühlt und nicht weiß, wohin mit seinen Händen. Der Pasewalker Gardekürassier Rathenau ist eine Märchengestalt aus der Operette. Das krause schwarze Haar militärisch kurz und schneidig, den noch etwas zarten Oberlippenbart schon keck gestrafft. Rathenau, auf anderen Photos der frühen Jahre immer in jungenhafter Schülerkleidung – mal Kniebundhosen, mal Feiertagsanzug –, trägt in Pasewalk den bei Kürassieren üblichen blitzend gewienerten Brustharnisch mit einer weißen Schärpe. In der linken Hand hält der Kavallerist in den knallengen Hosen und den schwarzen Stiefeln, deren Stulpen über die Knie reichen, die Pickelhaube mit den Insignien seines Regiments und dem goldenen Adler. Die Rechte ruht gebieterisch auf dem Degen. Sein fester Blick geht am Betrachter vorbei und sagt: Ich fühle mich rundum wohl, ich habe endlich meine Rolle gefunden.

Sein Freund Alfred Kerr wußte mehr über das Lebensgefühl, das Rathenau in Pasewalk ergriffen hatte: »Es kam die Zeit, da Walther für etwas gedankenlose Söhne holsteinischer Bauern eine Bewunderung an den Tag legte, die, für sich betrachtet, hübsch, doch in ihrem Grad (und ihrer Absicht) befremdlich war. Wenn sie beim Militär möglichst unbekümmert und inhaltslos aufs Pferd stiegen: das fand er nicht nur herrlich, sondern darin lag für ihn ein tiefes Symbol, ein erstrebenswertes Ideal irdischen Daseins.«[52]

Rathenau hat sich eine Weile der Illusion hingegeben, er könne durch seine Intelligenz, seine Schneidigkeit und seinen immensen Fleiß die unsichtbare Grenze überwinden, die ihn von der ersehnten Offizierskarriere trennte. Doch das Militär zeigte ihm, wo er hingehörte und wo man ihn auf keinen Fall haben wollte. Das war ein harter Schlag.

Die schneidige Selbstinszenierung wurde vor dem Hintergrund der Ablehnung zu einer peinlichen Maskerade. Unversehens war aus dem stolzen jungen Gardekürassier ein anmaßender Jude geworden, der sich wie ein deutscher Offizier gebärdete. Als

Rathenau sich dessen bewußt wurde, brach um ihn herum alles zusammen.

Er ließ sich damals wenig anmerken, schließlich hatte der Vater ihn gewarnt. Aber Jahre später beschrieb er in bewegenden Worten die Demütigung von Pasewalk: »In den Jugendjahren eines jeden deutschen Juden gibt es einen schmerzlichen Augenblick, an den er sich zeitlebens erinnert: Wenn ihm zum ersten Mal voll bewußt wird, daß er als Bürger zweiter Klasse in die Welt getreten ist, und daß keine Tüchtigkeit und kein Verdienst ihn aus dieser Lage befreien kann.«[53]

Walther Rathenau hatte den Fehler gemacht, die offizielle Lesart der Stellung deutscher Juden im Reich wortwörtlich zu nehmen. Seit der Reichsgründung von 1871 waren die Untertanen jüdischen Glaubens den Christen rechtlich gleichgestellt. Walther hatte dieser verfassungsmäßigen Beteuerung geglaubt – er war darauf hereingefallen.

Gerade in den achtziger Jahren verlangten die deutschnationalen Verbände, die immer mächtiger wurden, eine Rücknahme der sogenannten Judenemanzipation. Diese hatte jedoch auch vorher, in der Zeit der relativen Prosperität vor dem Gründerkrach von 1873, nur auf dem Papier existiert. Juden durften ihren Geschäften nachgehen, aber niemand wollte sie in politischen Entscheidungspositionen sehen. Dort, wo sie sich aus eigener Kraft wirtschaftliche Macht erobert hatten, begegnete man ihnen nach dem großen Wirtschaftscrash mit aggressivem Argwohn. Sie wurden dafür verantwortlich gemacht, daß die Luftblase geplatzt war. Ende der achtziger Jahre wurden sogar Forderungen laut, die jüdische Einwanderung zu beschränken oder ganz zu verbieten und den Zugang zu Berufen, in denen sie angeblich überrepräsentiert waren, für Juden zu reglementieren.[54]

Daß Rathenau diesen Umschwung trotz seines empfindlichen Sensoriums nicht richtig wahrgenommen hatte, ist vermutlich seiner Jugend zuzuschreiben. Seine Arglosigkeit wurde hart bestraft.

In Pasewalk rannte Rathenau zum ersten Mal in eine typische Falle: Es half nicht, so mußte er bitter am eigenen Leib erfahren, als Jude noch besser zu sein als die Christen. Wenn man in Deutschland Jude war, blieb man trotz seiner Fähigkeiten und trotz heißen Bemühens von bestimmten Kreisen und Positionen ausgeschlossen.

Als Rathenau diese Lektion erteilte wurde, war er 23 Jahre alt, in einem Alter also, in dem solche Lehren tief greifen. Es bleiben den so Belehrten meist nur zwei Möglichkeiten: Von nun an mit Inbrunst und Haß gegen jede Art von ungerechtfertigter Benachteiligung zu kämpfen. Oder sich noch mehr anzustrengen, den gestellten Forderungen in besonderer Weise zu entsprechen und dadurch eine Verbesserung der eigentlich aussichtlosen Situation anzustreben. Es verwundert nicht, daß Rathenau sich für den zweiten Weg entschied.

Mit seinem Judentum hat Rathenau in Pasewalk abgeschlossen. Es war ihm zur Bürde geworden, mit der er kein glückliches Leben mehr führen konnte. Da er aber um jeden Preis glücklich werden wollte, beschloß er, diese Bürde loszuwerden.

Walther Rathenau sollte als erwachsener Mann nie wieder eine Synagoge betreten.

GROSSE FLUCHTEN

1891–1908

AEG – der Konzern aus dem Nichts

Am 19. September 1896 fand in der Berliner Brunnenstraße ein feierlicher Akt statt. Der Architekt Franz Schwechten stellte einer staunenden Öffentlichkeit das neue Eingangstor der Allgemeinen Elektricitätsgesellschaft (AEG) vor. Der anspruchsvoll gestaltete Bau war auf Wunsch des Firmengründers Emil Rathenau entstanden.

In Berlin wunderte man sich über die plötzliche Freigebigkeit des als sparsam und als wenig an Repräsentation interessiert bekannten AEG-Direktors. Das neue Tor mit den Zwingern und Erkern erweckte den Eindruck einer riesigen Burganlage. Die eigentlichen Fabrikgebäude, die dahinter lagen, wirkten wesentlich bescheidener.

Die AEG war in wenigen Jahren zu einer Größe herangewachsen, die alle Dimensionen ähnlicher Unternehmungen in Deutschland sprengte. Der Konzern bestand zu Beginn des neuen Jahrhunderts aus 58 Banken, Finanzierungs-, Holding-, Handels- und Terraingesellschaften, 11 Steinkohle- und 21 Braunkohlebergwerken, 21 Schwerindustrie- und Walzwerkbetrieben, 77 Maschinen-, Lokomotivbau- und Metallverarbeitungsfabriken, 76 Elektroindustrieunternehmen, 35 chemischen Betrieben und 111 Elektrizitätswerken, Gaswerken und Telegraphengesellschaften. An 64 Verbänden, Kartellen und Syndikaten war die AEG beteiligt. Die Gesamtzahl der Betriebsanlagen belief sich zur besten Zeit auf 966.

Aus den zwölf Millionen Mark Aktienkapital von 1887 waren schon im Jahre 1900 60 Millionen geworden. 1914 sollten es 155 Millionen sein, 1915 184 Millionen, 1917 200 Millionen, 1920 550 Millionen. 1921, als Walther Rathenau aus dem Konzern ausschied, um sein erstes Ministeramt anzutreten, war die

AEG 1,1 Milliarden Mark schwer. Die Zahl der Mitarbeiter hatte bei Gründung 2000 betragen. Bei Kriegsausbruch im Jahre 1914 waren es schon 66 000.

Anfangs hatte Emil Rathenau gegen seinen ärgsten Konkurrenten Siemens & Halske einen schweren Stand. Siemens war Marktführer und exportierte ins Ausland. Werner Siemens hatte schon als junger Artillerieoffizier im Auftrag des preußischen Generalstabs die erste Telegraphenlinie von Berlin nach Großbeeren verlegt, um militärische Kommandostellen miteinander zu verbinden. Nachdem er den Militärdienst quittiert hatte, stürzte er sich in die noch junge Elektroindustrie. Zusammen mit dem Techniker Johann Georg Halske richtete er eine kleine Werkstatt ein. Seine beiden Brüder verschafften ihm die Aufträge: Carl Siemens war in Rußland tätig, Wilhelm Siemens in England. So entwickelte sich die Berliner Firma schnell zu einem Global Player.

Siemens fertigte Kabel für Telegraphen und verlegte sie quer durch Kontinente und sogar durch den Atlantik. Der indoeuropäische Überlandtelegraph, den Siemens erbaut hatte, verband England, Preußen, Rußland, Persien und Indien miteinander.

Doch der später in den Adelsstand erhobene Werner Siemens, der von Hause aus Schwachstromtechniker und Feinmechaniker war, konnte die vielfältigen Möglichkeiten der strombetriebenen Maschinentechnik noch nicht abschätzen. Er blieb zurückhaltend.

Das war sein erster Fehler. Die Firmen Schuckert in Nürnberg und Lahmeyer in Frankfurt zauderten nicht lange, sie dominierten bald den Markt mit ihren großen Dynamomaschinen, die Siemens 1866 erfunden hatte.

Genauso verpaßte Siemens auch den Absprung bei der Glühlichttechnik. Emil Rathenau hatte einst samt Familie auf der Rückkehr von einer Italienreise in Südtirol Station gemacht, um Siemens an seinem Ferienort zu treffen und ihn für die neue Glühlampentechnik zu begeistern. Doch der Berliner Konzernherr ließ Emil in seiner Pension warten und teilte dann lapidar mit, daß er die Idee der Herren Rathenau und Edison für nicht wirklich zukunftsträchtig halte.

Dennoch war Siemens eine Größe in Berlin, um die Rathenau nicht herum kam.

1883 schloß Emil »strenge Verträge« mit Siemens & Halske ab, um nicht von dem Giganten an die Wand gedrückt zu werden, sobald er ihm mit seiner Glühbirnentechnik irgendwo in die Quere käme. Siemens und die AEG vereinbarten in diesen Verträgen eine Interessenaufteilung: Die große Firma Siemens sollte danach für den Bau und die Lieferung aller Maschinen und Bogenlichtlampen zuständig sein. Rathenau würde sich um die neue Glühlichttechnik kümmern und hatte freie Hand für das Konzessionsgeschäft sowie den Bau und den Betrieb von Stromlieferungsanlagen.[1]

Siemens sah es als unrealistische Marotte an, von sogenannten Zentralstationen, also von Elektrizitätswerken aus, elektrisches Licht in die Häuser zu leiten. Daran sollte sich der etwas seltsame Rathenau die Zähne ausbeißen, das Imperium Siemens wollte nichts damit zu tun haben.

Emil Rathenau war die Überheblichkeit seines Nachbarn Werner von Siemens nur recht – bekam er so doch freie Hand für den Markt, den er für den gewinnbringendsten der Zukunft hielt. Er stieg in die Massenfabrikation von Glühlampen ein.

Zu Beginn produzierte die AEG einige hundert Lampen pro Jahr. Bald aber betrug die Jahresproduktion 30 Millionen Stück – vor allem, nachdem Rathenau von der stromfressenden Edison-Lampe abgekommen war und sich auf die neue Metallfadenlampe konzentriert hatte, die sparsamer brannte: Ihr Stromverbrauch betrug nur noch 2,5 Prozent der alten Edison-Glühbirne.

Im Jahre 1887 kaufte die AEG die Weddinger Maschinenfabrik auf und rüstete sie für die Erzeugung von Dynamomaschinen um. Rathenau hatte damit begonnen, seine geschäftliche Basis – bisher alles, was mit dem Betrieb der neuen Glühbirnen zu tun hatte – zu verbreitern. Er errichtete eine eigene Fabrik für Leitungsmaterial und für Akkumulatoren. Die AEG wollte auf niemanden mehr angewiesen sein. Sie wollte alle wichtigen Teile ihres elektrischen Kosmos in der notwendigen Qualität und zu angemessenen Preisen haben. Deshalb wurde sie zu ihrem eigenen Zulieferer.

Nun schon etwas selbstbewußter geworden, schreckte Rathenau auch nicht mehr davor zurück, sich in Bereichen zu tummeln, die das mächtige Siemens-Imperium für sich reklamierte.

So kaufte die AEG die Patente von J. Frank Sprague und begann die Produktion von Straßen- und Grubenbahnen. Rathenaus Konzern befreite sich so schon nach wenigen Jahren aus der Abhängigkeit von Siemens & Halske.

Mit der Ausdehnung der Geschäftsbereiche wuchs auch der Umsatz. Die AEG verfügte über mehr Kapital und konnte sich weiter verbreitern. Rathenau ließ neue Fabriken bauen, wo er sich sonst assoziiert hätte. Er gründete Tochtergesellschaften und weitete auch die Versuchstätigkeiten des Konzerns beträchtlich aus. Und er tat etwas, was er schon nach dem Erwerb des Edison-Patents mit Erfolg ausprobiert hatte – damals, um das Geld für die Massenproduktion zusammenzubekommen. Er entwickelte ein Werbesystem für die Produkte der AEG. Auch das war in Deutschland eine Pioniertat.

Rathenau brauchte bei seinen kräftezehrenden Verbreiterungen viel fremdes Kapital. Aber nach seiner Erfahrung mit der »Berliner Union« war er dem »wetterwendischen Geld« gegenüber mißtrauisch. Deshalb ging er bei der Vergrößerung des Unternehmens mit äußerster Vorsicht vor und pflegte sich stets doppelt und dreifach gegen Rückschläge abzusichern.

Der Konzern gehörte bald zu den größten Unternehmen der Branche in Europa. Wesentlich zu dieser Entwicklung trug ein besonderer Coup des alten Rathenau bei. Er hatte das Kabelwerk, das sich die AEG an der Oberspree zugekauft hatte, ausbauen lassen und eine Anbindung an das damalige Binnenschiffsverkehrssystem geschaffen. Die Verantwortung für die Kabelwerke übertrug er seinem zweiten Sohn.

Erich Rathenau sorgte zunächst dafür, daß das Oberspreewerk alle industriellen Sparten der AEG mit hochwertigem und besonders günstigem Kabel versorgte. Damit unterstützte er die stärkste Tendenz der väterlichen Firmenpolitik, nämlich die sukzessive Abnabelung des gesamten Konzerngeschehens von fremden Zulieferern. Vor allem von Siemens, der mittlerweile mißtrauisch das Wachstum des ehemals kleinen Rivalen beäugte und sich keine Gelegenheit entgehen lassen würde, der AEG Steine in den Weg zu legen – und sei es auch nur durch eine pauschale Preiserhöhung beim Kabel, die die AEG zwingen würde, ihre schon laufenden Projekte neu zu kalkulieren.

Aber Erich ging noch weiter – und der Vater in der Berliner Brunnenstraße beobachtete staunend, wie sein jüngerer Sohn das Werk, für das er verantwortlich war, auch für die Konkurrenz auf dem Kabelmarkt fit machte. So wurden die Oberspreewerke bald zu einem eigenen Unternehmen, dessen Produktionskapazitäten weit über die Versorgung der AEG hinausreichten. Damit konnte Erich für den Markt produzieren und mit den Erlösen der florierenden Geschäfte sein Werk unabhängig vom Mutterkonzern unterhalten.

Darauf war der alte Rathenau besonders stolz – und das zeigte er auch.

Walther entging es nicht, daß sein jüngerer Bruder viel organischer in den vom Vater geschaffenen Konzern hineinwuchs als er, der lange nicht wußte, welchen beruflichen Weg er gehen sollte, und der auch, nachdem er sich widerwillig den Vorstellungen des Vaters gebeugt hatte, immer wieder ausscherte und deshalb länger brauchte als Erich, bis er dem Konzern wirklich nützen konnte.

Spätestens mit dem kolossalen Erfolg der Oberspreewerke war der Grundstein gelegt für einen bleibenden Konflikt zwischen Vater und Sohn. Walther war klar, daß er innerhalb der AEG den Vorsprung, den sich sein Bruder als genialer Techniker bereits erarbeitet hatte, niemals würde einholen können. Und er konnte sich nicht einmal sicher sein, ob der Vater ihm, wenn es ihm dennoch gelänge, seine Leistung auch mit der gleichen Zuneigung lohnen würde, wie er das beim Bruder tat.

Weiße Nächte und graue Tage: Mein Leben als Angestellter

Nachdem ihm klargeworden war, daß er im deutschen Kaiserreich seinen Traumberuf als Offizier niemals würde ausüben können, entschloß sich Walther Rathenau, in die Fußstapfen seines Vaters zu treten. Allerdings dachte er nicht daran, sich in das festgefügte System der Berliner AEG zu integrieren, das ganz und gar vom mächtigen Emil Rathenau dominiert wurde.

Er wollte Geld verdienen, er wollte wirtschaftliche Unternehmungen in Gang setzen, er wollte Ungewöhnliches leisten, aber nicht unter dem Firmendach und unter der Aufsicht des Vaters. Nicht einmal im Metier des Vaters wollte er das tun. Mit knapp 24 Jahren hatte er allerdings erkannt, daß die Methoden des Vaters doch nicht die schlechtesten waren.

Das war die eine Seite. Die andere Seite war bestimmt von der unsichtbaren Hand des Konzernherrn. Es wurde nicht Walther überlassen, was er tat. Zwar war man in der Brunnenstraße angetan von der Bereitschaft des Sohnes, endlich arbeiten zu wollen und die erworbenen Kenntnisse der AEG zur Verfügung zu stellen. Doch so groß kann in der Konzernzentrale die Begeisterung angesichts der Aussicht, einen Juniorchef begrüßen zu können, nicht gewesen sein. Emil ließ verlauten, er lege Wert darauf, daß der Älteste von der Pike auf diente – so wie er das selbst einst getan hatte.[2]

Walther hatte sich das anders vorgestellt. In einem seiner letzten Briefe aus der Studienzeit hatte er dem Vater am 10. Januar 1890 aus München geschrieben: »Im Laboratorium mache ich noch immer eine große Anzahl von Analysen solcher Substanzen, die elektrolytisch vielleicht zu behandeln sind. Dies halte ich um so mehr für ersprießlich, als mir immer mehr die Einsicht aufgeht, daß eine eigentliche Elektrochemie noch gar nicht existiert, hier ebenso wenig wie irgendwo anders [...] Nun, eigentlich macht mir das offizielle Lernen an irgendeiner Hochschule keinen Spaß mehr an sich; es wäre mir schon weit lieber, einmal das Gelernte an den Mann zu bringen und selbst etwas zu produzieren; aber da dies nicht der Fall sein kann, bin ich mit meiner Art zu arbeiten ebenso zufrieden wie mit irgendeiner andern.«[3]

Das bis dahin gültige Schema des Sohnes, der sich abmüht, dem Vater gerecht zu werden, wird hier durchbrochen. Walther stellt deutlich Forderungen. Er, der nach der Promotion unbedingt noch ein Aufbaustudium hatte anhängen müssen, signalisierte mit diesem Brief nach Berlin: Ich habe genug studiert, ich möchte endlich etwas davon haben.

Der junge Rathenau drängte nicht nur in den Arbeitsprozeß – er wollte »selbst etwas produzieren«. Das war zuerst ein Ausdruck des Überdrusses an der endlosen Experimentiererei in den Laboratorien, die in seinen Augen zu nichts führte als zu dem Beweis, daß er es konnte. Aber es schwingt auch das Verlangen mit, etwas Nützliches zu tun – und Produktionsprozesse in Bewegung setzen zu können.

Die Reaktion des Vaters war ernüchternd. Er brachte Walther in einem ernsten Vier-Augen-Gespräch in Berlin schonend bei, daß seine Verwendung in der Konzernleitung oder im Direktorium einer untergeordneten Fabrik noch nicht in Frage käme. Der junge Doktor Rathenau sollte »eine Zeitlang, gleichviel in welcher Stellung, sich in der Praxis vorbereiten«.[4]

Emil Rathenau achtete darauf, daß man ihm in seinem Konzern keinen Nepotismus nachsagen konnte. Niemand sollte behaupten können, der junge Rathenau, der die »Technik nur aus Büchern« kannte, sei vom Vater auf einen privilegierten Posten gehievt worden, ohne die praktischen Voraussetzungen dafür mitzubringen.

Im Falle seines jüngeren Sohnes Erich reagierte der Vater später deutlich verschnupft, als in der Konzernspitze Kritik an dessen Aufnahme ins Direktorium laut wurde. Der Ingenieur Erich Rathenau habe lukrative Angebote von der Konkurrenz, ließ der AEG-Chef verlauten, der Konzern müsse sich anstrengen, den jungen Mann zu halten. Auffallend ist, daß Emil seinem Lieblingssohn die Ochsentour durch die Tochterbetriebe nicht zumutete: Erich wurde – nach allerdings spektakulären Forschungsleistungen – auf Drängen des Vaters hin rasch ins Direktorium der AEG berufen und durfte das riesige Kabelwerk Oberspree eigenverantwortlich leiden. Der Erstgeborene Walther aber wurde erst einmal auf die Walz durch die Säurelaboratorien geschickt.

Walther gehorchte. Ihm war klargeworden, daß es für ihn keinen Königsweg in die AEG geben würde. So gut kannte er die Sturheit seines Vaters. Er ging in die Schweiz – doch legte er gleich in einem seiner ersten Briefe aus Neuhausen bei Schaffhausen einen vorsichtigen Protest ein: »Du kennst mich gut genug, um zu beurteilen, wie ich in einer subalternen Position leide. Niemals würde ich freiwillig in irgendeinem Betrieb ein abhängiger Beamter sein.«[5] Beamter war ein Synonym für den Angestellten in der Privatwirtschaft.

Im Herbst des Jahres 1891 begann der Physiker und Elektrochemiker Walther Rathenau bei der »Aluminium-Industrie AG« in Neuhausen in der Schweiz. Das war ein gewaltiger Schritt. Er brachte Walther ins Ausland, weit weg von Berlin, von Pasewalk, von den Eltern, der Familie und dem Reich, das ihn gerade so gedemütigt hatte. Und auch ein wenig weg von der Branche, in der sein Vater mehr und mehr zu dominierenden Kraft wurde. Aber nur ein wenig.

Die Aluminium-Industrie AG hatte nichts mit der elektrotechnischen Beleuchtung und Kraftübertragung zu tun, die Emil Rathenau zu seinem Lebenswerk gemacht hatte. Was man aber trotz des Mutes des jungen Mannes nicht übersehen darf: Auch die Schweizer Firma war eine Gründung des immer größer werdenden Konzerns AEG. Als Walther sein Aufbaustudium der Elektrochemie an der Technischen Hochschule München aufgenommen hatte, war er sich sicher gewesen, damit ein Terrain zu betreten, das sein Vater noch nicht in Besitz genommen hatte. Mittlerweile aber hatte sich das geändert.

Vielleicht durch das Interesse Walthers an dem neuen Industriezweig angeregt, war Emil Rathenau auf die Idee gekommen zu erproben, inwiefern es sich für die AEG lohnen würde, in die junge Technik zu investieren. Er war jedoch zu vorsichtig, um sich auf eigene Faust in der Elektrochemie zu betätigen, und suchte sich Partner. Einen fand er in Österreich. Bei Gastein wollte eine einheimische Firmengruppe ein Aluminiumwerk errichten. Die AEG schloß sich dem Konsortium an. Gleichzeitig aber tat Emil sich mit der Schweizer Metallurgischen Gesellschaft zusammen. Mit ihrer Unterstützung baute die AEG in Neuhausen ein Fabriklaboratorium, in dem Tests mit der Gewinnung von Aluminium auf elektrochemischen Weg stattfanden.

In diese Probefabrik trat Walther ein. Sein Interesse galt jedoch weniger der Aluminiumproduktion als der elektrochemischen Gewinnung von Chlor. Es gelang ihm und seinen Partnern in Neuhausen auch in erstaunlich kurzer Zeit, ein Verfahren dafür zu entwickeln.

Währenddessen trat die Aluminiumsparte auf der Stelle. Zwar gelang es ebenso wie in Gastein auch in Neuhausen, hochwertiges Aluminium herzustellen. Allerdings waren die Kosten noch viel zu hoch, um an eine Massenproduktion denken zu können. Zudem tauchten in Deutschland erste, allerdings eher primitive Aluminiumprodukte aus der ausländischen Produktion auf, die billig zu haben waren.

Emil hielt trotzdem an der Erforschung des neuen Stoffes fest – je vielfältiger die noch sehr beschränkten Anwendungsmöglichkeiten würden, desto eher würde sich eine Markteinführung rentieren, dachte er sich. Und wie immer, wenn es um Fragen der Verwertung ging, sollte der alte Rathenau Recht behalten.[6]

Die Arbeit in Neuhausen war auch für den Sohn des AEG-Chefs anstrengend. Die Versuche in den Laboratorien mußten rund um die Uhr betreut werden. Es gab einen Nachtwachenturnus, der bis Anfang Januar 1891 so geregelt war, daß jeder der jungen Ingenieure eine Woche lang nachts arbeitete. Später einigten sich Rathenau und sein Partner auf einen Tagesrhythmus, so daß jeder zwölf Stunden Dienst hatte, halb nachts, halb tags. Danach hatte er einen Tag frei.[7]

In seiner freien Zeit fand er in Neuhausen wenig Abwechslung. Die jungen Ingenieure prägten den Begriff: »nach Schaffhausen gehen«. Das »bedeutet hier soviel wie bei uns eine Sommerreise«, schrieb Walther am 4. Februar 1892 an die Mutter. Und: Schaffhausen habe nur 18000 Einwohner, Charlottenburg hingegen schon 50000. Man kaufe dort Sachen für den Haushalt ein – und rede darüber, meldete Rathenau lakonisch nach Berlin.[8]

In den ersten Monaten pflegt Walther noch den üblichen Briefverkehr mit seinem jüngeren Bruder Erich. Der väterlich-herablassende Ton wird dabei noch schärfer, schließlich hat der Ältere jetzt eine Stelle als »Beamter in der Schweiz« und ist fleißig im Produktionsprozeß »der Erwachsenen« tätig. Am 30. Januar 1892 schreibt er aus Lauffener Mühle an Erich schon ganz im Brustton des erfahrenen Praktikers gegenüber dem grünen Jungen: »Lieber Erich! Für deine Studien ein paar private Anmerkungen: Maschinenbau ist sehr hübsch zu wissen, darum bin ich sehr damit einverstanden. Konstruieren aber, glaube ich, überläßt man im letzten Jahrzehnt des XIX. Jahrhunderts den Bureauspezialisten. Eine Technik lohnt sich nur dann, wenn sie noch produziert […] Hauptsache: Neben dem labbrigen Kolleg viele Fabriken sehen […] Chemie ist keine Wissenschaft! Das Zeug lernt man gelegentlich vor dem Einschlafen oder in der Eisenbahn.«[9]

Der Mutter gegenüber ist der Ton naturgemäß etwas weniger hochtrabend. Ihr gesteht Walther auch, daß ihm der Einstieg ins Berufsleben in Neuhausen nicht gut bekommen ist. Vor allem die

Nachtschichten und die endlosen Laborexperimente quälen ihn, da sie ja noch kein sicht- und greifbares Produkt erbringen, sondern nur austesten sollen, ob sich die synthetische Herstellung von Chlor mittels elektrochemischer Verfahren für eine industrielle Auswertung eignet. Walther fühlt sich aufs Abstellgleis geschoben. Während der Vater und seine Leute in Berlin das große Rad drehen, muß er am Ende der Welt, in Neuhausen bei Schaffhausen, Laugen und Säuren rühren.

Der Brief an Frau Geheimrat Rathenau vom 13. März 1892 spricht Bände. Walther ist ein halbes Jahr im Dienst – und er hat die Nase gestrichen voll: »Liebe Mama! Hurra, der Nachtdienst! Gestern hat er angefangen, heute ist Sonntag, und ich habe eben mein Mittagessen gefrühstückt. Es ist vier Uhr Nachmittag, und wenn der Brief fertig ist, gehe ich wieder in die Fabrik. Mein Sonntagsvergnügen besteht heute darin, mir die nächste Woche auszumalen mit weißen Nächten und grauen Tagen, und am Schluß ist einem dann zumute, als ob man sich acht Tage lang zu gut amüsiert hätte und etwas angegriffen sei [...] Mein Partner ärgerte sich nicht übel, als ich ihm bewies, daß wir ohne Nachtarbeit nicht vorwärts kämen.«[10]

Das biedere Publikum widert ihn an, und er vermißt die Turbulenz Berlins. Auf die mühsamen Versuche der örtlichen gebildeten Schichten, etwas Farbe in das triste Einerlei zu bringen, reagiert er mit beißendem Spott. Über den Besuch eines Neuhausener Kasinoballs schreibt Walther im Februar 1892: »Das Klavier tut seinen gähnenden Rachen auf, und ein kleiner Junge von 10 Jahren kräht zwei Lieder. Währenddessen benahmen sich die Eingeborenen wie Menschen, wenn sie Musik hören. Nun ging ein rosageblümter Bettvorhang [...] in der Mitte auseinander, und es wurde ein gemütliches Stück gespielt. Leider fing dieses immer wieder von vorne an, wenn man anfing, sich auf den Schluß zu freuen. Es wurde aber ganz nett gespielt, der Dialekt ersetzte ein gut Teil Komik. Sobald wir über die glückliche Vereinigung der Liebenden in Sicherheit waren, dachte jeder an seinen Magen. Man stürzte in die Nebenzimmer, wo zwischen langen und bleichen Tischen und engen Stuhlreihen ein halb Dutzend Kellnerinnen mit verstörten Gesichtern wie die sieben Todsünden herumfuhren und sich in die Ohren tuschelten. Es dauerte auch wirklich fast dreiviertel Stunden, bis der erste Gang uns über die Kleider geschüttet wurde; dann aber kamen in regelmäßigen, wenn auch kurzen Zeitabschnitten zwei weitere Fleischspeisen und ein Pudding. Später kam eine Vanillesauce und stellenweise Käse. Trotzdem fanden die Damen keine Zeit, bei Tisch die Handschuhe auszuziehen, selbst wenn es pechschwarze waren.«[11]

Er war unzufrieden mit sich und seiner Tätigkeit. Er hatte sich mehr erhofft, sah sich anderswo, wollte endlich seine Chance bekommen, während man ihn mit schweißtreibenden und nervenzerrenden Nebensächlichkeiten betraute. Diese grundsätzliche Unzufriedenheit projizierte Walther auf seine Umwelt. Hätte er sich mit den Wurzeln des Neuhausener Unbehagens bei sich selbst beschäftigt, so wäre sein noch nicht sehr weit entwickeltes, aber sehr strapaziertes Selbstbewußtsein sicherlich nicht ohne Schaden geblieben. »Ich selbst wünsche mir sehr [...] aus diesem sibirischen Hundeleben herauszukommen und gelegentlich mal wieder Menschen zu sehen«, schrieb er am 14. Dezember 1892 an die Mutter.[12]

Der Ton ist deutlich klagender geworden. Das ist kein mißgelaunter junger Mann mehr, der, durch die harten Lehrjahre angegriffen, sich ironisch über die Mittelmäßigkeit seiner Umgebung aufregt. Das ist ein Appell an die Eltern, ihn endlich da rauszuholen.

Fünf Tage später wird er noch drängender. Er wählt Worte, die bei jeder Mutter verfangen müssen. Rathenau beklagt seinen desolaten körperlichen und seelischen Zustand und läßt durchblicken, daß die Gefahr einer Erkrankung besteht: »Arbeit über Hals und Kopf! [...] Das Fatalste ist, wenn man für andere arbeitet oder vielmehr unter fremdem Kommando arbeitet, daß man sich ärgert, wenn etwas bestimmt wird, das man für eine Dummheit ansieht, und daß man hintendrein selbst der ist, der die Folgen der Dummheit auszulöffeln kriegt. Da ist es nachher lustig zu hören: Laß andere für dich arbeiten! Hab ich denn andere? Bin ich selbst nicht der andere, den man arbeiten läßt? [...] Gestern war großer Feiertag, denn es mußte etwas repariert werden, und wir lagen die Nacht über still. Schade, daß man immer so fürchterlich viel Chlor schlucken muß, bevor etwas kaput [sic] ist und repariert werden muß.«[13]

Da man in Berlin den Ernst der Situation nicht so recht zu würdigen wußte, legt er Mitte Januar in einem Brief an Erich noch einmal kräftig nach (15. Januar 1893): »Wegen des bißchen Physik mach Dir keine Sorgen; eine ordentliche Promotion kriegen wir schon noch zustande. Nur nicht mehr zu lange warten! Für das Studium gibt Dir keiner was. Die Praxis hinterher, die honoriert man [...] Ich glaube, trotz aller Hundearbeit, die ich hier mache, hält er (K.) mich für einen Drückeberger, weil ich anständig aussehe und saubere Hände habe [...] Und der (S.) nun speziell weiß, daß ich eventuell ›der kommende Mann‹ und jetzt noch traitabel bin [...] Es wird nun nachgerade verdammt lange, daß ich hier allein bin. Ich fürchte, es hat auf meine geistigen, oder mehr, moralischen Eigenschaften schlechten Einfluß. Ich werde ungesellig, teilnahmlos, fast misanthropisch [...] Bietet man mir einen Direktorposten an ohne Einschränkung, so bleibe ich. Hat man dazu den Mut nicht und gibt man mir in der zu gründenden größeren Unternehmung ein Ressort, so gebe ich die Karriere auf und werde was anderes.«[14]

Noch im gleichen Jahr hatte Emil Rathenau ein Einsehen. Doch dabei dürften weniger die sorgsam abgestuften Klagen Walthers in den Briefen an Mutter und Bruder eine Rolle gespielt haben als vielmehr die geschäftliche Entwicklung. Im Gegensatz zu der mühseligen Forschungs- und Versuchsarbeit mit den neuen Aluminiumprodukten erwies sich Walthers Projekt relativ schnell als praktikabel. Die Gewinnung von Alkali und Chlor auf elektrolytischem Weg war durch die Arbeit des Neuhausener Labors schon nach eineinhalb Jahren in ein Stadium getreten, das eine wirtschaftliche Verwertung interessant erscheinen ließ.

Emil Rathenau ging die Angelegenheit zielstrebig an. Er gliederte die Chlorproduktion aus der Metallurgischen Fabrik in Neuhausen aus, wo der Schwerpunkt ohnehin auf der Aluminiumherstellung lag. Um die Chlorproduktion auf eine stabile Basis zu stellen, gründete er eine eigene Firma. Als Standort wählte er eine Region, die damals industriell noch wenig erschlossen war. Es handelte sich um die zwischen Berlin und Leipzig gelegene Stadt Bitterfeld. Die neue Fabrik entstand über den reichen Braunkohlevorkommen dieser Region – was zugleich die Energiefrage für die zukünftige Massenproduktion löste.

Direktor des zunächst noch kleinen Werkes wurde der Mann, der bei der Entwicklung der Fertigungsmethode auch die wichtigste Rolle gespielt hatte: Walther Rathenau. Er hatte es also weniger durch Klagen und Forderungen geschafft, endlich an eine Firmenspitze vorzustoßen, als durch die verhaßten Nachtschichten in den Neuhausener Säurekellern.

Die sächsische Kleinstadt Bitterfeld hatte 1892, als Rathenau dort anfing, 11 000 Einwohner. Selbst das schweizerische Neuhausen war größer.

Zwar war Walther nun der Chef, und in seiner kleinen Firma gab es niemanden, der ihm Anweisungen erteilte. Aber damit wuchs auch der Druck auf ihn. Rathenau war – seinem Wunsch entsprechend – aus der wirtschaftlich entspannten Sphäre der Forschung in den Ernst der Produktion hinübergewechselt. Es lag nun an ihm, schwarze Zahlen nach Berlin zu melden. Allein davon würde es abhängen, ob man ihn in der Zentrale in der Brunnenstraße für voll nahm.

In Bitterfeld verbrachte Walther seine schwersten Jahre – das hat er selbst oft gesagt, und das haben die, die ihn in dieser Zeit oder später gut kannten, auch so gesehen. Nun hatte er endlich das erreicht, was er sich so sehnlich gewünscht hatte: Verantwortung, Macht, Eigenständigkeit. Und all das nützte ihm wenig, denn die Mühle, in die er sich unversehens eingespannt sah, war so hart und so fordernd, daß sich in der Rückschau die Neuhausener Laboratorienzeit dagegen geradezu angenehm ausnahm. Das Bitterfeld der Aufbaujahre war ein Fabrikdorf. Es gab kein gesellschaftliches Leben.

Rathenau biß die Zähne zusammen. Er wußte, daß die Prüfungen, die ihm der strenge Vater auferlegt hatte, noch lange nicht zu Ende waren. Zwar war er in der Hierarchie einen mächtigen Schritt vorangekommen, aber Emil hatte ihm eine Aufgabe gestellt, die diejenige von Neuhausen an Schwierigkeit und Härte bei weitem übertraf. In der Schweiz hatte er nur eine kostengünstige Methode zur Alkali- und Chlorgewinnung entwickeln sollen. Und das im Verbund mit Partnern und unter der Obhut einer Firmenleitung, deren Befehle ihn zwar häufig verärgerten, die aber auch die Verantwortung dafür trug, daß alles klappte.

In Bitterfeld hatte er weder einen Partner, mit dem er sich die Nachtschichten teilen konnte, noch einen Chef, der in Berlin für Rückschritte geradestand. Alles hing von ihm ab. Er sollte nicht mehr nur etwas erforschen oder entwickeln, was für den begabten Ingenieur relativ leicht gewesen war. Nun galt es zu beweisen, daß die Erfindung, die ihm in Neuhausen gelungen war, auch wirtschaftlich anwendbar war. Und keiner wußte besser als Walther, wie penibel Emil Rathenau in Berlin alles, was in Bitterfeld geschah, durchrechnen würde.

Walther blieb nichts anderes übrig: Er mußte sich ganz anders als in Neuhausen in seine Arbeit stürzen. Es gab kaum noch Reisen, und wenn, dann unternahm er sie nicht zu seiner Ablenkung, sondern aus beruflichen Motiven. Die einzige Abwechslung, die er hatte, waren die jetzt – aus geographischen Gründen – häufigeren Besuche in Berlin. Dort atmete er alle zwei Monate für einige Tage durch.

Alles hing an ihm. Und die Sache entwickelte sich wirtschaftlich weit weniger gut, als das die Versuchsergebnisse von Neuhausen versprochen hatten. Die Chlorgewinnung war ein hartes Geschäft. Es gab keinen Turnus mehr, der dem Verantwortlichen eine Atempause gegönnt hätte. Je schlechter die wirtschaftlichen Aussichten und die weiteren Versuche ausfielen, desto härter wurde die Arbeit.

Walther verbrachte Wochen im Zersetzungsraum seines Werkes. Dort wurde elektrischer Strom durch Bäder mit Salzsäure geleitet, um Alkalilauge zu synthetisieren. Es stiegen dabei Dämpfe auf, die wir unter heutigen Gesichtspunkten keinem Arbeitnehmer ungeschützt zumuten würden. Die Angestellten in Bitterfeld hatten zu ihrem Schutz nur Schwämme, die sie in Essig tränkten. Sie hielten sie sich vor den Mund, um zu verhindern, daß sie giftige Dämpfe einatmeten.

Wenn die Konzentration der Schadstoffe im Keller zu hoch wurde, beendeten die Arbeiter ihre Tätigkeit und verließen den verseuchten Keller. Dann wurde der Arbeitsgang jedoch nicht unterbrochen: Wie sein damaliger Assistent und späterer Sekretär Hugo Geitner berichtete, hat Rathenau in solchen Fällen selbst die Bedienung der Säurebäder übernommen – wenn nötig, die ganze Nacht hindurch allein.

Noch in Neuhausen hatte Rathenau an die Mutter geschrieben: »Aber wenn sich für meine Ergebnisse keine Verwendung findet – und ich fange an, daran zu zweifeln –, was dann? Ja was dann? Ich weiß es nicht. Sosehr ich grüble, ich weiß es nicht. Ein anderer Beruf? [...] Und ein neues Studium? Nein, solange ich nicht genug Geld habe, um es unabhängig zu treiben, nie und nimmermehr.«[15]

Walther Rathenau war im Leben angekommen. Die bittere Zeit sollte sieben Jahre dauern.

Chlor & Alkali

Seine Erfolge in Neuhausen hatten Walther Rathenau in Berlin zumindest zu einem externen Ratgeber der Geschäftsführung werden lassen. So gab er, als man über eine industrielle Auswertung der Chlor-Alkali-Experimente nachzudenken begann, den Ausschlag bei der Wahl des Standorts.

Walther hatte in Neuhausen nicht nur die elektrochemischen Grundzüge der zukünftigen Fabrik entwickelt. Er hatte auch Erkenntnisse über die logistischen Voraussetzungen einer solchen Investition gewonnen, die ja auf unternehmerischem Neuland stattfand. So berichtete er dem Vater schon aus der Schweiz von den enormen Problemen bei der Beschaffung von Energie für die elektrolytischen Großreaktionen.

Walther drängte auf Bitterfeld als Standort für die neue Fabrik. Über die dortigen Braunkohlevorkommen hatte Friedrich von Hardenberg – ehemals Bergschüler im sächsischen Freiberg, später bekannt als Dichter unter seinem Pseudonym Novalis – im Jahre 1800 eine Denkschrift verfaßt, in der er auf die »oberflächennahen« Braunkohlevorkommen hinwies.

Im Jahre 1839 war es dem Tuchfabrikanten Johann David Schmitt mit einer von einer Dampfmaschine betriebenen Pumpe erstmals gelungen, ein Kohleflöz zu erschließen, ohne daß der Abbau ständig von hereinbrechendem Grundwasser beeinträchtigt wurde. Die unterentwickelten Verkehrswege verhinderten jedoch vorerst noch eine Bewirtschaftung der reichen Vorkommen.

Hinzu kam eine preispolitische Absurdität des 19. Jahrhunderts: Der Preis pro Maßeinheit an Braunkohlenenergie verringerte sich bei einem industriellen Kunden nicht etwa bei steigender Abnahme. Im Gegenteil: Je mehr jemand den Braunkohlengruben abnehmen wollte, desto höher war der Grundpreis. Die Großverbraucher mußten also nicht mit proportional fallenden, sondern mit proportional steigenden Preisen kalkulieren[16].

Auch die administrativen Voraussetzungen erwiesen sich in der Bitterfelder Region als nicht gerade ideal. So gab es 1895, also noch zu Rathenaus Zeit, eine Anweisung zur »Sonntagsruhe in Gewerbebetrieben«, die Firmen mit »schwankender Energiezufuhr«, das heißt solchen, die mit Dampfmaschinen oder Elektrizität arbeiteten, die Arbeit an Sonn- und Feiertagen untersagte. Für eine elektrochemische Großanlage schaffte das schier unlösbare Probleme.

Rathenaus neue Technik brauchte enorm viel Energie. Diese günstig und reibungslos zu bekommen war das Hauptproblem ihrer industriellen Verwertung. Deshalb war er nach Bitterfeld gekommen – er setzte eben auf die Braunkohle und wollte von den kurzen Wegen profitieren: In den Bitterfelder Gruben gab es oberirdische Seilbahnen, die den Förderertrag direkt zu den Betrieben transportieren konnten.

In seinem Aufsatz über Elektrochemie in Maximilian Hardens *Zukunft* schrieb er: »Die mächtigen Braunkohlelager im Gebiet der Elbe, Saale und Mulde liefern ein Material, dessen Heizwert im Verhältnis zum Gewicht [...] gering ist [...] Aber die Elektrochemie verlangt nichts Besseres. Sie bezieht ihren Energiebedarf – und Energie ist fast ihr alleiniges Requisit – aus ihren Kesseln und Maschinen; und um direkt aus der Grube kommend, unter den Kesseln verfeuert zu werden, dazu ist diese Kohle wie geschaffen. Die Elektrochemie ist also berufen, die ungemessenen Mengen kalorischer Energie, die das scheinbar wertlose Material enthält, in der Form chemischer Verbindungen aufzuspeichern und den auf diese Weise transportfähig gemachten wirtschaftlichen Wert in alle Länder zu verschicken.«[17]

Entsprechend stieg auch die Menge der geförderten Rohkohle zwischen 1893, dem Jahr, als Rathenau in Bitterfeld antrat, und 1909 von knapp 1,5 Millionen Tonnen auf rund 3,7 Millionen Tonnen. Man kann also sagen, daß die Elektrochemischen Werke den Aufschwung in die Braunkohleregion gebracht haben.

Walther Rathenau war nicht der einzige, der die Vorteile der Braunkohlenvorkommen im Bitterfelder Raum für die Elektrochemie erkannt hatte. Kurz nach ihm siedelte sich eine Konkurrenzfirma in der Nachbarschaft an. Es handelte sich um die Chemische Fabrik Griesheim Elektro (CFGE), die in Greppin Chlorkalk und Laugen produzierte.

Ihr Inhaber hieß Ignatz Stroof – und er hatte Rathenau etwas Wesentliches voraus. Stroof hatte die neue Technik schon an anderen Standorten ausprobiert. Er hatte Erfahrung und wußte deshalb besser mit den Unbilden des Bitterfelder Raumes umzugehen. Rathenau war klar, daß Stroof das Rennen machen würde – auch wenn der Konkurrent nach ihm nach Bitterfeld gekommen war. Er mußte etwas unternehmen.

In der AEG-Zentrale wurde man langsam nervös. War der Bitterfelder Weg wirklich so gut gewesen, wie Walther den Chefs hatte weismachen wollen? Die Berliner hätten nach einem Mißlingen der Rathenauschen Unternehmung wenig nach den Gründen gefragt. Diejenigen, die immer schon gewußt hatten, daß der Sohn des Konzernchefs die Hoffnungen nicht erfüllen würde, die man in ihn setzte, hätten sich die Hände gerieben.

Rathenau, der sonst im Umgang mit Anfeindungen eher zauderte und Konkurrenz in intellektueller Hinsicht kaum ertragen konnte, weswegen er bei Auseinandersetzungen am liebsten über Kritik hinwegmonologisierte, war als Geschäftsmann ein emotionsloser und entschlossener Pragmatiker. Sobald er die Gefahr erkannt hatte, die die Konkurrenz für ihn darstellte, ergriff er die Initiative. Er ging zu Stroof und trug ihm unumwunden eine Zusammenarbeit bei der Chlor-Alkali-Elektrolyse an.

Stroof jedoch dachte nicht daran. Warum sollte er, der vor der AEG das neue Verfahren der Chlor-Alkali-Gewinnung in verschiedenen Fabriken erfolgreich erprobt hatte, sich mit einem Konkurrenten zusammentun, der ihm unterlegen war?

Doch Rathenau ließ nicht locker. Er rechnete dem sturen Stroof immer wieder vor, daß es ihm nicht viel nützen würde, wenn er auf dem Bitterfelder Terrain einen kurzfristigen Sieg davontragen würde. Um langfristig davon profitieren zu können, brauche er eine starke Macht im Rücken, die das Produkt über die Region hinaus vermarkten konnte: die AEG. Und Rathenau schaffte es, Stroof zu überzeugen.

Von nun an gab es keinen lähmenden Konkurrenzkampf mehr in der ohnehin schwierigen elektrochemischen Industrie Bitterfelds. Rathenau und die CFGE arbeiteten zusammen. Ganz nebenbei hatte Rathenau damit den Grundstein zu einem weitreichenden Unternehmen gelegt: Seine Elektrochemischen Werke Bitterfeld und Stroofs CFGE wurden zur Keimzelle des späteren mitteldeutschen Chemiedreiecks – und die Stadt Bitterfeld entwickelte sich aufgrund der Rathenauschen Aktivitäten zum deutschen Elektrolysezentrum schlechthin.[18] Die gelungene Kooperation fand in Berlin den Beifall von Emil Rathenau und Carl Fürstenberg, dem Verwaltungsratsvorsitzenden der Elektrochemischen Werke.[19]

Auch andere Firmen fühlten sich jetzt von Bitterfeld und seinen beiden elektrochemischen Betrieben angezogen. So kam 1895 die Aktiengesellschaft für Anilinfabrikation – kurz Agfa genannt – mit einer Farbenfabrik ins nur wenige Kilometer entfernte Wolfen. 14 Jahre später entstand aus dieser Ansiedlung die Agfa-Filmfabrik Wolfen, die ab 1919 Schwarzweißfilme herstellte. Seit dem Ende der zwanziger Jahre war Agfa Wolfen das größte Werk der Region.

Durch die enorm gestiegene Nachfrage nach einem gut erreichbaren Energieträger boomte auch die Braunkohlegewinnung, denn die Chemieriesen entwickelten einen enormen Hunger nach Strom – und den stillte die heimische Energiewirtschaft.

Dennoch lief längst nicht alles rund in Bitterfeld. In den ersten Jahren schrieb Rathenau nur rote Zahlen, und manchmal fragte er sich, ob das Verfahren, das er in Neuhausen entwickelt hatte, technisch und wirtschaftlich praktikabel war. Alfred Kerr, einer der wenigen engen Freunde Rathenaus, berichtet in seinen Erinnerungen davon, daß Rathenau ihm oft davon erzählt hatte, daß er in Bitterfeld kaum Schlaf gefunden habe, weil ihn der Gedanke gequält habe, daß sein Vorhaben mißlingen und der Vater ihm einen solchen Mißerfolg übelnehmen könne.[20]

Nun wurde Walther klar, was es für den Vater 1873 bedeutet hatte, seine kleine Maschinenfabrik in der Chausseestraße schließen zu müssen – damals ernährte die Firma die junge Familie, Emil hatte eine Frau und bereits zwei Kinder. Dagegen war Walthers Situation weniger kompliziert: Er stand allein, und auch bei einem Zusammenbruch der Elektrochemischen Werke wäre er im Schoß der Familie weich gelandet. Dennoch darf man nicht unterschätzen, was es für den noch nicht einmal 30jährigen hieß, so knapp vor einem Ruin zu stehen: Er hätte die immensen Investitionssummen, die Bitterfeld erfordert hatte, bei einem Mißerfolg verschleudert.

Und um noch etwas ging es: Als Walther nach Bitterfeld ging, war sein Bruder Erich 21 Jahre jung und ein hoffnungsvolles technisches Talent. Sein Weg war vorgezeichnet. Er sollte und wollte so schnell wie möglich als technischer Planer in der Führung des Konzerns tätig werden. Das war natürlich auch der Wunsch des Vaters. Wäre Walther die Bitterfelder Unternehmung danebengegangen, hätte er damit auch Erichs Schicksal in der AEG besiegelt, denn der Aufsichtsrat hätte keinen zweiten Versuch mit einem Rathenau-Sohn in einer Schlüsselposition akzeptiert. Das hätte ihm der strenge Vater, der ja bekanntermaßen sehr an Erich hing, nie verziehen. So schwer wog also das Gewicht auf Walthers Schultern, während er an den Säurebädern seiner Elektrochemischen Werke arbeitete wie in einem Straflager.

Harden – die Rettung

Während er die komplizierte und aufwendige Gewinnung von Chlor durch Elektrolyse überwachte, arbeitete Walther Rathenau an weiteren Verfahren. So gelang es ihm, neue Methoden der Herstellung von Ferrosilizium, Magnesium und Natrium zu entwikkeln. Für viele dieser Verfahren meldete er Patente an, die einige Resonanz in der Industrie fanden und ihm im Laufe der Jahre auch Geld einbrachten. Die Bitterfelder Praxis lehrte ihn, chemische Patente auf ihre industrielle Verwertbarkeit hin einzuschätzen – eine Fähigkeit, die ihn im Krieg berühmt machen sollte. Was aber vorerst wichtiger war: In seiner Bitterfelder Zeit lernte er einen Mann kennen, der ihm eine ganz neue Welt eröffnete. Die Welt des Schreibens.

In der Ausgabe 12 des Jahrgangs 1895 der Zeitschrift *Die Zukunft* erschien ein Artikel mit dem Titel »Elektrochemische Werke«. Der Verfasser wußte, wovon er schrieb, er war ein Mann aus der Branche. Der Artikel war mit Walther Rathenau gezeichnet.

Die Zeitschrift, in der er erschien, wurde von Maximilian Harden herausgegeben.

Harden hieß eigentlich Felix Witkowski, war sechs Jahre älter als Rathenau und ebenfalls Jude. Er hatte seine Zeitschrift *Die Zukunft* im Oktober 1892 gegründet, nachdem er unter dem Pseudonym »Apostata« zeitkritische Artikel in verschiedenen Blättern veröffentlicht hatte. *Die Zukunft* erschien im Verlag des Berliner Bahnhofsbuchhändlers Georg Stilke, der auch die *Preußischen Jahrbücher* herausbrachte. Sie trug unter dem roten, etwas altmodisch verschnörkelten Signum den Untertitel: »Zeitschrift für Politik, Öffentliches Leben, Kunst und Literatur«.

Harden galt als einer der am besten informierten Menschen des Kaiserreichs. Er verdankte sein Wissen einer Vielzahl geschickt geknüpfter Verbindungen zu Zuträgern aus allen Bereichen des öffentlichen Lebens. In seiner Zeitschrift kam vor allem eine Stimme zu Wort: die des Herausgebers und einzigen Redakteurs Harden. Über 30 Jahre schaffte er es, mit diesem publizistischen Unikat ein Meinungsmonopol zu halten: *Die Zukunft* war ein allseits anerkanntes, parteiunabhängiges Oppositionsblatt – und es erschien jede Woche.

Peter Berglar schreibt über Hardens legendären Ein-Mann-Betrieb, den er eine »Kläranlage der Wilhelminischen Gesellschaft« nennt: »Wer als geistig gebildeter Deutscher ein Sprachrohr der eigenen Kritik an Kaiser, Reich, Politik, Personalien, an Prunk- und Renommiersucht, Verlogenheit, Säbelgerassel – kurz an der Nachtseite des äußerlich so strahlend-pompös erscheinenden Deutschland suchte, mußte zur *Zukunft* greifen.«[21]

Harden war ein schwieriger Charakter. Er und Rathenau hatten lange Jahre ein inniges, aber auch kompliziertes, am Schluß sogar tragisch-feindseliges Verhältnis. Man kann sich kaum zwei diffizilere Menschen vorstellen – und ausgerechnet diese beiden gerieten aneinander.

Bei aller Verschiedenheit – es scheinen schnell Gemeinsamkeiten auf, wenn man den Werdegang Hardens mit dem Rathenaus vergleicht. Hardens Leben ist von Mythen durchwebt. Doch ein Motiv überdeckt alle anderen: das des lebenslangen Kampfes des Sohnes mit dem Vater.

Harden war das siebte Kind eines Seidenhändlers. Der Vater – ein aus Geschäftsgründen politisch unauffälliger, aber innerlich glühender Anhänger der 1848er-Bewegung und mit politischen Größen wie August Bebel und Karl Liebknecht auf vertrautem Fuß – nahm den Sohn im Alter von 13 Jahren vom Gymnasium und ließ ihn eine Lehre in einem kaufmännischen Betrieb absolvieren. Es kam deswegen zum Konflikt zwischen Vater und Sohn.

Hardens Vater litt an einer schweren Hirnerkrankung. Ein Zusammenleben mit ihm war irgendwann nicht mehr möglich, die Mutter ließ sich deswegen scheiden und verließ mit acht der neun Kinder das Haus. Felix aber sollte bis zum rechtlichen Vollzug der Scheidung beim Vater bleiben. Er hielt es allein mit dem von Wahnvorstellungen geplagten Mann nicht aus und floh zu seiner Mutter. Von dort wurde er zum Vater zurückgebracht.

In diese Zeit fällt der erzwungen Antritt der Lehre, der Felix schließlich auch entfloh. Felix Witkowski scheint sich in dieser für ihn sehr schmerzlichen Zeit – er hing an dem immer hinfälligeren Vater und mußte sich gleichzeitig vor dessen wahnwitziger werdenden Eskapaden schützen – viel in Berlin herumgetrieben zu haben.

Der Junge suchte bei Fremden und auf der Straße Zuflucht vor den zerrütteten häuslichen Verhältnissen. Das hat ihn geprägt. Er war zeit seines Lebens in seinen emotionalen Äußerungen unberechenbar und wenig stringent. Er suchte manisch nach Freunden, stieß sie aber, wenn er sie denn endlich auf seiner Seite hatte, durch sein Mißtrauen und seine Bitterkeit wieder ab. Er entzweite sich dramatisch mit langjährigen Gefährten wegen Nichtigkeiten und zögerte nicht, einen Menschen, der ihm wohlgesinnt war, öffentlich und endgültig zu diffamieren. Frauen gegenüber war sein Verhalten noch verheerender.

Harden war ein entwurzelter Mensch. Viele haben darin einen der Gründe gesehen, die später auch zum Desaster in der jahrelang menschlich und geschäftlich so ergiebigen Beziehung zu Rathenau führten.

So übel Harden Rathenau am Ende ihrer Freundschaft auch mitgespielt hat – niemand hat böser und verbitterter über ihn nach seinem Tod geschrieben, aber auch niemand kam der Wahrheit der Persönlichkeit Rathenaus in seinem Furor so nahe –, die beiden unterschiedlichen Charaktere glichen sich in ihren reifen Jahren sehr. Beide waren Einzelgänger. Beide waren voller Sehnsucht nach echter Freundschaft. Beide waren gebrannte Kinder, deshalb mißtrauisch. Beide waren abhängig vom Applaus eines großen Publikums, beide litten immer darunter, daß man sie unterschätzte, daß man ihnen den Platz nicht gönnte, der ihnen in der Gesellschaft, der Kultur, der Politik doch zustand.

Zehn Jahre lang streifte der junge Harden durch Deutschland. Er befand sich im Troß einer Schauspielertruppe, die von Theater zu Theater zog. So wurde Harden selbst zum Schauspieler. Er liebte diesen Beruf. Das Leben am Theater brachte ihm die ersehnte Freiheit von den familiären Katastrophen und vor allem – den Kontakt zur Kunst, seiner neuen Heimat.

Der Vater ließ die Polizei nach ihm fahnden. Felix war noch nicht volljährig, und sein freies Dasein als Wanderschauspieler wäre abrupt beendet gewesen, wenn man ihn aufgespürt hätte. Deshalb änderte Felix Witkowski seinen Namen: Er hieß ab seinem 18. Lebensjahr Maximilian Harden.

Seine journalistische Laufbahn begann 1884, also im Alter von 23 Jahren. Damals hatte er vom Schauspielerdasein genug, nachdem er sich durch das Tourneeleben eine Lungenentzündung zugezogen hatte, die niemals wieder richtig ausheilen sollte. Er erkannte, daß ihm nicht nur das letztlich entscheidende Quentchen Talent, sondern auch die körperliche Konstitution zum Theaterberuf fehlten.

Harden verfügte aus seiner Wanderschauspielerzeit über ein beachtliches Wissen über Literatur und Theater. Nun, da er Journalist werden wollte, holte er als Autodidakt alles das nach, was er durch seine unstete Jugend verpaßt hatte. Er schrieb sich sogar als Gasthörer in der Berliner Universität ein und hörte alles, was ihm für seine Tätigkeit wichtig erschien.

Anfang der neunziger Jahre schloß sich Harden, der sorgsam auf seine Unabhängigkeit achtete und deshalb auch in keine Redaktion eintrat, eng an den geschaßten Reichskanzler Otto Fürst von Bismarck an. Er traf sich mit dem Rentier und kritisierte dessen Nachfolger um so heftiger, je enger die Freundschaft mit dem Exkanzler wurde.

Zwei Jahre nach Bismarcks Entlassung gründete Harden seine eigene Zeitschrift – *Die Zukunft*. In der ersten Zeit fällt das neue Medium vor allem dadurch auf, daß es gnadenlos mit der Politik der Nachfolger des Reichsgründers ins Gericht geht, aber ebenso vollmundig dessen Verdienste feiert, ohne die innenpolitischen Fehler Bismarcks zu erkennen, also dessen fehlendes Gespür für die sozialen Probleme des Kaiserreichs.

Besonders hart kritisiert Harden, der sich zur Monarchie bekannte, das »persönliche Regiment« des Kaisers, seine Hofkamarilla, den schlechten Stil der Politik, die Selbstgefälligkeit, den Opportunismus, die Inkompetenz der Höflinge, die im Reich das Sagen haben.

Das war etwas, was Rathenau ausnehmend gut gefiel. Und nicht nur ihm. Viele bürgerliche Intellektuelle und Wirtschaftsleute, die nichts gegen die Monarchie oder gegen das selbstbewußte Auftreten Deutschlands auf dem internationalen Parkett hatten, empfanden die Statthalter des Kaisers als unfähige Emporkömmlinge. Also kam Harden gut an.

Die beiden fanden angeblich zusammen, als der junge Rathenau dem Herausgeber der *Zukunft* ein Manuskript mit dem Titel »Höre Israel!« schickte. Harden war begeistert. Das war genau der Stoff, den er suchte.

Das mag so gewesen sein. Allerdings rührt der Kontakt der beiden Freunde nicht erst aus dieser Zeit her. Wie gesagt: Schon im April 1895 hatte Rathenau in Hardens *Zukunft* den Text über die Elektrochemie veröffentlicht. Der ungleich spektakulärere Aufsatz »Höre Israel!« aber erschien erst 1897.

Möglicherweise war die Veröffentlichung des Elektrochemie-Aufsatzes ohne persönliche Kontaktaufnahme über die Bühne gegangen, und Harden sah erst mit der Zusendung des »Höre Israel!«-Manuskripts zwei Jahre später einen Grund, mit Rathenau in nähere Verbindung zu treten.

Auf jeden Fall schrieb er ihm in Briefen vom 15. Januar und vom 2. Juli 1897, daß er nach der Lektüre von »Höre Israel!« davon überzeugt sei, eine starke schriftstellerische Begabung in Rathenau entdeckt zu haben.[22] Doch schon im Oktober desselben Jahres – der Kontakt ist geknüpft, man sieht sich und hat gemeinsame Bekannte – beschwert sich Harden bei Rathenau, daß dieser Oldenburg (gemeint ist wohl Elard von Oldenburg-Januschau, ein deutschnationaler Abgeordneter und späterer Intimus Paul von Hindenburgs) von oben herab behandelt habe: »weil ich mir denken kann, wie Sie – innerlich – da erst mich behandeln«[23].

Harden thematisiert als Redakteur schon nach wenigen Wochen der Bekanntschaft das ungleiche Verhältnis, das zwischen ihm und seinem Autor bestand: »Ich gebe ja gern zu, daß Sie oben sind. Aber muß man's auch zeigen?« Kein guter Anfang.

Rathenau veröffentlichte nun regelmäßig in der *Zukunft*. Für ihn war das ein großer Erfolg. Er bewies sich selbst, daß er schreiben konnte (auch wenn Harden bei seinen Fremdautoren nicht unbedingt Wert legte auf die Stringenz der politischen Meinung – gut geschrieben mußten die Beiträge allemal sein) und daß er etwas zu den drängenden Problemen der Zeit zu sagen hatte.

Obwohl er selten mit seinem Namen zeichnete, konnte er den süßen Triumph auskosten, daß sein Wort Gehör fand, wenn er beim örtlichen Bitterfelder Buchhändler die neueste Ausgabe der *Zukunft* abholte – ein kleines braunes Heftchen mit 42 Seiten.

Die *Zukunft* kostete 50 Pfennig und lag überall im ganzen Reich aus. Sie erschien bis 1919 jeden Freitag, danach, in der Republik, erst samstags. In den ersten Jahren druckte Harden etwa 6000 Exemplare pro Ausgabe. Die Nachfrage stieg jedoch ständig. Ab 1910 lag sie bei bis zu 23 000. Damit war *Die Zukunft* das auflagenstärkste Oppositionsblatt im Kaiserreich. Zeitweilig – so auf dem Höhepunkt der Eulenburg-Affäre – verkaufte Harden 70 000 Hefte von einer Ausgabe.

Harden machte alles allein. Von Montag bis Mittwoch – da ging seine Zeitung in Druck – arbeitete er fast ohne Unterlaß. In seiner freien Zeit unternahm er Vortragsreisen. Er war (wie Rathenau) ein ausgezeichneter, charismatischer Redner, der Säle mit bis zu 3000 Plätzen mühelos füllte. Seine Auftritte vor Publikum waren legendär. Er pflegte drei Nelken im Knopfloch zu tragen und seine weißen Handschuhe in die für ihn bereitstehende Wasserkaraffe zu versenken – so wie das im 19. Jahrhundert unter Damen der feinen Gesellschaft üblich war, wenn sie signalisieren wollten, daß sie nichts zu trinken beabsichtigten.

Harden war auch im Ausland bekannt. Er trat als Redner in Skandinavien auf und besuchte häufig Rußland, wo er in einer deutschsprachigen Sankt Petersburger Zeitschrift veröffentlichte. Trotz seiner wöchentlichen »Galeerenarbeit« an der *Zukunft* unternahm er weite Reisen. So auch 1902 mit Rathenau durch Italien.

Ihre Freundschaft hatte sich seit 1897/98 vertieft. Über Rathenau lernte Harden einflußreiche Männer der Wirtschaft kennen – so den mit Emil eng verbundenen Carl Fürstenberg oder den Hapag-Lloyd-Gründer und Wilhelm-II.-Intimus Albert Ballin. Die vier Herren – Harden, Rathenau, Fürstenberg und Ballin – pflegten jahrelang gleichzeitig im mondänen Ostseebad Heiligendamm ihren Urlaub zu verbringen.

Eine seltsame Symbiose wird sichtbar.

Harden ist ein Emporkömmling, der zudem auf unsicherer Seite steht. Zwar gilt er in den neunziger Jahren in Deutschland als ein individualistischer Konservativer, der nur einen Gott hat – nämlich Bismarck. Aber die Winkelzüge, die er in der immer wichtiger werdenden *Zukunft* vollzieht, sind allen seinen Bündnispartnern zu unberechenbar, zu stark bestimmt durch raffiniertes Kalkül und zu mächtig überlagert durch unergründliche Ressentiments. Sowohl den außenpolitisch ambitionierten Anhängern der deutschen Großmachtpolitik als auch den Sozialdemokraten, mit denen Harden, im Sinne Bismarcks, eine Lösung der drängenden sozialen Fragen einklagt – allen ist dieser Mann irgendwie unheimlich.

Aber er besitzt viel Macht. Durch seine kleine, aber die unzufriedenen Intellektuellen des Kaiserreichs aufwühlende Zeitschrift. Und durch seinen persönlichen Nachrichtendienst, der seltsamerweise schon bald bis in die Hinterzimmer des persönlichen Machtapparats des Kaisers hineinreicht. Die Zeitschrift *Die Zukunft* trug sich durch das rege Interesse, das der Buchhandel an der ungewöhnlichen Publikation nahm, recht schnell.

Dennoch gab es finanzielle Krisen, wie wir noch sehen werden. Und in diesen Krisen war einer wie Rathenau, der nicht nur zur Berliner Großindustrie gehörte, sondern auch gerade dabei war, sich unternehmerisch auf eigene Füße zu stellen, hilfreich. Zudem kannte Rathenau durch seinen Vater und aufgrund seiner eigenen Umtriebigkeit Gott und die Welt. Das tat Harden auch, aber Rathenau kannte Menschen, die von Harden nichts wußten und von ihm auch nichts wissen wollten.

So also konnte man sich gegenseitig nützlich sein, sich stützen und sich Mut machen. Eine ideale Verbindung für zwei Männer, die bisher allein auf weiter Flur gestanden und die beide schon nicht mehr geglaubt hatten, jemals noch auf einen Verbündeten zu treffen. Berglar schreibt dazu: »Im Anfang der Freundschaft waltete eine Gefühlsmischung aus Kameradschaft und Komplizenschaft zweier innerlich Vereinsamter vor, die es genossen, im Widerstand gegen die Umwelt einander rückhaltlos zu vertrauen und ›verschworen‹ zu sein.«[24]

Harden war eitel wie Rathenau. Er war ein Schauspieler, und er genoß Auftritte vor erlesenem Publikum. Zudem war er politisch nach allen Seiten offen. Was ihm in seinem »Portfolio« noch fehlte, waren die Großindustrie und das Bankenwesen. Dort hatte einer wie Rathenau schon durch seinen Namen ein Entree – erst recht aber, als sich seine unternehmerischen Aktivitäten im fernen Bitterfeld langsam zu rentieren begannen und sich abzeichnete, daß der Sohn des Konzernchefs bald nicht mehr von der AEG-Spitze fernzuhalten sein würde.

Harden eröffnete Rathenau, der in Neuhausen und Bitterfeld geistig darbte und dringend nach einer Ablenkung und einer Bestätigung seiner kulturellen Ambitionen suchte, eine neue Welt. Eine Welt, in die hinein er sich sehnte. Harden war der Künstler, der der junge Rathenau immer hatte sein wollen. Durch ihn würde es ihm vielleicht doch noch gelingen, sich aus der Umklammerung des Geschäfts zu lösen und zumindest, wenn das eine nicht ohne das andere zu haben war, eine Doppelexistenz zu begründen. Die Existenz eines Literaten, der zwar nur selten literarisch hervortritt und auch nicht von seiner Kunst lebt, der aber dennoch die Erfüllungen des Schreibens genießt. Insofern war der im April 1895 erschienene Text über Elektrochemie für beide Beteiligte eine

Initialzündung gewesen. Rathenau hatte zumindest symbolisch die Mühle von Bitterfeld verlassen und einen kleinen Artikel in einer Kulturzeitung veröffentlicht. Und Harden, der mit seiner *Zukunft* am Anfang stand und noch längst nicht wußte, wo er damit landen würde, hatte unversehens einen prominenten Namen aus der deutschen Industrie unter seinen Autoren – und einen Gleichgesinnten, der in der Not vielleicht würde helfen können.

Rathenaus erster Artikel in der *Zukunft* erschien noch unter seinem Namen. Eine Selbstverständlichkeit – wer sonst wäre berufener gewesen, über die Chancen der Elektrochemie zu schreiben, als einer der Pioniere auf diesem Gebiet? Die später erschienenen Arbeiten Rathenaus in der *Zukunft* wurden mit verschiedenen Pseudonymen gezeichnet, die für den Leser, der über die Berliner Verhältnisse Bescheid wußte, leicht zu entschlüsseln waren. Den Skandalartikel vom Mai 1897 »Höre Israel!« unterschrieb Rathenau mit »W. Hartenau«. Spätere Arbeiten, die in unregelmäßigen Abständen in der *Zukunft* herausgebracht wurden, erschienen anonym. »Transatlantische Warnsignale« (Juli 1898) war von einem gewissen »Walter Michael« gezeichnet. Ebenfalls von »W. Hartenau« stammten »Ignorabimus« und »The Ressurection Co.« (beide 1898).

Rathenaus etwas naive Pseudonym-Politik war es auch, die ihn mit Harden in einen ersten Streit verwickelte. Der *Zukunft*-Herausgeber hätte es gerne gesehen, wenn der Name seines prominenten Autors öfter im Blatt gestanden hätte. Je prominenter und erfolgreicher Rathenau wurde, desto heftiger drängte Harden ihn, doch mit seinem richtigen Namen zu zeichnen. In den neunziger Jahren – vor allem während der Zeit in Bitterfeld – aber fürchtete Rathenau noch zu sehr die unliebsamen Folgen, die seine publizistische Tätigkeit in der Berliner Brunnenstraße und auch außerhalb des Konzerns für sein Fortkommen haben konnte. »Höre Israel!« hatte mächtig viel Staub aufgewirbelt – und das, was später geschah, als der Text unter Rathenaus Namen erschien, deutet darauf hin, daß Rathenau sich hinter seinen Pseudonymen noch einigermaßen sicher fühlen konnte.

Harden hingegen war ein »militanter« Wahrheitsfanatiker und ein anderen gegenüber gnadenlos agierender Einzelgänger. Nun hatte er jemanden gefunden, der in vielen Dingen so dachte wie er und ebenso einsam und eitel war. Um so verletzender war für den Herausgeber Rathenaus Angst, sich zu den Artikeln, die er in der *Zukunft* veröffentlichte, auch zu bekennen. Harden wurde mißtrauisch.

Er tat seinen Teil – nahm die Artikel, die Rathenau ihm lieferte, obwohl er nicht mit allem einverstanden war, was dieser schrieb. Er machte ihn als Autor bekannt oder besser: Er etablierte seine Pseudonyme. Rathenau weigerte sich beharrlich, seinen wahren Namen ins Spiel zu bringen. Harden, der sehr empfindlich war, wenn es um seinen Ruf ging (auch das hatte er mit Rathenau gemeinsam), begann zu vermuten, sein prominenter Autor wolle zwar seine Artikel loswerden, um im Gespräch zu bleiben, sich aber dabei hinter einer Larve versteckt halten, um als reale Person nicht mit Hardens *Zukunft* in Verbindung gebracht zu werden. Er spürte, daß Rathenau die *Zukunft* als ein Organ ansah, mit dem er sich nicht rückhaltlos öffentlich gleichsetzen durfte. Damit lag Harden nicht so falsch.

Als Rathenau 1902 bei Georg Hirzel in Leipzig sein erstes Buch *Impressionen* veröffentlichte, erwähnte er mit keinem Wort, daß die Texte schon einmal in der *Zukunft* erschienen waren. Harden sah sich nun in seinem Verdacht bestätigt: Rathenau hatte zwar jahrelang in seiner *Zukunft* veröffentlicht, scheute sich aber, sich zu dem erfolgreichen Außenseiterblatt und seinem schillernden Herausgeber zu bekennen.

Möglicherweise hatte das Verschweigen der Erstveröffentlichung der Aufsätze auch ganz andere Hintergründe: Vielleicht war es Rathenau nun, da er ein Buchautor war, unangenehm, jahrelang unter Pseudonymen veröffentlich zu haben. Er trat mit den *Impressionen* an eine große Öffentlichkeit und wollte vor dieser als reifer, selbstbewußter Autor dastehen – nicht als dilettierender Amateur, der es nicht gewagt hatte, seinen Namen zu nennen, weil er seinen Fähigkeiten selbst nicht getraut oder bürgerliche Nachteile aus seiner Kunst befürchtet hatte.

Doch das war für den in diesen Dingen strengen Harden keine Entschuldigung. Er fühlte sich betrogen. Eigenartigerweise reagierte er dennoch nicht so heftig, wie es sonst seine Art war. Er veröffentlichte in der *Zukunft* vom 26. Juli 1902 sogar eine wohlwollende Rezension zu den *Impressionen*: »Ein feiner, soignierter

Geist zeigt da, was sich ihm in der Berührung mit verschiedenen Kulturen eingedrückt hat, zeigt es ohne Prunksucht, ohne das Höhenbewußtsein des Entdeckers und kleidet seine Impressionen in eine Sprache von natürlicher Anmut und starkem Stilgefühl; ein Geist, der in seinen besten Stunden leise, ganz leise freilich nur, an Montaignes lächelnde Meisterschaft erinnert.«

Harry Wilde und andere spekulieren über die Gründe für Hardens Zurückhaltung in dieser kränkenden Angelegenheit. Einige Male habe Rathenau sich um Hardens Finanzen gekümmert, heißt es.[25] Es soll sich dabei vor allem um Börsentips gehandelt haben, die er freigebig an seinen Verleger weitergab. Dies war aber nicht mehr als eine freundliche Geste: Der Gönner riskierte keinen Pfennig, und der Schützling hatte nichts davon, denn wenn er in Zahlungsschwierigkeiten war, weil ihm, wie so oft, behördlich das Erscheinen der *Zukunft* untersagt worden war, fehlten ihm auch die Mittel, um Rathenaus Hinweise in Börsengewinne umzuwandeln. Im übrigen war Harden nicht so naiv, das wenige, das er besaß, in Börsengeschäfte zu stecken, deren Ausgang ungewiß war. Hinzu kommt: Wenn Harden in Schwierigkeiten geriet, so war sein »Gönner« Rathenau selten unschuldig daran.

Die erste Anklage wegen Majestätsbeleidigung gegen Harden stützte sich unter anderem auf einen Artikel, der am 2. Juli 1898 in der *Zukunft* erschienen war. Darin hieß es: »Da erhob sich das Volk; und sie erbrachen die Thore des Palastes und erschlugen den König sammt seinen Kindern und seinem Gesinde. Und da sie am Raube und Brande sich sättigten, schritt das Weib hinaus aus den Thoren der Stadt und war schöner denn je zuvor.«

Die Anklage gegen den Herausgeber der Zeitschrift vertrat die Meinung, der Text bedrohe in versteckter Form Wilhelm II. und seine Familie. Insofern war der Tatbestand der Majestätsbeleidigung noch ein mildes Etikett – die Staatsanwaltschaft hätte, wenn sie ihren Verdacht ernst nahm, auch härter zupacken können.

Harden weigerte sich strikt, den Verfasser des anonym erschienenen Artikels öffentlich zu machen, was seine Situation vor Gericht nicht gerade vereinfachte. Zu seiner Entlastung beantragte er ein Gutachten über den inkriminierten Text. Und als Sachverständigen benannte er seinen Mitarbeiter, den bekannten Industriellen und *Zukunft*-Autor Rathenau.

Rathenau erschien vor Gericht und erklärte kenntnisreich, in dem zur Diskussion stehenden Text sei keinesfalls der deutsche Kaiser gemeint, sondern eine ferne historische Figur; mit dem Titel »König« sei vage ein absoluter Herrscher umschrieben worden. Das Gericht wies daraufhin die Anklage gegen Harden ab. Pikant an der Sache war nur, daß der anonyme Autor des Textes kein anderer war als – der sachkundige Gutachter.

Immerhin waren die beiden diesmal noch davongekommen. Im Jahr darauf ging ein weiteres Verfahren gegen Harden weniger glimpflich aus. Es ging um die Legende »Der Wahrheit Rache«, die im Sommer 1898 in der *Zukunft* erschienen war. Die Staatsanwaltschaft sah in dem Text eine Verhöhnung des Kaisers.

Diesmal war das Gericht nicht mehr durch einen Sachverständigen zu beschwichtigen. Harden wurde wegen Majestätsbeleidigung zu einer sechsmonatigen Haftstrafe verurteilt, die er in der Festung Weichselmündung abzusitzen hatte.

Die Haftbedingungen waren katastrophal. Harden, der durch seine Wanderjahre als junger Schauspieler ohnehin ein Lungenleiden hatte, zog sich in der kalten Zelle der Festung eine schwere Lungenentzündung zu. Und er litt während der Haftzeit an einer Verschlechterung seiner Neurodermitis – davon und von »rasenden Kopfschmerzen« berichtete er seinem Autor Rathenau, für den er in Haft saß, in seinen Briefen aus Weichselmünde. Aber Rathenau besuchte Harden nicht ein einziges Mal im Gefängnis. Er schickte ihm Obst: Pfirsiche und Trauben.

War Rathenau feige? Oder unterschätzte er die Leiden der langen Haft? Möglicherweise sah er in der Strafe so etwas wie eine Art Berufsrisiko für den Herausgeber einer Zeitschrift, die ihren guten Ruf vor allem wegen der radikalen Opposition zur Politik des Kaisers genoß.

Rathenau verfügte über wenig Erfahrung mit Presserecht und dem Alltag eines Oppositionsblatts in der Kaiserzeit. Sein Auftritt als Sachverständiger war eine Farce, die nur erklärlich ist durch die Ahnungslosigkeit der Richter dem Gegenstand des Prozesses gegenüber.

Die Prozesse, in denen es um seine Texte ging, fanden in einer für ihn äußerst schwierigen Phase statt. 1899 ging die Bitterfelder Zeit zu Ende. Rathenau hatte genug geleistet und stand kurz davor, in den Vorstand der AEG aufgenommen zu werden. Er wollte endlich weg von der Säuremühle, zurück ins Zentrum des Geschehens, in die Berliner Brunnenstraße. Ein Prozeß wegen Majestätsbeleidigung wäre in Berlin wie eine Bombe eingeschlagen. Selbst der mächtige Vater hätte ihm nicht mehr helfen können: Die Führungsetage der AEG wäre dem ältesten Sohn für immer verschlossen geblieben. Schon allein deshalb war ein Besuch auf der Festung Weichselmünde verfänglich.

Hinzu kam noch, daß Rathenau zwar gerne unter Pseudonymen in der *Zukunft* veröffentlichte, daß er aber mit Harden nicht auf Tuchfühlung gehen wollte. Der mochte ein glänzender Journalist sein – aber für Rathenau war er nicht der Mensch, mit dem er privat engen Kontakt hätte haben wollen. Er profitierte gerne von dessen Möglichkeiten als Zeitungsmacher, hielt aber den immer etwas aufdringlich und mit wenig Sinn für Takt agierenden Harden auf Distanz. Sie begegneten sich – im Urlaub und in Salons. Aber danach wollte Rathenau wieder in seine Klause zurückkehren – ohne den schwadronierenden und stets fordernden Harden. In einer Gefängniszelle, einem hochnervösen und an unangenehmen Krankheiten leidenden Menschen gegenüber, der Komplizenschaft (»mein lieber Mittäther«) einklagte, war diese geflissentliche Distanz jedoch nicht aufrechtzuerhalten. Also blieb es bei einem Obstkorb.

Harden hat Rathenau diese Zurückhaltung verziehen. Sobald er wieder auf freiem Fuß war und sich an die Redaktion seiner Zeitschrift machen konnte, ließ er Rathenau weiter veröffentlichen. Und nicht nur das. Sie nahmen ihre freundschaftliche alte Beziehung wieder auf, als sei nichts geschehen. Sie schickten sich gegenseitig die Adressen von Ärzten zu, die sie für kompetent hielten (wobei Rathenau ein wenig mit einer venerischen Erkrankung kokettierte, die er sich angeblich auf einer Reise geholt hatte). Sie empfahlen sich neue Theaterstücke und Bücher, sie reichten sich gegenseitig Diskussionspartner, von denen sie etwas hielten. Sie, die beide als Juden geboren waren, unterhielten sich prächtig mit antisemitischen Ressentiments und halfen sich gegenseitig bei der Buchung ihrer häufigen Nord- und Ostseeurlaube.[26] Als sei einer der beiden Kumpels bloß auf einer längeren Geschäftsreise gewesen und nun wieder glücklich heimgekehrt.

Berglar schreibt zu dem eigenartigen Verhältnis zwischen Rathenau und Harden: »Die Entfremdung der Freunde vollzog sich in Schüben; auf Zerwürfnisse folgten Versöhnungen; Perioden der Intimität und der eisigen Kühle wechselten; beide Männer wurden älter, in sich verfestigter, unelastischer, so mußten die Verletzungen tiefer gehen, die Aussöhnungen schwerer fallen.«[27]

Harden hatte zu Beginn dieser intellektuellen Liaison mehr einstecken müssen als Rathenau.

Rathenau wahrte immer Abstand – von Hardens gelegentlichen Beschwerden und emotionalen Ausfällen von Mal zu Mal verschreckt, aber auch wieder langsam sich annähernd, wenn ein Zerwürfnis ausgestanden war. Der Schlußstrich sollte durch eine Intrige gezogen werden, an der keiner der beiden Männer wirklich Schuld hatte. Eine Frau – Lili Deutsch, beider Freundin – war es, die Harden und Rathenau schließlich entzweite. Als sie durch ihren sehr banalen Kunstgriff die Zwietracht säte, brach alles das auf, was jahrelang, vor allem auf Hardens Seite gegärt hatte.

Erst dann kam es zu den schlimmen Ausfällen, die Harden kaum jemand verziehen hat. Der Höhepunkt dabei war sein Nachruf auf Rathenau: Einen böseren Abschied hat kein deutscher Autor je einem Kollegen bereitet. Selbst die Tatsache, daß Harden der Mutter Mathilde gleichzeitig einen warmherzigen Beileidsbrief schickte, mildert seine harschen Abschiedsworte nicht. Doch bis dahin sollten noch einige Jahre vergehen.

Harden befreite Rathenau intellektuell aus der Provinz, unter der dieser litt. Doch ganz so trist war Rathenaus Dasein in Sachsen nicht. Es ist immerhin die Rede von einer Frauenbekanntschaft, die er – wohl ganz offiziell, weil ihm anderes nicht möglich war in einem Dorf, in dem jeder jeden kannte – neben seiner Arbeit gemacht hatte.

Etta Federn-Kohlhaas schreib dazu: »Sie war der Typus einer schönen, schlanken Blondine aus altem Geschlecht, gepflegt, kultiviert, vornehm, nicht intellektuell und geistig nicht bedeutend. Eine Taufe wäre nötig gewesen, um diese Liebe in die menschliche Gemeinschaft einer Ehe hinüberzuleiten, und so verzichtete er stillschweigend, und seine Persönlichkeit, der der Konfessionswechsel widersprach, siegte über seine Liebe.«[28]

Eine Romanze wie bei Hedwig Courths-Mahler: Reicher Jude liebt schöne Christin. Sie darf ihn nur heiraten, wenn er zuvor konvertiert. Da er das nicht mit seinem Gewissen vereinbaren kann, verzichten die Liebenden auf ihr Glück.

In einem Brief an Wilm Schwaner schrieb Rathenau am 16. September 1915 zu dieser »Affäre«: »Bis vor kurzem habe ich beklagt, daß leidenschaftliche Erlebnisse, die meine mittleren Jahre erfüllten, nicht zum Hausstand und Familienleben führten.«[29] Da Schwaner und Rathenau eine besonders enge, ja intime Freundschaft verband und die beiden ausführlich sein Judentum diskutierten, hätte er es hier offen aussprechen können, wenn der Grund für die Trennung seine Weigerung gewesen war, zum Christentum zu konvertieren.

Man muß annehmen, daß es sich bei der Bitterfelder Liebe um eine ähnliche Verbindung oder Nichtverbindung gehandelt hat, wie er sie später öfter und mehr oder weniger intensiv praktiziert hat. Rathenau liebte es, mit Frauen zu verkehren, die ihn anhimmelten. Er achtete aber sorgsam darauf, daß diese Frauen ihm nicht zu nahe kamen. Illusionen durften sie sich machen, sie sollten ihm an den Lippen hängen und seinen Werdegang mit der Inbrunst einer Liebenden verfolgen – aber sie durften ihm nicht auf die Pelle rücken.

Die Bitterfelder Dame hat das vermutlich nicht lange mitgemacht. Rathenau befand sich – auch wenn er einen beispiellosen wirtschaftlichen Boom in der Region ausgelöst hatte – immer noch in tiefster Provinz. Da war es äußerst unwahrscheinlich, daß eine junge Frau, die ein Auge auf einen vermögenden und interessanten Mann geworfen hatte, sich lange mit wolkigen Erklärungen vertrösten ließ, wie dies in Berliner Ästhetenkreisen üblich war. Entweder er wollte eine feste Bindung mit allem Drum und Dran, oder er wollte nicht. Rathenau wollte in entscheidenden Punkten ganz sicher nicht, also verlief die Sache im Sande.

Was die detaillierte Beschreibung der geheimnisvollen Quasiverlobten betrifft, wie Etta Federn-Kohlhaas sie genüßlich zitiert, so klingt diese (»schöne, schlanke Blondine aus altem Geschlecht«) doch sehr nach Mathilde Rathenau, die in intimen Dingen Etta die Hand führte und natürlich nicht im Traum daran dachte, durch Untätigkeit in diesen Belangen dem Gerücht Vorschub zu leisten, ihr verstorbener Sohn habe sich mehr für schlanke, blonde Burschen aus altem Geschlecht interessiert als für deren Schwestern.

Zurück nach Berlin

Im Jahre 1899 hatte Walther Rathenau es endlich geschafft. Seine Elektrochemische Fabrik war in den schwarzen Zahlen und versprach auch in Zukunft eine ordentliche Rendite zu erwirtschaften. Rathenau war seinem größten Ziel so nahe wie nie. Er hätte in diesem Jahr aufhören können, in der Industrie zu arbeiten. Die Fabrik funktionierte und warf Gewinn ab.

1899 war Walthers Weg in die Kunst noch nicht festgelegt. Seit Jahren hatte er versucht, sich auch als bildender Künstler weiterzuentwickeln. Die Skizzen, die noch vorhanden sind, zeigen, daß er das mit einem gewissen Erfolg tat. So hegte er seit seiner Straßburger Zeit bis weit in die neunziger Jahre hinein den Plan, als Maler nach Paris zu gehen.

Als Geschäftsführer der Bitterfelder Werke und als Inhaber einiger vielversprechender Patente hätte er sich zurücklehnen können. Er verdiente viel Geld, war von Zuwendungen des Vaters schon lange nicht mehr abhängig und konnte es sich nach sieben harten Jahren sogar erlauben, etwas kürzer zu treten und das Tagesgeschäft an seine Stellvertreter zu delegieren. Doch eigenartig: Obwohl er so lange, fast 15 Jahre, davon geträumt hatte, endlich als Künstler leben zu können, zögerte er nun. War es die Angst davor, den allerletzten Schritt zu tun? Fürchtete er den neuen Maßstab? Als Berufsautor wäre er nicht mehr wie ein Amateur behandelt worden, der ab und an etwas veröffentlichte und dem man zugute hielt, daß er sich trotz seiner Belastung durch den Hauptberuf in einem Metier tummelte, in das er nicht hineingewachsen war.

Bisher hatte Rathenau sporadisch in Maximilian Hardens *Zukunft* Texte veröffentlicht und dabei so gut wie nichts verdient. Als hauptberuflicher Autor hätte er sich dem Markt ganz anders stellen müssen. Denn niemand, am wenigsten er selbst, hätte es akzeptiert, daß ein professioneller Autor nur alle paar Monate in einer Zeitschrift veröffentlichte. Was jedoch schwerer wog als diese komplizierten Überlegungen eines 32jährigen unverheirateten Mannes, war die Stimme der AEG.

Die Bitterfelde Erfolge zeitigten überall Konsequenzen. Es entstanden Zweigwerke, die die elektrochemische Produktion aufnahmen. Auch der spezielle Synergieeffekt, den Rathenau in Bitterfeld mit der dortigen Braunkohlenindustrie praktiziert hatte, wurde jetzt fleißig nachgeahmt. In Rheinfelden am badischen Oberrhein errichtete die AEG von 1894 bis 1899 ein riesiges Wasserkraftwerk. Mit finanzieller Unterstützung der Deutschen Bank und der Berliner Handelsgesellschaft wurde ein Stauwehr quer durch den Rhein gezogen. Nach fünf Jahren Bauzeit und einer Investition von vier Millionen Mark entstand so das größte Wasserkraftwerk der damaligen Zeit.

Von Anfang an wurde in Rheinfelden viel Geld verdient. Und wieder fungierte die AEG als Zugpferd für die heimische Industrie: Das Chemierevier am Oberrhein, das durch das Wasserkraftwerk Rheinfelden entstand, war lange Jahre eines der wichtigsten deutschen Industriezentren. Die AEG schaffte dafür nicht nur die energiewirtschaftlichen Voraussetzungen – Emil Rathenau ließ es sich auch nicht nehmen, sich an einigen der rund um sein Wasserkraftwerk aus dem Boden schießenden Firmen zu beteiligen.[30] So entstanden bei Rheinfelden in rascher Folge die Chemischen Werke Grenzach, die Solvay-Werke, die Lonza-Werke und eine Zweiganlage der Chemischen Fabrik Griesheim Elektron – der rührige Ignatz Stroof mischte also auch am Oberrhein mit.

Neben den elektrolytischen Betrieben haben sich am Oberrhein recht schnell auch metallurgische Produktionen mit elektrischen Schmelzöfen angesiedelt. Ihre Metallegierungen von Eisen mit Mangan, Nickel, Chrom und Wolfram wurden in der Elektrizitätswirtschaft gebraucht. Auch hier hat sich die AEG beteiligt, um die Zulieferer unter Kontrolle zu haben und am eigenen Bedarf zu verdienen.

Ungeachtet dieser Aktivitäten im Energiebereich und in der Elektroindustrie baute Emil Rathenau seinen Konzern auch in andere Richtungen aus. So legte die AEG ihr erstes Straßenbahnnetz in Halle an – nicht ohne sich für ein Jahrzehnt auch die Betriebsführung des Projekts zu sichern. In Halle schuf Rathenau eine Musteranlage für den elektrisch betriebenen öffentlichen

Nahverkehr. Mit der dortigen Bahn versuchte er das Interesse anderer Städte zu wecken. Breslau, Gera, Chemnitz, Essen, Dortmund, Lübeck und Plauen zogen nach und beauftragten die AEG mit dem Bau ihrer Straßenbahnen.

Emil hatte vorgesorgt. Als die Elektrifizierung der deutschen Straßenbahnen anlief, hatte er sich längst über die Allgemeine Lokal- und Straßenbahn AG bei den schon existierenden Pferdebahnen ein Mitspracherecht verschafft und steuerte nun die Umstellung auf den modernen Strombetrieb von innen.

Doch Deutschland war der AEG längst zu klein geworden. In Italien erwarb sie die »Società di Ferrovie Elettriche e Funicolare« in Genua (Elektrische Tram- und Drahtseilbahn). Mit Hilfe dieser Gesellschaft gelang es den Deutschen, Konzessionen in der Genueser Region an Land zu ziehen. Andere italienische Städte beobachteten die Aktivitäten der AEG genau – und wandten sich, als die Rechnung von Genua aufging, mit ihren Verkehrs- und Energieproblemen ebenfalls an den Konzern aus Berlin. So wurden die Städte Mailand, Venedig und Neapel schnell zu guten Kunden.

Da die neuen Straßenbahnen viel Strom brauchten, bemühte sich Emil auch um die Energielieferung. Aus diesem Grund entstand die Officine Elettriche Genovesi – eine Gesellschaft, die den Bau von Zentralstationen für Licht und Kraft betrieb. Der Kraftwerksbau und die Anlage von Stromnetzen wurden damit zu einem wichtigen Anliegen des Konzerns.

Der Mann, der dieses Anliegen vorantreiben sollte, war Walther Rathenau. Also erging aus der Brunnenstraße ein Angebot, das Walther schon allein in Anbetracht der neuerdings enormen Möglichkeiten der AEG schlecht ablehnen konnte. Rathenau sollte oft in Genua weilen, um in der dortigen Keimzelle der italienischen AEG-Aktivitäten zu arbeiten. Deshalb war ihm Jahre später, als er als Außenminister in Genua an einer internationalen Konferenz teilnahm, die Stadt vertraut. Er kannte die Menschen der Region, er sprach sogar ihre Sprache.

Bereits im Jahre 1897, als der ältere Rathenau-Sohn sich noch mit den Tücken der Chlorgewinnung herumschlug, hatte der Vater sich um Konzessionen für die großen Nationalstaaten in Südamerika bemüht. Er war beauftragt worden, zahlreiche Kraftwerke und die damit verbundenen Stromnetze aufzubauen. Um dabei nicht auf die Willkür von Einzelbanken angewiesen zu sein, war unter Emils dezenter Regie 1898 die Deutsch-Überseeische Elektrizitäts-Gesellschaft entstanden. Unter ihrem Dach waren nicht nur alle deutschen Großbanken versammelt, sondern auch der stärkste Konkurrent, Siemens & Halske. Zusätzlich hatte die AEG eine Elektrizitätslieferungsgesellschaft initiiert, die den Betrieb der erbauten Elektrizitätswerke organisierte.

Damit hatte Emil Rathenau alle Bestandteile eines Trusts in seiner Hand. Die AEG war zu einem Mischkonzern geworden, dessen Teile sich nicht nur gegenseitig stützten – sie verdienten auch alle aneinander. Emil hatte damit seinen Lebenstraum verwirklicht: Er beherrschte alle Stränge seiner weitreichenden Produktion selbst und kontrollierte auch noch die Zulieferer. Kein Betriebszweig entstand, ohne daß der wirtschaftliche Segen, den er weiträumig erzeugte, nicht auch vom Mutterkonzern abgeschöpft wurde.

Sogar die Finanzierung überließ Emil nicht mehr den unsicheren und zu stark den Eigeninteressen unterliegenden Banken. Schon 1896 hatte er in Zürich eine eigene Bank für seine immer größer werdenden Auslandsgeschäfte gegründet: die »Bank für elektrische Unternehmungen«, die sogenannte Elektrobank. Mit diesem Institut, das über ein Stammkapital von 30 Millionen Schweizer Franken verfügte, entlastete Emil sein von Berlin aus betriebenes Hauptgeschäft und erhielt auch mühelos Zugang zu dem ihm sonst verschlossenen ausländischen Kapitalmarkt.

Kein Wunder, daß Emil als Herr des großen Trusts auch die Nachfrage nach seinen Produkten nicht mehr dem Zufall überließ. Als einer der ersten Konzerne auf dem Kontinent investierte die AEG in großem Stil in die Werbung. Rathenau trieb seine Leute an, in allen europäischen und überseeischen Regionen, die noch nicht versorgt waren, die Werbetrommel für die Leistungen der AEG zu rühren. Mit viel Geld – das nicht zuletzt aus den Effektengewinnen der Züricher Trustbank kam – schaffte Emil bei seinen potentiellen Großabnehmern erst eine Nachfrage, die er dann zu stillen bereit war.[31]

Dies alles sprach in Walthers Augen für die AEG. Was letzten Endes den Ausschlag für seinen Eintritt in den Vorstand gab und sich mit Macht gegen die künstlerische Option durchsetzte, war der Ruf aus Berlin. Der Vater hatte es erreicht, daß die Vorstandskollegen seinen Sohn Walther ausgerechnet mit der Betreuung des Zweiges des Trusts betrauten, der die größten Wachstumschancen hatte, die größten Profite versprach und auch wirtschaftspolitisch im Zentrum des Geschehens stand: Walther Rathenau, der Ingenieur aus dem mittelständischen Chemiewerk in fernen Bitterfeld, sollte als neuer AEG-Vorstand für den weltweiten Bau und Betrieb der Zentralstationen zuständig sein.

Damit konnte keine noch so romantische Existenz als Maler oder als Autor konkurrieren. So nahm Walther im Jahre 1899 ein für allemal Abschied von der Aussicht, allein vom Schreiben und nur fürs Schreiben zu leben. Abgesehen von gelegentlichen (meist politisch bedingten) Trotzphasen hat er nie wieder ernsthaft einen Rückzug in eine einsiedlerische Dichterexistenz erwogen. Dazu war er schon viel zu sehr angesteckt von dem Virus der weiten Welt, des großen Geldes und vor allem – der Macht.

Kurz bevor Rathenau das Bitterfelder Schiff in sichere und ertragreiche Gewässer manövrierte und sich damit für das Aufrükken in den Vorstand des Mutterkonzerns qualifizierte, geschah in Deutschland etwas, was folgenreich für die Welt sein sollte.

Am 28. März 1898, also etwa ein Jahr vor Walthers Rückkehr in die Hauptstadt, wurde in Berlin ein Flottengesetz verabschiedet. Der Staatssekretär im Reichsmarineministerium, Admiral Alfred von Tirpitz, hatte sich beim Kaiser für eine Erweiterung der Marine stark gemacht.

Wilhelm II. – seit genau acht Jahren befreit von seinem ärgsten innenpolitischen Konkurrenten, nämlich dem Reichskanzler Otto von Bismarck – sah in der Initiative von Tirpitz ein willkommenes Instrument, nun auch militärisch seinem Streben nach dem »Platz an der Sonne« (ein Begriff, den sein Kanzler Bernhard Fürst von Bülow ihm souffliert hatte) Rechnung zu tragen: Deutschland sollte eine Großmacht werden und am Tisch der Engländer und Franzosen mitessen. Dazu brauchte der Kaiser, der an seinen schwachen Reichskanzlern vorbei »persönlich regierte«, auch eine Drohkulisse, mit der er den Seemächten, die sich um Kolonien stritten, imponieren konnte.

Tirpitz hatte eine deutliche Aufrüstung verlangt – und das Erste Flottengesetz ordnete sie an. In einem Plan, der den Ausbau der Marine bis zum Jahr 1904 regelte, war festgeschrieben, daß das Kaiserreich eine Schlachtflotte bekommen sollte. Es wurden zwei Geschwader zu je acht Linienschiffen gebaut.

In Paris und in London horchte man auf.

Ein Jahr später tat das Reich einen weiteren bedeutenden Schritt in Richtung Großmacht. Das Osmanische Reich erteilte der Anatolischen Eisenbahngesellschaft, die von Deutschland kontrolliert wurde, die Erlaubnis, eine Bahnstrecke zu bauen, die den gesamten Vorderen Orient erschließen würde. Die geplante Bagdadbahn sollte von Konya über Bagdad bis nach Basra führen.

In der Region hatten traditionell die Kolonialmächte Großbritannien und Rußland das Sagen. Die beiden Großmächte fühlten sich vom Deutschen Reich in ihrer Position angegriffen. Dabei spielte eine wichtige Rolle, daß die von der Deutschen Bank finanzierte und auch weitgehend bestimmte Anatolische Eisenbahngesellschaft in der Türkei bereits eine dominierende Strecke betrieb, nämlich die Verbindung von Konstantinopel über Ankara nach Konya. Mit der Erweiterung dieser Linie bis Basra würden die Deutschen den gesamten Verkehr und damit auch die Wirtschaft im Vorderen Orient beherrschen, zumal die Bagdadbahn die Anbindung der osmanischen Hauptstadt an den Persischen Golf vollziehen würde.

In Konstantinopel wußte man um die Brisanz der Konzession, die an die Anatolische Eisenbahn vergeben werden sollte, und suchte sich nach allen Seiten abzusichern. Im Oktober 1898 war Kaiser Wilhelm II. auf einer ausgedehnten Orientreise auch nach Konstantinopel gekommen und hatte persönlich in die schwierigen Verhandlungen eingegriffen, indem er sich mit Sultan Abd Al Hamid II. getroffen und über die neue Bahn gesprochen hatte.

Die Briten und die Russen verstanden dieses Signal des Kaisers: Die Bagdadbahn war nun keine wirtschaftliche Angelegenheit des Orients mehr, sondern eine hochpolitische Affäre im härter werdenden Machtspiel der europäischen Großmächte.

Daß Wilhelm II. sich wenig um die Empfindlichkeiten der anderen europäischen Staaten kümmerte, zeigte sich nicht erst bei der Verabschiedung des Flottengesetzes und beim Gerangel um die Bagdadbahn: Zwei Jahre zuvor, im Januar 1896, hatte er dem Präsidenten der Republik Transvaal, dem Burenkönig Paulus »Ohm« Krüger, ein Glückwunschtelegramm geschickt. Der deutsche Kaiser hatte auf diesem Weg Krüger zu seinem militärischen Sieg über britische Invasionsverbände gratuliert, die unter Leander Starr Jameson von der britischen Kapkolonie aus nach Transvaal eingedrungen waren. Obwohl Jameson bei dieser Freischärler-Aktion nicht über eine offizielle Erlaubnis der Londoner Regierung verfügt hatte, trübte die »Krüger«-Depesche des deutschen Kaisers das Verhältnis zu Großbritannien erheblich.

Im Verlauf von sechs Jahren, seit Wilhelm II. mit seiner aggressiven Außenpolitik begonnen hatte, war die Stimmung immer eisiger geworden. Nicht wenige Beobachter waren der Meinung, daß man, wenn der Kaiser stur so weitermachte, direkt auf einen Krieg zusteuerte.

Harden und Rathenau waren sich in vielem uneinig. Doch darin, daß das Streben nach einer deutschen Aufwertung zur Großmacht, so rücksichtslos wie Wilhelm dies betrieb, unselig war, stimmten sie überein.

Bei Harden, der nichts dagegen hatte, daß das Reich eine imperialistische Poltik verfolgte, spielte die Opposition gegen den Mann eine große Rolle, der sein Idol Bismarck ausgemustert hatte. Bei Rathenau waren die Motive komplizierter. Er erkannte eher als Harden die Gefahren des riskanten Pokers. Und er schätzte die Möglichkeiten der Briten realistischer ein als die devoten Berater des Kaisers. Rathenau mag sich im Ersten Weltkrieg sehr patriotisch aufgeführt haben, aber er war niemals für ein Vabanquespiel gegen die immer noch sehr mächtigen und mindestens ebenso entschlossenen Briten.

Bei Rathenau kam – noch mehr als bei Harden – ein persönliches Motiv dazu. Er verachtete die Art, wie Wilhelm II. sein persönliches Regiment praktizierte, also die Führung der Staatsgeschäfte unter Umgehung von Kanzler und Kabinett mit Hilfe einer unkontrollierbaren kleinen Kamarilla von Hofschranzen. Es handelte sich bei diesem heimlichen Machtzentrum des Reiches durchweg um adlige Günstlinge des Kaisers. Unter solcher

Cliquenwirtschaft hatte Rathenau persönlich gelitten: als Bürgerlicher und als Jude. Die Demütigung von Pasewalk war nur eine – allerdings dramatische – Station in der langen Reihe unliebsamer Erfahrungen mit der Undurchlässigkeit der speziellen preußischen Nomenklatura.

Man kann Rathenau glauben, wenn er seinen Unmut über das politische Kastenwesen als Sorge um die nationale Leistungsfähigkeit artikulierte. Früh schon hatte er darauf hingewiesen, daß ein 60-Millionen-Volk im Herzen Europas sich in den wüsten Zeiten der Industrialisierung nicht mehr von einer kleinen Gruppe Auserwählter führen lassen konnte, während die Masse der Bürger per Geburt von der politischen Macht ausgeschlossen wurde.

Rathenau hatte sich schon als junger Mann Gedanken über die Bedeutung der Elite für den Staat gemacht. Unter den Umständen, unter denen er aufgewachsen war, sah er zu Recht schwarz für politische Talente aus dem Bürgertum. Er fragte aber auch, was aus einem Staat werden sollte, der freiwillig auf über 90 Prozent seiner menschlichen und intellektuellen Ressourcen verzichtete. Insofern waren der Restfeudalismus des Kaiserreichs und die damit einhergehende Vernachlässigung der Kompetenzen eines ganzen Volkes für ihn stets verknüpft mit der Frage nach dem Überleben seines Vaterlands.

Als Rathenau 1899 nach Berlin zurückkehrte, waren diejenigen, die die Gefahren in Wilhelms selbstbewußter Politik sahen und davor warnten, in der Minderheit. Die Mehrheit des Volkes fand, daß Deutschland es verdient hatte, mit am Tisch der Großen zu sitzen. Dementsprechend gespannt war die Stimmung in der Hauptstadt. Die Berliner hatten nie viel von den Eroberungsgelüsten der Hohenzollern gehalten, hatten aber gerne die wirtschaftlichen und konjunkturellen Früchte geerntet, die im Schatten einer solchen außenpolitischen Neubestimmung des Reiches gediehen.

Der neue Stil des Kaisers zeitigte in Berlin Folgen, die bis in die Familie Rathenaus hineinreichten. Im Jahre 1898 führte Wilhelms selbstgefälliges Regime zu einem Kunstskandal. Der Kaiser hatte sich geweigert, das Gemälde *Abendstimmung am Grunewaldsee* von Walter Leistikow für die Berliner Museen ankaufen zu lassen.

Solch harscher Umgang mit fortschrittlichen Künstlern war in Berlin nicht selten. So war schon am 12. November 1892 unter der Federführung des Akademiedirektors Anton von Werner eine Ausstellung von 55 Gemälden und Zeichnungen des Norwegers Edvard Munch, die die Ausstellungskommission des Berliner Künstlervereins in der Wilhelmstraße organisiert hatte, geschlossen worden. 70 Mitglieder des Vereins hatten daraufhin die Gründung einer unabhängigen Künstlerorganisation beschlossen.

Bei Leistikows Bild vom Grunewaldsee handelte es sich nun nicht wie bei Munch um eine für den durchschnittlichen Betrachter schwer zugängliche Darstellung komplizierter seelischer Zustände, sondern um eine stimmungsvolle, moderne Ansicht eines der beliebtesten Ausflugsziele der Stadt. Deshalb wurde der Affront des Kaisers in Berlin nicht einfach geschluckt. Es formierte sich eine Gegenbewegung, die Secession – und zwar unter der Führung Leistikows und Max Liebermanns, des Cousins von Emil Rathenau.

Kurz vor Walthers Rückkehr nach Berlin trat die Secession mit einem großen Paukenschlag an die Öffentlichkeit. Am 20. Mai 1899 zeigte sie in ihrem exotisch wirkenden Haus mit asiatischem Elefantentor und Pagodendach an der Charlottenburger Kantstraße ihre erste eigene Ausstellung. Und Walthers Verwandter Liebermann, mittlerweile ein »Kunstpapst«, der weit über die Grenzen Berlins hinaus berühmt war, schrieb keck gegen den verordneten Geschmack des Kaisers an: »Wir sind ebenso stolz darauf, die Werke eines Menzel als die des Böcklin dem Publikum zeigen zu dürfen. Für uns gibt es keine allein seligmachende Richtung in der Kunst, sondern als Kunstwerk erscheint uns jedes Werk – welcher Richtung es angehören möge –, in dem sich eine aufrichtige Empfindung verkörpert.«

Rathenau gefiel das. Er hatte schon 1893 von seinem ersten Geld, das er in Bitterfeld gemacht hatte, für 100 Mark von Munch das Gemälde *Regenwetter in Christiana* gekauft und sollte sich im Februar 1907 von dem Norweger porträtieren lassen. 1902, als er die AEG verließ, erwarb er von Munch das Doppelbildnis des Malers Paul Herrmann und des Arztes Paul Contard. Eine vielsagende Wahl angesichts der zwiegespaltenen Natur des jungen Rathenau, der sich schmerzhaft zwischen einer Karriere als Industriemanager und einer Künstlerexistenz hatte entscheiden müssen.

Wenige Monate später kamen sieben Radierungen von Munch hinzu. Rathenau war jedoch fast der einzige Sammler in Berlin, der den Norweger unterstützte. Harry Graf Kessler hatte für wenig Geld Graphiken gekauft, als der junge Munch noch in einer Charlottenburger Einzimmerwohnung hauste.

Dem in Deutschland ungleich berühmteren Cousin seines Vaters gegenüber blieb Walther jedoch immer eigenartig reserviert. In der Kunstkritik wird das zurückgeführt auf Liebermanns Hang zur Tradition des Judentums, den Walther damals noch nicht habe nachvollziehen können.[32] Ein wichtiger Grund dürfte jedoch in der Familiengeschichte der Rathenaus gelegen haben: Schließlich hatte der Vater als Kind des verarmten Zweiges der Familie in der schlesischen Fabrik der Liebermanns jahrelang als Lehrling schuften müssen. Immerhin schenkte Liebermann, der sich später stolz darauf zeigte, einen Außenminister in seiner Familie zu haben, seinem Großneffen Walther eines seiner schönsten Gemälde: *Zwei Frauen aus Laren.*

Emil Rathenau gefielen die frevlerischen Worte seines Cousins überhaupt nicht. Sein ganzer Respekt galt dem Kaiser. Er war stolz darauf, in dessen weitestem Dunstkreis angesiedelt zu sein, und hoffte darauf, ihm noch näher zu kommen. Da kam ihm Cousin Liebermann mit seiner Opposition gegen die künstlerische Linie des Monarchen sehr ungelegen.

Zwar besaß Emil, ebenso wie sein Bruder Albert, Bilder des berühmten Cousins. Aber zwischen dem mit seinem Palais neben dem Brandenburger Tor prominent angesiedelten künstlerischen Dissidenten und dem bodenständigen, in Kunst und Politik konservativen AEG-Gründer lagen Welten. Während Liebermann den Kontakt suchte und unverkrampft mit den Rathenaus umging, blieb Emil in seinem Verhalten dem großen Maler gegenüber immer der arme Verwandte, der zu ein wenig Geld gekommen war und nichts riskieren wollte, was ihn die Gunst der Mächtigen kosten konnte.

»*Höre Israel!*«

Am 6. März 1897 erschien in Maximilian Hardens *Zukunft* ein Artikel, der mit den Worten begann: »Von vorneherein will ich bekennen, daß ich Jude bin.«

Der Autor war damals knapp 30 Jahre alt. Sein Artikel war ein Aufschrei.

Walther Rathenau setzte sich hier erstmals öffentlich mit seinem Judentum auseinander. Er tat das ganz anders, als man es von ihm erwartet hätte. Er klagte nicht den Staat an, der ihm Rechte verweigerte, die deutschen Nichtjuden selbstverständlich zustanden. Er klagte auch nicht diejenigen an, die mit antisemitischen Hetzparolen die Volksseele aufwühlten und bei jeder Gelegenheit darauf hinwiesen, daß die Juden an allem Elend des deutschen Volkes schuld seien.

Rathenau, der in seinem Leben schon hatte erfahren müssen, was es in Deutschland bedeutete, ein Jude zu sein, wandte sich auch nicht an die, die ihm eine Beförderung beim Militär, eine Mitsprache in der Politik, eine Gleichbehandlung in der Gesellschaft verweigerten, obwohl er doch kein Gassenjunge war, sondern der Sohn eines der mächtigsten Konzernherren des Landes.

Rathenau klagte in »Höre Israel!« die Juden an. Und das haben ihm viele seiner Glaubensbrüder zeitlebens nicht verziehen.

»Höre Israel!« war ein Ausrutscher. Der Text erschien unter dem wenig kaschierenden Pseudonym »W. Hartenau«. Dem Autor schlug ein Sturm der Entrüstung entgegen – von Juden und von Nichtjuden. Dennoch gab er den Text wenige Jahre später trotzig noch einmal unter seinem Namen heraus, nämlich 1902 in seinem Buch *Impressionen*, das bei Hirzel in Leipzig erschien. Damit war der Skandal perfekt.

Rathenau mußte sich schließlich eingestehen: Die Veröffentlichung in der *Zukunft* war schon ein Fehler. Den inkriminierten Artikel noch einmal erscheinen zu lassen, in Buchform, mit einem vom Autor mitfinanzierten teuren Prachteinband und unter seinem Klarnamen – das war eine Dummheit.

Lange hieß es, Emil Rathenau habe getobt, als er die *Impressionen* seines Sohnes in die Hand bekommen habe, und in seiner

Wut habe er seine AEG-Gebietsleiter beauftragt, alle in deutschen Buchhandlungen erreichbaren Exemplare des Werkes aufzukaufen und einstampfen zu lassen. Weiter hieß es, Walther habe selbst eingesehen, welchen Schaden er für sich und für den Konzern mit den *Impressionen* würde anrichten können. Deshalb habe er den Vater um Geld gebeten, damit er das Buch verschwinden lassen konnte. Doch das ist eine Legende. Um Geld mußte Walther 1902 den Vater schon längst nicht mehr angehen, das hätte er in einem solchen Fall auch niemals getan.

»In der unglücklichsten Stimmung seiner trübsten Zeit« habe er »Höre Israel!« geschrieben, erklärt Rathenau zwölf Jahre später seinem Intimfreund Wilm Schwaner.[33] Rathenau hat dabei eine »Kulturfrage« umgetrieben. Er beabsichtigt nicht, über wirtschaftliche und soziale Probleme zu schreiben, er will die Juden wegen ihrer seiner Meinung nach schädlichen Geisteshaltung aufrütteln.

In seinem Artikel fordert Rathenau seine Leser dazu auf, sich einmal sonntags in den Tiergarten zu begeben, um zu verstehen, was ihn quäle: »Auf märkischem Sand eine asiatische Horde.« Kein Wunder also, meint er, daß die besten Deutschen einen tiefen Widerwillen gegen jüdisches Wesen und Treiben hegen. Und die deutsche Judenheit tue nichts, um diesen Widerwillen zu entkräften.

»Meint ihr, der alte Stammesgott werde einen König Messias senden, um euch zu helfen?« fragt Rathenau, um gleich selbst zu antworten, der »Herr des Zornes und des Sieges« habe längst sein Wohlgefallen an den Juden verloren. Er interessiere sich nicht für ein »Volk von Krämern und Maklern«.

Rathenau wirft den Juden ihren Materialismus vor: »Eure Reichen sind weniger geachtet als eure Armen.« Aber auch ihre Intellektualität läßt er nicht gelten: »Eure Redekunst war eitel und eure Agitation umsonst.« Er vermißt an seinen Glaubensgenossen aber vor allem eines: die Überzeugung zum Deutschtum. Er will aus ihnen »deutsch geartete und erzogene Juden« machen. Er fordert die bedingungslose Assimilation – das haben andere vor ihm auch schon getan, aber mit weniger Verve und mit weniger Bösartigkeit.

Obwohl Rathenau von der Haltung der Juden spricht, von ihrer geistigen Verfassung, greift er auf die physischen Klischees der Antisemiten zurück: »Habt ihr erst euren unkonstruktiven Bau, die hohen Schultern, die ungelenken Füße, die weiche Rundlichkeit der Formen, als Zeichen körperlichen Verfalls erkannt, so werdet ihr einmal ein paar Generationen lang an eurer Wiedergeburt arbeiten.«

Doch Rathenau ist keiner der plumpen Judenhasser, die sich im Reich seit dem Gründerkrach neu formiert haben. Er stellt einen Zusammenhang her zwischen dem Erscheinungsbild und den jahrhundertelangen Erfahrungen der Juden – und warnt davor, diese Prägung allzu schnell loswerden zu wollen: »... soviel ist gewiß, daß zweitausend Jahre Elend ihre Spuren zu tief einbrennen, als daß sie sich mit Eau de Cologne abwaschen lassen.«

Rathenau möchte seine Glaubensgenossen retten: vor dem körperlichen Verfall, vor dem banalen Opportunismus eines »fremden Organismus« am deutschen Leib. Er möchte sie mit seinem harten Urteil aufrütteln, er möchte sie dazu bewegen, sich endlich zum Deutschtum, zu ihrer neuen Heimat zu bekennen. Sie sollen so werden wie die Deutschen, und zwar nicht durch Anhäufung von Reichtümern oder durch die Taufe, sondern durch eine innere Wandlung, der dann – seiner Meinung nach – irgendwann die physiognomische Angleichung folgen werde.

»Höre Israel!« strotzt vor Selbsthaß. Rathenau reißt sich sein Judentum mit dieser Roßkur aus dem Leib heraus. So naiv er in seiner Selbsteinschätzung bisweilen war: Er muß gewußt haben, was ihn auf einen solchen Text hin erwarten würde – und er hat es in Kauf genommen. Als Purgatorium vielleicht, aus dem er dann hervorgehen würde als ein echter Deutscher, nicht durch die Taufe, sondern durch eine übermenschliche Läuterung.

Harry Wilde rechnet diesen fatalen Aufsatz sogar seiner unterdrückten Homosexualität an, seinem »Unvermögen, Frauen zu lieben«[34]. Da er diesen Aspekt seiner Persönlichkeit nicht behandeln konnte, habe er seine Homosexualität auf eine anderes »Defizit« übertragen, vermutet der Biograph – auf sein Judentum eben. Dort habe er dann stellvertretend gegen sich selbst gewütet.

Auch wenn diese Interpretation reichlich verstiegen klingt, so kann man Rathenaus aggressive Haltung gegen sich selbst schlecht übersehen. Aber die Aburteilung typisch jüdischer Erscheinungsweisen ist ja nur ein Schritt, sozusagen die Diagnose des Mißstands. Viel wichtiger ist ihm die Therapie – nämlich die Assimilation von innen heraus. Und da erkennt man das schon bekannte Muster wieder: Rathenaus Selbstachtung wird durch die Ablehnung gekränkt, die er und seine Glaubensgenossen durch die Deutschen erfahren. Also rät er in ohnmächtiger Wut, doch den einzigen Schritt zu gehen, der in seinen Augen Glück und Erlösung verheißt, nämlich den der Erfüllung, ja Übererfüllung der Forderungen der Deutschen: daß die Juden doch gefälligst genauso aussehen, genauso denken, genauso fühlen sollten wie diese. Und da solche Erfüllungsmuster sich bei Rathenau immer mit einem pennälerhaften Perfektionismus mischen, verlangt er von sich und seinen Glaubensgenossen eben weit mehr, als die Deutschen von sich selbst verlangen würden.

Welcher Deutsche sieht denn so aus, wie Rathenau sich den idealen Deutschen vorstellt? Welcher Deutsche ist so beseelt von Zwecklosigkeit und Mut, welcher Deutsche dient sich selbst und seiner Nation so unbedingt, wie Rathenau das von jedem noch so unbedarften Juden verlangt?

Rathenau will wieder einmal denen, die ihn ächten, mehr entsprechen, als die es selbst tun. Das ist seine Logik der Erfüllung. Er glaubt fest daran, daß nicht nur ihm, sondern auch allen anderen zur Assimilation bereiten Juden dann endlich das Geschenk zuteil werden würde, von dem er schon so lange träumt: die Liebe der Deutschen. Das allein hätte vielleicht nicht so viel Aufsehen im Land verursacht, denn daß die als fremd und bedrohlich empfundenen Juden endlich im Volkskörper verschwänden – das war ein weitverbreiteter Wunsch sogar liberaler Deutscher.

Leider hatte das eigene Unterbewußtsein ihm einen Streich gespielt. Rathenau hat angenommen, daß derjenige als besonders guter Deutscher gelten müsse, der die Juden am tiefsten hasse, und all ihre negativen Attribute so hart charakterisiert, daß selbst die Deutschen davor erschauderten. Diese Rechnung ging nicht auf. Rathenaus Erfüllungslogik lief diesmal ins Leere. Die echten Antisemiten nahmen ihn nicht wirklich ernst. Die Juden verfluchten ihn. Und den »normalen« Deutschen, denen die Juden nicht angenehm waren, die aber auch nicht daran dachten, sie so unflätig zu beschimpfen, wie Rathenau das getan hatte, war er nicht geheuer.

Ein gelungenes Debüt war das nicht für jenen »W. Hartenau«. Und wenn Harden nicht so unbedingt und mit hämischer Freude im Hintergrund feixend zu ihm gehalten hätte – »Höre Israel!« hätte das vorschnelle Ende seiner Karriere als Autor bedeuten können.

Natürlich reagierten militante Zionisten auf Rathenaus Aufruf besonders wütend. Er wurde schnell zu einem Feindbild der Bewegung – und es kam immer wieder vor, daß sich Abgesandte des zionistischen Kongresses aufgebracht zu Wort meldeten, wenn er wieder etwas tat, was ihrem Selbstverständnis widersprach.

Unter dieser Perspektive muß man auch den Besuch sehen, den Albert Einstein 1922 bei Rathenau machte, kurz nachdem dieser sein neues Amt als Außenminister angetreten hatte. Der Physiker setzte Rathenau zu. Er versuchte ihn davon zu überzeugen, daß er als Jude nicht deutscher Außenminister sein dürfe, da jeder Rückschlag in der Außenpolitik seinen Glaubensbrüdern angelastet werden würde. Rathenau nahm sich die halbe Nacht Zeit für das Gespräch. Es gelang ihm dennoch nicht, den Abgesandten des zionistischen Kongresses von seiner Haltung zu überzeugen. Man ging zerstrittener auseinander, als man zusammengefunden hatte.[35]

Zentralstationen

Am 10. Mai 1899 teilte Walther der Mutter mit, daß er sich eine Wohnung in der Voßstraße gesucht habe. Sie habe Komfort, wie er begeistert berichtete, und sei groß genug auch für Erich. Der jüngere Bruder sollte also von nun an bei Walther wohnen.

In letzter Zeit waren die gutgemeinten Ratschläge Walthers seltener geworden – Erich hatte nämlich einen Chefsessel in der AEG eingenommen. Da konnte er schlecht weiter mit ihm reden, als sei der Bruder ein ahnungsloser Pennäler. Zudem wurde immer klarer, wie im Hause Rathenau – und bei der AEG – die Zukunftsaussichten gelagert waren: Erich war der begnadete Techniker, der den visionären Blick des Vater geerbt hatte. Wenn überhaupt ein Rathenau, so war er für die Nachfolge an der Konzernspitze vorgesehen.

Rathenau hingegen hatte sich an der Bitterfelder Front bewährt, war ein guter Organisator und hatte ein Händchen für das Kaufmännische. In der Brunnenstraße hatte er ein wichtiges Ressort übernommen. Er war seit Anfang 1899 für die Errichtung aller Zentralstationen in der AEG zuständig. Da alle anderen Tätigkeiten – sowohl auf dem Lichtsektor als auch bei der Personenbeförderung und sogar in Walthers eigener Domäne, der Elektrochemie – von der Energiezufuhr technisch und wirtschaftlich abhängig waren, zeugte diese Zuordnung davon, daß man trotz einer gewissen Skepsis große Hoffnung in das organisatorische Geschick des ältesten Rathenau setzte. Walther wußte das und tat sein Bestes.

Rathenau hatte sich die schlechteste Zeit für seinen Einstieg in die Vorstandsetage der AEG ausgesucht. Die seit 20 Jahren boomende Elektrobranche war unversehens in eine Krise geraten. Die zivilisierte Welt hatte sich rasend schnell elektrifiziert. Eine riesige Industrie war in kurzer Zeit aus dem Boden geschossen. Die AEG und Siemens & Halske waren beileibe nicht die einzigen Großkonzerne, die an dem Markt gut verdienten. Daneben waren viele kleinere Spezialfabriken entstanden, die den enormen Hunger nach elektrischen Maschinen, nach Akkumulatoren, Glühlampen und so weiter stillten. Der sich unentwegt ausdehnende Markt hatte eine Unmenge von Pionieren auf den Plan gerufen, die sich in allen Bereichen tummelten – und sich schnell gegenseitig auf die Füße traten.[36]

Natürlich klappte es nicht überall so gut wie zwischen der AEG und Siemens. Während sich die beiden Giganten darauf geeinigt hatten, einander nicht in die Quere zu kommen, tobte unterhalb dieses Trustniveaus ein verbissener Preiskampf. Alle glaubten, an einer Entscheidungsschlacht teilzunehmen, aus der die Sieger als gemachte Männer hervorgehen würden. Niemand dachte daran, sich einzuschränken. Wer einen Schritt nachgab, mußte befürchten, schlechter abzuschneiden als die anderen oder ganz und gar aus dem Rennen zu fliegen.

Und selbst die Trusts hielten keinen wirklichen Frieden untereinander. Kluge Konkurrenten hatten Emil Rathenaus Aufstieg beobachtet und ihm sein Erfolgsrezept abgeschaut. Zumindest glaubten sie das, als sie selbst begannen, Einzelfirmen miteinander zu verzahnen, um in vielfältiger Weise von dem Boom zu profitieren und sich die Produktion so einfach wie möglich zu machen. Die Banken spielten dieses Spiel gerne mit, solange die Firmen verlockende Profite abwarfen.

Doch zu der Zeit, als Rathenau von Bitterfeld nach Berlin wechselte, zeichnete sich etwas ab, womit keiner gerechnet hatte: Der Konkurrenzkampf forderte Opfer, viele Firmen stießen gegen eine Wand, von deren Existenz sie bisher nichts geahnt hatten. Der Markt kochte zu einem Siedepunkt hoch. Es zeigte sich plötzlich, daß im Elektrogeschäft eine Sättigung eingetreten war. Zwar wollten die Kommunen den Ausbau ihrer Energieversorgung weiter vorantreiben, aber über Nacht waren plötzlich mehr Anbieter da, als das Land brauchen konnte.

Wie in anderen Industriebereichen auch reagierte man mit Firmenzusammenschlüssen und Schrumpfungen. Jetzt erst bildeten sich langsam die Kartelle, die längst den Markt hätten kontrollieren müssen, um zu verhindern, daß sich die Mitbieter gegenseitig mit Preiskämpfen ruinierten.[37]

1899 wuchs die Elektrowirtschaft noch wild und ungebunden; damals glaubte man an eine nie enden wollende Nachfrage und an ein natürliches Preisregulativ – niemand würde sich schließlich zu Tode unterbieten. Doch schon 1902, dem Zeitpunkt von Rathenaus Ausscheiden aus der AEG, hatte sich die Situation grundlegend verändert. Es gab in Deutschland plötzlich 300 Kartelle, Syndikate und Konventionen, die das Geschäftsgebaren der Branchen intern regelten. In die Zeit dieses epochalen Strukturwandels fiel Rathenaus erste Tätigkeit bei der AEG. Im Grunde war er bei seinem Weggang aus Bitterfeld vom Regen in die Traufe gekommen.

In der Elektroindustrie wütete der unerwartete Wandlungsprozeß wie ein Orkan. Niemand konnte sich auf sicherem Terrain fühlen. Selbst die AEG mit ihrem von Emil geknüpften doppelten und dreifachen Sicherungsnetz wurde von dem Sturm erfaßt.

Neben ihr gerieten die Großen immer mehr ins Wanken. Die Union-Elektrizitäts-Gesellschaft in Berlin, die Helios-Gesellschaft in Köln, die Firma Kummer in Dresden und selbst Schuckert in Nürnberg drohten zusammenzubrechen. In den ersten Jahren des neuen Jahrhunderts gingen von 52 Aktiengesellschaften in der Elektroindustrie 15 in den Bankrott. Die Glühlampen-, Akkumulatoren- und Maschinenfabriken, die von den Elektrokonzernen abhingen, bluteten alle mit. Von 156 Millionen Mark an der Börse in die Elektrobranche investiertem Kapital mußten 27 Millionen Mark abgeschrieben werden.[38]

Als Rathenau in der Brunnenstraße antrat, begann bereits das Grummeln am Horizont. Es dauerte nur wenige Monate, da waren durch den ständigen Preiskampf die Preise so tief gesunken, daß selbst die Konzerne nicht mehr kostendeckend produzieren konnten. Gleichzeitig wurde seit Jahren viel zuviel hergestellt. Der Markt war einfach überstrapaziert.

Emil Rathenau reagierte gelassen auf die Herausforderung. Schließlich war das nicht seine erste Krise. Bei der von 1873 hatte er durch eine zeitweilige Zurücknahme seiner Aktivitäten einen Neuanfang geschafft und damit ein Niveau ereicht, von dem er mit seiner Maschinenfabrik in der Chausseestraße nur hatte träumen können. Und auch beim großen Bankenaufstand hatte er das Richtige getan, nämlich sich von der Abhängigkeit der Geldgeber soweit wie möglich emanzipiert beziehungsweise seine Kredite auf möglichst viele Häuser diversifiziert.

Doch diesmal reagierte er ganz anders. Zwar machte er die Konzentrationsbewegung schweren Herzens mit, aber er zögerte auch nicht, Firmen, die durch die unvorhergesehene Krise ins Trudeln geraten waren, aufzukaufen und sich einzuverleiben. Seine unabhängige Finanzpolitik erlaubte ihm diesen souveränen Umgang mit einer Entwicklung, die anderen Anbietern den Garaus machte. Er hatte eben mehr Erfahrung als die vielen Youngsters, die diesen unheilvollen Sog, der jetzt alle mitriß, mit ihrer Gier und ihrer Unüberlegtheit ausgelöst hatten.

Als die Krise begann, hatte die AEG offene Reserven, die etwa 50 Prozent ihres Aktienkapitals betrugen. Emil hatte im Laufe der Jahre von seinem Freund, dem Bankier Carl Fürstenberg, eine Kunst erlernt, die ebenso wichtig war wie sein technisches Talent: Er beherrschte das Bilanzieren. Bei Rathenau wurden keine Gelder hin und her geschoben. Er sorgte dafür, daß Gewinne entweder in die eigenen Anlagen investiert oder als sichere Polster angelegt wurden. Diese Polster wurden nur angegriffen, wenn ein Konkurrent lahmte und so ein billiges Schnäppchen zu machen war.[39]

Rathenau schaffte es, seine Finanzreserven durch Beteiligungsgewinne aufzufüllen, ohne daß diese in der Bilanz auftauchten. So brachte er beträchtliche Summen vor den dividendenhungrigen Aktionären in Sicherheit und zahlte auch keine Steuern dafür.[40] Nur so konnte Rathenau den Sturm überstehen, der so viele andere hinwegfegte.

Rein äußerlich wurde Walthers Rückkehr nach Berlin von der wirtschaftlichen Krise kaum überschattet. Er lebte auf. Es war, als könnte er nach den harten Jahren in den Bitterfelder chemischen Laboratorien endlich wieder durchatmen.

Walther verwandelte sich aus dem Stand heraus in einen Gesellschaftsmenschen. Nicht, daß der 32jährige diese Ader bei seiner Rückkehr erst entdeckt hätte. Er war nur in dem gesellschaftlichen Ödland der sächsischen Kleinstadt gezwungen gewesen, ein einsiedlerisches Leben zu führen. Die Abwechslung der Feste und die intellektuellen Anregungen des urbanen Lebens hatte Walther schmerzlich vermißt. In Berlin holte er dies nach.

Natürlich mußte er als das für den Bau der Zentralstationen zuständige Direktoriumsmitglied viel unterwegs sein. Schließlich errichtete die AEG gleich nach seinem Amtsantritt große Elektrizitätswerke in Manchester, Amsterdam, Buenos Aires und sogar in Baku. Aber wenn er dann wieder nach Hause zurückkehrte, stürzte er sich sofort ins Großstadtleben.

Die Berliner Gesellschaft nahm den ältesten Sproß der Rathenau-Dynastie gerne auf. Zumal der Vater als ein ausgemachter Feind von Pracht und Festivitäten galt, die Mutter oft schwer zu ertragen war und der jüngste Sohn sich bei offiziellen Anlässen nie blicken ließ, weil er mit seinen elektrotechnischen Experimenten zu beschäftigt war. Aus zeitgenössischen Berichten ist zu erfahren, daß der Neuzugang aus dem provinziellen Bitterfeld in den Salons an der Spree Aufsehen erregte. Die Chronisten beschrieben ihn gleichlautend als schlanken, sehr großen jungen Mann.

Rathenau war ein Hüne. Gelegentlich wurde ihm diese ungewöhnliche Körpergröße auch zum Hindernis, weil die normal großen Gesprächspartner sich in Gesellschaft des Riesen klein vorkamen. Er tat wenig, um seine Größe zu relativieren. Im Gegenteil, er liebte es, auf die Menschen herabzuschauen, ihnen von oben herab auf die Schulter zu klopfen, was bei den wenigsten gut ankam. So hat Hans Mayer sich einmal bei Robert Musil, der Rathenau aus der Nähe studiert hatte, bevor er ihn als Dr. Arnheim in seinem Roman *Der Mann ohne Eigenschaften* verewigte, danach erkundigt, ob auch er erlebt habe, daß Rathenau gerne von oben herab agiere. Musil soll auf diese Frage höchst erregt reagiert haben. Mayer berichtet, der Schriftsteller sei bleich geworden und habe gesagt: »Und denken Sie sich, er hat es auch bei mir getan.«[41]

Doch in seinen jungen Jahren war Rathenau seine Körpergröße eher eine Hilfe. Die Damen mochten große Männer besonders. Er fiel auf, mußte nicht auf sich aufmerksam machen, zog die Blicke aller von selbst auf sich. Soweit wir ihn bis jetzt kennengelernt haben, können wir sagen: Das hat ihm gutgetan.

Nicht nur wegen seiner Größe erregte Rathenau bei öffentlichen Anlässen Aufsehen. Je älter er wurde, desto prägnanter wurde seine Physiognomie. Harry Graf Kessler spricht von einer »anormalen Kopfform, die mehr negerhaft als europäisch aussah«[42]. Zudem gab er sich schon in seinen Dreißigern Mühe, in einem pastoralen Ton zu sprechen, seine tiefe Baßstimme unterstrich die angestrebte Wirkung dabei noch. Selbst der in diesen Dingen unterkühlte Diplomat Kessler berichtet, daß man Walther, wenn man ihn einmal bemerkt hatte, so schnell nicht wieder vergaß. Er habe wie ein Prinz aus dem Morgenland auf die etwas verknöcherte preußische Gesellschaft gewirkt, heißt es.

Dafür sorgte nicht nur seine unübersehbare Erscheinung, sondern auch der Kontrast zwischen seiner intellektuellen Brillanz und Stärke und der eigenartigen Verletzlichkeit und Schwäche. Wenn Rathenau sich äußerte, so tat er dies in der Absicht, unvergeßlich zu wirken. Er bemühte bunte, schillernde Sprachbilder, er erging sich in poetischen Vergleichen, auch wenn diese nicht unbedingt nötig waren, weil die Sache sich von selbst verstand.

Das tat seine Wirkung. Vor allem in der Gesellschaft, auf die es ihm ankam. Im höfischen Berlin schlug Walther ein. Dort war man, was originelle Individuen angeht, nicht gerade verwöhnt.

Alles lief ein wenig im Leerlauf, die Herrschaften langweilten sich mit den immer gleichen und faden Emporkömmlingen, die der Kaiser magisch anzog. Die wirklich interessanten und ungewöhnlichen Menschen verliefen sich nicht in die Salons der Höflinge. Also wurde Rathenau zu einer kleinen Attraktion – zumal man wußte, aus welchem Stall er kam und die AEG als der einzige krisenfeste Konzern des Reiches galt.

Walther interessierte sich für das Innenleben der feinen Berliner Kreise. Er studierte die entsprechende Klatschliteratur, er gewöhnte sich an, von einer Gräfin Kalckreuth (vulgo Babette Meyer) als von »meiner alten Freundin« zu sprechen. Und er gesteht in einem Brief an Lili Deutsch, wie wichtig es für ihn, den »Elektrikerjungen«, sei, in den Salons den Größen des alten Berliner Geistesadels zu begegnen. In diesem Brief erwähnt er übrigens nicht ohne verschmitzten Stolz, daß Graf Baudissin in ihm einen »Kunstreferenten der *Zukunft*« erkannt haben wollte.[43] So ernst scheint es ihm also mit seiner pseudonymen Camouflage nicht gewesen zu sein.

Rathenau mied jedoch die Gesellschaft der Hofschranzen. Er suchte sich die wenigen eigenständigen Trabanten des Kaisers aus und verkehrte nur in den ambitionierten Salons: bei der Gattin des Reichskanzlers, Fürstin von Bülow, bei der schönen Gräfin Harrach, der Frau von Hindenburg, der Tochter des Fürsten Münster, der Tochter Meyerbeers, der Fürstin Henckel-Donnersmarck und der Fürstin Marie Radziwill.

Hier gab sich die europäische Elite ein Stelldichein. Und hier wurde ein Rathenau freundlich aufgenommen, obwohl man sich in den besseren Kreisen der Hauptstadt sonst gegen den Geldadel abschottete.[44]

Wie die tonangebenden Damen dieser Salons gerne bezeugten, genossen sie die Gesellschaft Rathenaus – auch wenn sie schlecht verhehlen konnten, daß sie anfangs gewisse Ressentiments gegen den Industriellensohn gehegt hatten. Aber Walther nahm sie im Sturm; weniger durch seine Geisteskraft und Phantasie als durch die Fähigkeit, »mit einer blitzschnellen Intuition sich seinen Hörern anzupassen, sie nie seine Kritik fühlen zu lassen«[45].

Der junge Rathenau wußte, worauf es ankam. Man durfte auffallen, aber man durfte nicht anecken. Und man mußte sich die

Grillen der Hautevolee geduldig anhören, ohne je dagegen zu opponieren.

Im Jahre 1900 begann Walther Rathenau zusammen mit dem Grafen Georg von Arco (nicht zu verwechseln mit dem Münchner Kurt-Eisner-Attentäter Anton Graf von Arco auf Valley), der als Ingenieur für die AEG tätig war, öffentliche Vorträge zu halten. Es handelte sich dabei um technisch-naturwissenschaftliche Themen im weiten Umfeld der Elektrochemie, also Rathenaus altem Tätigkeitsbereich.

Die Vorträge beschäftigten die interessierte Öffentlichkeit. So wurden Rathenau und Arco auch zum Kaiser gebeten. Es entwikkelte sich eine Verbindung, die über Jahre hinaus anhielt und Rathenau sporadisch, etwa einmal pro Jahr, zu Wilhelm II. führte. Bei solchen Gelegenheiten ließ sich der sonst so verknöcherte Kaiser, der allem Technischen gegenüber jedoch sehr aufgeschlossen war und wegen seines verkrüppelten Armes ein Automobil mit einer Selbstfahrervorrichtung für Behinderte im Fond fuhr, bis zu einer Stunde lang von Rathenau Neuigkeiten aus dem Bereich der Elektrotechnik und der Elektrochemie berichten.

Arco war zwei Jahre jünger als Walther. Er verließ 1903 die AEG und wurde technischer Direktor der soeben gegründeten Telefunken GmbH, wo er die drahtlose Telegraphie und die Rundfunktechnik maßgeblich vorantrieb. Er fungierte als Assistent von Adolf Slaby bei dessen vielbeachteten Experimenten mit drahtloser Funkverbindung – ein paar Jahre, nachdem Walthers jüngerer Bruder Erich Rathenau auf diesem Gebiet erste Erfolge hatte verzeichnen können.

Arco war 1898 in die AEG eingetreten. Beim Kaiser hatte Arco aber schon im Jahr 1897 Vorträge gehalten. Wilhelm II. interessierte sich sehr für alles, was mit Funk zu tun hatte. Er drängte Arco immer wieder, seine Forschungen voranzutreiben und praktische Anwendungen zu entwickeln. Der Kaiser dachte dabei vor allem an die militärische Verwendung der drahtlosen Kommunikation. Die kaiserliche Flotte experimentierte bereits mit dieser Technologie.

Später wurde Arco mit dem Beinamen »Roter Graf« belegt. Trotz seines Eintretens für die Weimarer Republik hatte diese Bezeichnung jedoch nichts mit seinen politischen Ambitionen zu tun – der reife Graf Arco liebte einfach rot lackierte Automobile.

Am 10. Februar 1900 waren Rathenau und Arco zu einem Vortrag beim Kaiser ins Berliner Postmuseum geladen. Die beiden Wissenschaftler sprachen über »Elektrische Alchymie« und zeigten ein Experiment mit einem Azetylenbrenner, der ihnen für das Signalisieren über weite Entfernungen und bei nebligem Wetter besonders geeignet erschien. Weiter ließen sie Natrium auf Wasser explodieren, führten die Auriole von Becquerelstrahlen und die neue Nernstlampe der AEG vor.

Der Vortrag sowie das anschließende Gespräch wurden von Rathenaus persönlichem Sekretär Hugo Geitner mitstenographiert. Das Notat ist erhalten und vermittelt ein aufschlußreiches Bild über das Denken und die Welt des Kaisers – aber auch über Rathenaus Auftreten »bei Hofe«[46]:

Der Kaiser bedankte sich für den Vortrag und verlieh seiner Verwunderung darüber Ausdruck, daß Rathenau und Arco so unbefangen mit der Gefahr umgingen: »Famos, mit solchen Kräften rumzuwirtschaften, als ob es nichts wäre.« Anschließend ließ man sich über die enormen Möglichkeiten der Azetylenflamme für die Militärs aus. Der Kaiser: »Von der französischen Grenze bis nach Straßburg können wir jetzt signalisieren [...] Sagen Sie mal: Ich habe so'n paar kleine Güter. Soll ich nun da elektrisches Licht oder Azetylen einführen?«

Rathenau gab Preistips: »Majestät, die Blechtöpfe, die da hinten stehen, kosten höchstens ein paar hundert Mark.«

Der Kaiser reagiert prompt: »Eulenburg, die müssen wir haben.«

Man kommt auch auf die neue Nernstlampe zu sprechen, die die AEG auf der Pariser Weltausstellung von 1900 der Öffentlichkeit präsentieren will. Rathenau lobt seine Firma: Der AEG sei es als einzigem Aussteller erlaubt, einen Pavillon im Cour d'honneur zu beziehen.

Darauf der Kaiser: »Hören Sie mal, das ist aber wirklich anständig von den Franzosen.«

Rathenau nimmt die Begeisterung des Kaisers für die geplante Selbstdarstellung der deutschen Industrie in Paris zum Anlaß, die AEG international ins rechte Licht zu rücken: »Wenn unsere Berliner Werke ausgebaut sind, in zwei Jahren, sind sie doppelt so groß wie jetzt das Niagarawerk.«

Der Kaiser weiß dazu zu berichten, daß Cecil Rhodes, der im März 1899 als Feind der Briten von ihm freundlich empfangen worden war, von den Fabriken der AEG geschwärmt habe: »Der ist doch gewiß ein abgebrühter Kerl. Aber darüber war er baff.«

Jetzt überschlägt sich Rathenau vor Eifer: Bei der Organisation der neuen Anlagen, »da sehen wir uns den preußischen Staat an und suchen das im kleinen zu kopieren«.

Der Kaiser: »Ja, Organisation ist die Hauptsache, da richten Sie sich nur nach dem Staat.«

Als wenig später Arco erscheint (der Kaiser: »Wissen Sie noch, wie Sie Ihren früheren Meister Slaby in Potsdam beinahe totgeschlagen haben?«), kommt man schnell wieder auf die Funktelegraphie zu sprechen. Rathenau eifrig: »Ich glaube, Majestät, daß die Versuche bei unserer Marine den englischen nicht nachstehen. Jetzt soll ja Marconi nach Berlin kommen. Aber was die Italiener können, das können die Herren hier jetzt schon.«

Das findet der Kaiser auch – schade nur, daß die heutigen Abiturienten nicht die Möglichkeit haben, solche Experimente wie die von Rathenau und Arco zu sehen, beklagt er.

Darauf Rathenau: »Nein, aber die griechischen Dichter und Dialekte, die haben wir alle heute noch im Kopf.«

Darauf fällt selbst dem Kaiser nichts ein – und er lamentiert lieber über Landräte, die nicht in der Lage seien, den Wert elektrischer Zentralstationen zu ermessen.

Rathenau geht darauf ein, macht dann aber den Vorschlag, von dem er glaubt, daß er den etwas lustlos gewordenen Kaiser aus der Reserve locken würde: »Ich habe mir gedacht, wenn man mal so ein paar Zentner Natrium gegen ein Schiff anschwemmen ließe! Das Stück, das ich vorhin vorführte, war nicht größer als eine Fingerspitze.«

Und der Kaiser reagiert wie erhofft: »Na, probieren Sie mal! Können Sie ja gleich bei sich machen. Da auf der Spree. Sprengen Sie doch mal so'n paar hölzerne Appelkähne in die Luft!«

Rathenau: »Werden's sofort versuchen, Majestät.«

Da war nicht mehr viel übrig von dem skrupulösen Kritiker der verantwortungslosen Machtpolitik. Rathenau, der sonst im Chor mit dem eisernen Maximilian Harden gegen das persönliche Regiment Wilhelms wetterte und vor allzu forschem Auftreten den europäischen Nachbarn gegenüber warnte, spielte mit dem Kaiser die militärtechnologischen Möglichkeiten durch, die Deutschland helfen sollten, sich seinen angestrebten Platz unter den Großmächten zu verschaffen.

Bei dieser kleinen Präsentation vor dem Kaiser zeigt sich erstmals ein für Rathenau typisches Phänomen: In den Jahren vor der Republik schmilzt er in der Nähe von hohen Würdenträgern des Reiches geradezu dahin. Seine Zweifel an der Rechtmäßigkeit des überkommenen Kastensystems wirft er Aug' in Aug' mit dem Kaiser ebenso über Bord wie seine kritische Haltung zu den immensen Gefahren der imperialistischen deutschen Außenpolitik. Beseelt durch die Ehre, dem höchsten Mann des Staates zur Seite stehen zu dürfen, läßt er sich auf Wilhelms infantile militärische Sandkastenspiele ein, als sei er ein Opportunist aus dem Generalstab und nicht der intellektuelle Sproß einer mächtigen bürgerlichen Industriellenfamilie.

Rathenau nahm zu Beginn des 20. Jahrhunderts in den Salons und bei seinen Vorträgen mit Arco Witterung für die Politik auf. Er entwickelte ein imaginäres drittes Standbein neben der Industrie und dem Schreiben. Rathenau begriff schnell, wie die Macht verwaltet wurde, wer auf welche Weise an ihr teilhatte – und daß es nicht immer die Besten und Fähigsten waren, die mitmachen durften. Obwohl er wieder einmal darauf gestoßen wurde, daß er durch seine Religion von diesem Spiel ausgeschlossen war, fühlte er sich – vielleicht gerade wegen dieses Ausschlusses – aufgerufen, das Unmögliche doch noch zu erreichen. Er, der sonst sofort bereit war, alle Voraussetzungen, seien sie auch noch so ungerecht, überzuerfüllen, stellte sich diesmal selbst eine Bedingung: Wenn er jemals in der Politik Einfluß gewinnen sollte, dann nicht durch einen Glaubenswechsel. An Gertraud von Hindenburg schrieb er: »Durch einen Glaubenswechsel hätte ich mich den Benachteiligungen entziehen können, doch hätte ich hierdurch nach meiner Überzeugung dem von den herrschenden Klassen begangenen Rechtsbruch Vorschub geleistet.«[47]

Das klingt gut, war aber nur eine ideologische Überlagerung der eigentlichen Gründe für Rathenaus durchgängige Weigerung, die letzte Voraussetzung für eine wilhelminische Karriere zu erfüllen. Rathenau hatte Angst vor dem Konvertieren. Angst davor, etwas zu verlieren, über dessen Substanz er sich kaum im klaren war, das ihn aber unsichtbar an seine Herkunft band. Und vielleicht noch mehr: Angst davor, für diesen Verlust keinen Gegenwert zu bekommen. Der Übertritt zum Christentum war eine notwendige Voraussetzung, aber nicht hinreichend für eine Laufbahn in der kaiserlichen Nomenklatura.

Wie hätte er dagestanden, wenn er diesen selbstquälerischen Eingriff an seiner Identität vorgenommen hätte, dann aber ohne ein attraktives Amt geblieben wäre? Und selbst wenn es zu einer Beförderung in die höfische Hierarchie gereicht hätte – was hätte er dort tun sollen? Unter all den Jasagern und Opportunisten?

Obwohl er deutlich angesteckt worden war vom Virus der Macht und des Bedeutsamen – Rathenau war so klug, sich vorerst noch zurückzuhalten und zu warten. Zu warten auf andere Zeiten. Daß diese kommen würden, war für einen sensiblen Beobachter wie ihn unübersehbar. Der Elektroboom, die plötzliche Krise, das schwer zu bändigende neue deutsche Selbstbewußtsein – das alles waren Übergangsphänomene. Rathenau war sehr gespannt darauf, wohin der Übergang führen würde.

Vorerst sammelte Rathenau noch Erfahrungen und Menschen. Bald schon lud er selbst ein. Er, ein begeisterter Autofahrer der ersten Stunde, wurde Präsident des Berliner Automobilclubs, einer ebenso erlauchten wie einflußreichen Institution, und mußte in dieser Funktion repräsentieren. Er hielt Kontakt zu den Vertretern der wichtigsten außerparlamentarischen Opposition, zu den Protagonisten der Moderne, zu den Kulturschaffenden, die sich trotz des kaiserlichen Votums gegen die Moderne an einer neuen Gesellschaft orientierten und in den letzten Friedensjahren des Kaiserreichs so taten, als lebten sie längst in einer Republik.

Rathenau freundete sich mit Frank Wedekind an. Er lernte Hugo von Hofmannsthal kennen, pflegte Kontakt zu Gerhart Hauptmann und Max Reinhardt. Er kannte Musiker, Architekten und Schauspieler. Er machte, soweit ihm das möglich war, Schauspielerinnen den Hof. Und er strengte sich an, seiner Stimme Gehör zu verschaffen. Schließlich hatte er im Gegensatz zu den blassen Höflingen etwas zu sagen.

Die Bank

1902 – also nach knapp drei Jahren – endete Rathenaus Tätigkeit im Vorstand der AEG. Sein Abgang war alles andere als unehrenhaft: Walther hatte dafür gesorgt, daß die AEG mit ihren Zentralstationen international einen großen Sprung nach vorn gemacht hatte. Nun wechselte er zur Berliner Handelsgesellschaft – einer Bank. Der Wechsel war unspektakulär und wurde von niemandem als endgültig angesehen.

Es war ein logischer Schritt in der Entwicklung Walthers zum Konzernmanager: Nachdem er zuerst in Bitterfeld und dann in Italien, Südamerika und Asien bewiesen hatte, daß er das Zeug zur praktischen Organisation und den nötigen langen Atem hatte, sollte er jetzt seine ersten Sporen in der Welt der Finanzen verdienen. Walther verließ die Brunnenstraße mit dem klaren Auftrag der AEG, große Dinge, die sich am Horizont abzeichneten, geschäftlich und finanziell zu begleiten. Daß sich gleichzeitig im Innern des Konzerns erneut Stimmen erhoben, die gegen die Vorherrschaft der Rathenaus in dem mittlerweile weltweit agierenden Gebilde opponierten, mag Walther den Wechsel erleichtert haben – der Grund für seinen Weggang aus der Brunnenstraße war dieses ohnehin nie verstummende Konzert der Kritiker sicher nicht.

Es ging bei Walthers Wechsel einzig und allein darum, die Macht der AEG nach außen zu festigen. Und das tat man nach Lage der Dinge am geschicktesten, indem man einen verläßlichen Mann im Zentrum des Bankengeschehens plazierte. Wie gut der personelle Coup auf die weitreichenden Pläne der Brunnenstraße abgestimmt war, wo trotz aller Unkenrufe immer noch einer das Sagen hatte, nämlich Emil Rathenau, zeigt das Firmengeschehen kurz nach dem Weggang des Ältesten.

1903 kaufte die AEG die Firma Gebr. Körting in Hannover auf. Körting produzierte vor allem Gichtgasmotoren, die zum Antrieb von riesigen Dynamomaschinen in der Verhüttung gebraucht wurden. Zu der Hannoveraner Firma gehörten zehn Handelsgesellschaften im Ausland; sie unterhielt insgesamt 17 Filialen sowie eigene Fabriken in Rußland, Italien und Österreich. Mitten in der Krise hatte sich Emil also still und leise ein Imperium einverleibt. Ein solch riskantes Manöver funktionierte nicht ohne den Flankenschutz des Sohnes in der Berliner Handelsgesellschaft.

Die Berliner Handelsgesellschaft war das Haus von Emils bestem Freund Carl Fürstenberg. Sie waren Nachbarn in der Viktoriastraße, wo Fürstenberg ein Palais bewohnte, das sich vier Häuser von dem bescheideneren Sitz der Rathenaus entfernt befand.

Fürstenberg war 1870 nach Berlin gekommen – also genau zur richtigen Zeit, um den Industrieboom noch mitzuerleben. Er war damals 20 Jahre alt gewesen. Zunächst bewarb sich der hoffnungsvolle junge Mann aus Danzig bei der Diskontogesellschaft, die ihm aber kühl absagte.[48]

Bei Kriegsausbruch gerieten die deutschen Banken in eine unvorhergesehene Verlegenheit: Die Geldgeschäfte nahmen in einem Maße zu, daß dies Personalprobleme aufwarf. Bei der Diskontobank erinnerte man sich an den jungen Fürstenberg und rief ihn zurück. Im Trubel des nun folgenden Aufschwungs führte der junge Angestellte sich so gut, daß ihn nur ein Jahr später Berlins größter Bankier und Geldgeber Bismarcks, Gerson Bleichröder, in sein Haus holte. Dort bekam der talentierte Fürstenberg den letzten Schliff – und handelte sich für alle Zeiten den Ruf ein, Bleichröders gelehrigster Schüler zu sein. Sein Talent bewies er vor allem bei der Abwicklung von Kriegsentschädigungsaufträgen nach dem deutschen Sieg über Frankreich.

1928 nannte die *Financial Times* Fürstenberg den »Grandseigneur des vorigen Jahrhunderts«. Er gehörte noch zum Typus des Bankherrn, der nicht anonym Transaktionen vollzog, sondern mit seinem Namen und seiner Person für das Haus einstand, das er führte. So unterhielt Fürstenberg eine Dienstwohnung in dem von Alfred Messel errichteten Bankhaus der Handelsgesellschaft. 1883 hatte er in der Berliner Handelsgesellschaft die Geschäfte übernommen. Die Bank bestand damals bereits 27 Jahre. Sie war eine Gründung von Berliner und rheinischen Privatbankiers. Als eine der ersten Banken in Preußen wickelte sie Börsengeschäfte ab.

Als Fürstenberg in die Handelsgesellschaft eintrat, befand sich diese in einer schweren Krise. Durch seinen Einstieg in die Finanzierung von Industrieinvestitionen brachte Fürstenberg sein Haus aber wieder ganz nach vorne. Die engste Geschäftsbeziehung, die er im Zuge dieser Neuorientierung knüpfte, war die zu Emil Rathenau.[49] Trotz der weltwirtschaftlichen Flaute ließ er sich auf dessen Expansionspläne ein.

Während andere Berliner Bankiers wie zum Beispiel der Siemens-Vetter Georg oder die Hansemann-Dynastie in Rathenau nur einen Spinner sahen, spürte Fürstenberg, daß der umtriebige AEG-Gründer mit seiner Idee der Elektrifizierung des Landes richtig lag. Ein solch epochales Projekt, um das die Welt nicht herumkam, dachte sich Fürstenberg, mußte doch gerade in einer Zeit der Rezession besser zu bewerkstelligen sein, da man dann günstiger an die enormen Rohstoffmengen herankäme, die man für eine kontinentale Unternehmung benötigte.

Carl und Emil wurden ein Herz und eine Seele: Der Bankier teilte die Visionen des Geschäftsmanns und Technikers. Er verstand, daß er mit der AEG das ganz große Geld machen konnte – vor allem, da er der einzige Seher im Heer der blinden Berliner Bankiers war[50].

Fürstenberg riskierte viel. Bleichröder hätte ihn zu seinem Teilhaber gemacht, was ihm einen immensen Reichtum beschert hätte. Aber der junge Fürstenberg war ein Abenteurer wie sein Freund Emil Rathenau: Er war nicht nur hinter dem schnellen Geld und dem Luxus her. Er wollte mit Emil zusammen am großen Rad drehen. Dafür setzte er seine Existenz und die Bonität seiner Bank aufs Spiel. Das hat ihm Rathenau nie vergessen.

Ab 1896 saß Fürstenberg im Aufsichtsrat der AEG. Emil hingegen wurde 1889, also nur sechs Jahre, nachdem Fürstenberg die Bank übernommen hatte, in den Verwaltungsrat der Handelsgesellschaft gewählt, wo er sehr lange blieb. Die Verschränkung der beiden Unternehmen war also durch ihre Chefs auf das beste gewährleistet. Hans Fürstenberg, Carls Sohn und selbst ein Vorstandsmitglied der Handelsgesellschaft, hat von einer so engen Verbundenheit zwischen den beiden Häusern gesprochen, »wie sie zwischen einer Bank und einer Industrie-Gesellschaft nur möglich ist«[51].

Auch Emil Rathenaus Sohn achtete seinen neuen Chef in der Berliner Handelsgesellschaft. Hatte Fürstenberg mit seinem Weggang bei Bleichröder und seinem Eintreten für die noch unsichere AEG doch bewiesen, daß er kein Zweckmensch war, also nicht nur die naheliegenden materiellen Ziele verfolgte, sondern daß er sich als Finanzier durchaus auch an fernen, eher abstrakten Werten orientieren konnte. Fürstenberg stand für Kontinuität, für Vernetzung und für eine saubere Geschäftsethik.

Und noch etwas imponierte Walther: Fürstenberg hatte trotz seiner atemberaubenden Karriere im ersten Haus der Stadt, der Bank Bleichröders, kühl seinen Weggang bewerkstelligt, weil es ihm nicht lag, als »Bismarcks Leibjude« zu gelten – das war ein gebräuchlicher Schimpfname für Bleichröder. Fürstenberg war stolz. Das war Walther auch.

Fürstenberg war ein Mensch der Sinne. Er liebte die Kultur, er liebte die Kunst, er ging ins Theater, er verfolgte alles, was sich in der Berliner Kulturszene tat. Darin unterschied er sich wohltuend von seinem Freund Emil Rathenau, der ein Theater nur betrat, wenn es darum ging, dort das Saallicht zu installieren.

Carl Fürstenberg war für seine Schlagfertigkeit, seinen Witz bekannt. Er hatte vor niemandem Angst – nicht einmal vor dem Finanzamt. Als ihn ein hoher Beamter nach seiner Steuererklärung mahnte: »Wir vermissen die Einnahmen aus spekulativen Geschäften«, schrieb Fürstenberg postwendend zurück: »Ich auch.«

Fürstenberg hatte schon bei seinem ersten Dienstherrn Bleichröder gelernt, mit hohen und höchsten Würdenträgern des Staates umzugehen. Er selbst aber legte keinerlei Wert auf Orden und Ehrenerweise. Den Adelstitel trug man ihm mehrmals an, er lehnte ihn jedesmal ab. Das hat Walther, der die deutsche Aristokratie für eine weitgehend unfähige Kaste hielt, die den Talenten aus dem Volk die Machtpositionen versperrte, natürlich imponiert.

Durch Fürstenberg bekam Walther auch einen Begriff von internationalen Finanzgeschäften. Sein Haus handelte russische Staatsanleihen. Beim Bau der Transvaal-Bahn in Afrika sorgte Fürstenberg für die Finanzierung des Jahrhundertunternehmens.

Als der Kaiser begann, die deutschen Kolonien auszubauen, schoß die Berliner Handelsgesellschaft das nötige Geld zu – und stieß dabei auch noch auf enorme Diamantenfelder, deren Plazierung an den großen Diamantenbörsen damit der Bank oblag.[52] In Berlin machte sich das Bankhaus beim Ausbau des Ku'damms und des Hohenzollerndamms einen guten Namen.

Schon in seiner Bitterfelder Zeit hatte sich Walther bei seinen zahlreichen Fluchten in die Hauptstadt im Haus der Fürstenbergs eingefunden. Carls Frau mochte ihn sehr – er verstand sich glänzend mit ihr, noch besser als mit seinem späteren Chef, so Fürstenbergs Sohn Hans. Rathenau hatte ein Händchen für die Frauen von Chefs und von Kollegen. Das hatte sich schon mehrmals gezeigt, das sollte sich in dramatischer Weise auch in der AEG zeigen.

Die Initiative zum Wechsel von der AEG zur Bank ging von Carl Fürstenberg aus. Er hatte aus nächster Nähe beobachten können, daß die Zusammenarbeit zwischen Walther und dem Vater nicht gut funktionierte. Walther fuhr beim Kraftwerkebau Erfolge für den Konzern ein, und der Vater war stolz auf die Arbeit seines Ältesten, aber in der Brunnenstraße kamen die beiden nur schlecht miteinander zurecht. Also machte Carl, der die Möglichkeiten und Grenzen Emils wie kein anderer kannte, den Vorschlag, Walther »auszuleihen«. Er wollte ihn offensichtlich aus Emils Einflußbereich herauslösen. Da er mit Emil enger befreundet war, als er es mit Walther jemals wurde, kann man durchaus annehmen, daß der Bankier dies aus Sorge um Emils Nerven getan hat.

In Carl Fürstenbergs Lebenserinnerungen, die weitgehend von seinem Sohn Hans geschrieben, vom Vater jedoch autorisiert wurden, stellt sich die Situation in der AEG noch dramatischer dar. Carl, der Hausfreund der Rathenaus, hatte erkannt, daß beide, Vater und Sohn, einander gefährlich im Wege standen. Emil wußte, daß Walter begabt und ehrgeizig war, er wußte, daß er ihm diesen Weg verstellte, und er wußte, daß das nicht recht war. Aber er »fühlte sich außerstande, an diesen Dingen etwas zu ändern«[53]. Ebensowenig wie er etwas daran ändern konnte, daß Walther als Kind darunter gelitten hatte, vom Vater nicht geliebt und gegenüber dem jüngeren Bruder auf kränkende Art benachteiligt worden zu sein.

Was der Freund Fürstenberg also bewerkstelligte, war eine psychologische Krisenintervention in der Brunnenstraße, wo sich zwei ineinander verkrallt hatten, ohne wieder voneinander lassen zu können. Walther hat den Vorschlag des »väterlichen Freundes«, der wohl keinen Hehl daraus machte, daß ihm mehr daran gelegen war, dem Vater aus der Bredouille zu helfen, als das Fortkommen des Sohnes zu sichern, gerne angenommen. Er wußte selbst, daß es so nicht weitergehen konnte.

Rathenau fühlte sich in Fürstenbergs Bank von Anfang an wohl. Er blieb dort bis 1907 – und hat nach Urteil der Fürstenbergs niemals mehr im Sinne der AEG als im Sinne der Handelsgesellschaft gehandelt, falls es solche Interessenkollisionen bei der engen Verzahnung der beiden Häuser überhaupt geben konnte. Auch nach seiner Rückkehr zur AEG blieb Walther weiter im Vorstand der Handelsgesellschaft, was niemand als problematisch ansah.[54]

Rathenau hat nie eine Arbeitsstätte, an deren Wachsen und Gedeihen er mitgewirkt hatte, verlassen, ohne sich weiterhin Einfluß auf den Gang der Geschäfte und Anteile an den Erträgen zu sichern. Da man allseits wußte, wie sehr man von seiner Patronage profitieren würde, räumte man dem jungen Rentier gerne Aufsichtsfunktionen auf Lebenszeit ein. So kam es im Laufe der Jahre zu einer orientalisch anmutenden Anhäufung von Verwaltungsposten und einem immensen Vermögen, das ihm nicht nur den Bau seiner Villa im Grunewald, sondern auch den Erwerb eines Hohenzollernschlosses in Freienwalde erlaubte – aus denkmalschützerischen Gründen, wie Walther betonte. Er hat die über 100 Posten in Aufsichtsräten und Vorständen erst aufgegeben, als er Minister wurde. Das war ein schwerer Schritt für Rathenau, der in wirtschaftlichem Einfluß und einem großen Vermögen den besten Schutz für einen Einzelgänger (und Juden) sah.

In der Berliner Handelsgesellschaft suchte er sich zielstrebig Sondergebiete, auf denen er sich ungestört profilieren konnte. Das war schon seine Strategie in der schwierigen Gemengelage der Brunnenstraße gewesen. Natürlich konnte er sich in der Bank nicht von seiner Hauptaufgabe suspendieren lassen – das war die Erledigung aller mit der AEG zusammenhängenden Bankgeschäfte im Hause. Dafür war er schließlich gekommen. Aber auch in diesem Ressort hatte er ja keine Konkurrenz.

Von Anfang an strebte Walther in der Handelsgesellschaft nach ausländischen Beziehungen. Er legte immer noch Wert darauf, weit weg vom Vater zu agieren, der die Brunnenstraße selten wirklich verließ. Man hat es ihm innerhalb der Bank hoch angerechnet, daß er die Verbindungen, die er im Ausland geknüpft hatte, auch noch pflegte, als er schon wieder mit ganz anderen Aufgaben in der Politik oder in der AEG betraut war. Rathenau legte offensichtlich großen Wert darauf, daß die Leute, die er im Ausland an die Berliner Handelsgesellschaft gebunden hatte, sich stets mit ihren Problemen an ihn wenden konnten, auch nachdem er der Bank schon gar nicht mehr angehörte.[55] Sie sollten das Gefühl haben, daß er sich auch weiterhin für sie verantwortlich fühlte. Verantwortung war ein Schlüsselwort für ihn – ein Wert, der sich auch zentral in seiner Philosophie niederschlagen sollte.

Hans Fürstenberg betont in einem Aufsatz, daß Rathenau trotz des enormen Arbeitsaufwands, der ihn in der Berliner Handelsgesellschaft erwartete, dennoch die Muße für seine künstlerische und literarische Weiterentwicklung fand.[56] Aus welchem Grund schrieb der damals fast 40jährige weiter – trotz des ungewohnten Einstiegs in die schwierige Bankbranche, die er kaum kannte und für deren Ausübung er als Naturwissenschaftler keine Ausbildung besaß?

Rathenau stand in der Bank nicht mehr unter der Kuratel des Vaters. Emil ließ ihn in Ruhe – war sich jedoch bewußt, daß Walther in der Handelsgesellschaft nichts Wichtiges unternehmen konnte, was sein Freund Carl ihm nicht schnurstracks berichten würde.

Walther fühlte sich unbeobachtet und gut aufgehoben bei den Fürstenbergs. Und er hatte den Kopf endlich frei für größere, nichtwirtschaftliche Unternehmungen. Die Reibereien, die in der Brunnenstraße überhand genommen hatten, hatten aufgehört. Emil war weit weg, und Walther bewegte sich unter wohlmeinenden Menschen, die es gerne duldeten, ja es goutierten, daß er neben seinen Aufgaben im Bankkontor auch literarisch arbeitete. Mit Carl Fürstenberg entwickelte sich sogar ein eifriger Briefwechsel über kulturelle und politische Fragen, der bis zu Rathenaus Tod bestand.

Walther machte seinen Job als Banker gut. Er machte ihn vielleicht auch deshalb so gut, weil er nun wieder an eine nebenberufliche, aber dennoch ernsthafte Existenz als Autor denken konnte. In der AEG hatte er nach dem »Höre Israel!«-Streit verschreckt Kreide fressen und so tun müssen, als habe er der »schwarzen Kunst« abgeschworen, die Emil so viel Verdruß bereitete.

In seiner Freizeit schrieb er. Er beschäftigte sich mit einer neuen Form. Mit der Form des Übergangs. Mit Aphorismen. Rein formal erging er sich in zusammenhanglosen Notaten, die stilistisch und gedanklich ausgereift waren, aber noch keinen Ansatz einer Systematik erkennen ließen. Dennoch sind in den Aphorismen schon viele Fragen angedacht und formuliert, mit denen er sich später eingehend und – soweit ihm das möglich war – auch systematisch beschäftigen sollte.

Stinnes

In seiner Zeit in der Handelsgesellschaft traf Walther Rathenau auf einen Mann, mit dem er später noch viel zu tun bekommen würde. Der Mülheimer Industrielle Hugo Stinnes sollte zu einem seiner größten politischen Opponenten werden. Vielleicht sogar zu seinem größten. Stinnes nahm geradezu traumwandlerisch sicher in allen wirtschaftspolitischen Fragen die Gegenposition zu Rathenau ein.

Die beiden liefen sich immer wieder an neuralgischen Punkten über den Weg. Sie würden, das war schnell klar, nicht mehr voneinander lassen können. Sie verfolgten sich gegenseitig voller Verachtung, niemand – außer Maximilian Harden – hat Böseres, Vernichtenderes über Rathenau gesagt als Stinnes. Aber das konnte dieser nur tun, weil er Rathenau wie kein anderer verstand. Stinnes war Rathenau auf eine ungewöhnliche Weise immer nahe. So nahe, daß die beiden in der Nacht vor Rathenaus Tod bis zum Morgengrauen zusammensaßen und versuchten, eine Einigung über die brennendsten Probleme dieser schweren Zeit zu erzielen.

Stinnes war drei Jahre jünger als Walther. Er entstammte einer bodenständigen Familie aus dem Ruhrgebiet, die schon seit drei

Generationen von der Binnenschifferei lebte. Hugos Großvater Mathias hatte mit seinen Kähnen die Kohlen aus dem Ruhrpott in die großen Städte Mitteleuropas geschafft. Sehr bald hatte die Familie auch Kohlegruben erworben, die Basis ihrer späteren wirtschaftlichen Macht.

Nach dem Abitur hatte Stinnes 1888/89 eine Lehre in der Branche seines Vaters absolviert und anschließend eine einjährige Ausbildung an der Technischen Hochschule Charlottenburg, wo auch Walther studierte. Bereits 1890 übernahm er die familieneigenen Bergbaubetriebe. Doch schon zwei Jahre später versuchte Stinnes auf eigenen Füßen zu stehen – auch hier eine auffallende Parallele zu Rathenau, der sich in Bitterfeld zur gleichen Zeit mit seinen chemischen Produktionen abplagte. Mit dem Kapital seiner Familie gründete Hugo die Firma Hugo Stinnes, die sich mit der Weiterverarbeitung der Kohle beschäftigte, die der Vater förderte. 1896 schaffte Stinnes eine wichtige Stufe in seiner wirtschaftlichen Karriere: Er war an der Gründung des Rheinisch-Westfälischen Elektrizitätswerks Aktiengesellschaft (RWE) beteiligt und kam dabei den Rathenaus zum ersten Mal ins Gehege.

Den Grundstein für sein Montanimperium legte er 1901, als er die »Deutsch-Luxemburgische Bergwerks- und Hütten AG« schuf. Ausgehend von diesem Nukleus, entwickelte er sich in wenigen Jahren zum größten Montanunternehmer Deutschlands, der 1910 sogar die »Dortmunder Union AG« erwarb. Sobald der Krieg kam, expandierte Stinnes. Er war größter Kriegslieferant – und zwar für Deutschland und Frankreich, was ihm erstaunlicherweise kaum jemand ankreidete.[57] Sobald deutsche Armeen fremden Boden erobert hatten, standen die Firmen des Stinnes-Konzerns bereit, um die Rohstoffvorräte in den besetzten Gebieten auszubeuten. Das ging so weit, daß er nach seinen zahlreichen Aktivitäten in Nordfrankreich sogar die Politik unter Druck setzte: Er wollte die Normandie haben – wegen der dortigen Erzvorkommen.

So wurde Stinnes zu einem der eifrigsten Verfechter des sogenannten »Deutschen Friedens«, einer von den Alldeutschen unterstützten Idee in der noch siegreichen ersten Phase des Krieges, die einen Friedensschluß mit Frankreich davon abhängig machen wollte, wie stark die wirtschaftliche Präsenz des Siegers in den besetzten Gebieten gewährleistet sei. Diese Alldeutsche Fraktion dachte sogar darüber nach, ob die okkupierten Gebiete ganz den Deutschen zur Besiedlung überlassen werden sollten oder ob die französische und belgische Bevölkerung in ihrer Heimat würden bleiben dürfen, um von deutschen Firmen als billige Arbeitskräfte ausgebeutet werden zu können.

Auch hier tun sich erstaunliche Gemeinsamkeiten mit Rathenau auf, wie wir später noch sehen werden. Allerdings sollte sich Rathenau schließlich anders besinnen, den unbeschränkten U-Boot-Krieg, der letzten Endes die Niederlage herbeiführte, bekämpfen und sich später sogar für eine Verständigung der ehemaligen Kriegsgegner einsetzen. Nicht so Stinnes.

Stinnes war wie Rathenau ein Einzelgänger. Im Gegensatz zu dem Berliner mied er aber die Salons und großen Gesellschaften, auf denen sich der Einzelgänger Rathenau gerne präsentierte. Wenn Stinnes öffentlich auftrat, erregte er Staunen und Mißfallen wegen seines unkonventionellen Auftretens und seiner rüden Umgangsformen. Er kleidete sich gerne in der einfachen Tracht der Arbeiter und liebte es, sich drastisch auszudrücken. Deshalb wollte niemand wirklich mit dem Menschen Stinnes zu tun haben, den alle fürchteten, wenn auch die Politiker stets die Nähe des Wirtschaftsbosses suchten.

Anders als Rathenau war Stinnes nicht einsam. Zu den politischen Konferenzen, an denen er teilnahm, weil er seine Berufung erzwungen hatte oder weil man auf den umtriebigen Industriellen in Reparations- und Wirtschaftsfragen nicht verzichten konnte, reiste er mit einem beachtlichen Troß an. Dabei handelte es sich nur zu einem geringen Teil um Referenten und Berater. Er belegte ganze Hotelsuiten mit seiner privaten Entourage, einer ausgelassenen Familienschar.

Im Jahr 1903 tobte im Ruhrgebiet ein Wirtschaftskampf zwischen den Behörden einerseits und einer neuen industriellen Konzentration andererseits, an deren Spitze Stinnes stand. Der Industrielle beschränkte sich nicht mehr auf die großen Zechen wie die »Hibernia«, er strebte nach Anteilen an der Eisen- und Stahlindustrie.[58] Die Öffentlichkeit sah diese Entwicklung mit Argwohn und bedrängte die Politik, etwas zu unternehmen. Der Chef des Oberbergamts, Gustav von Velsen, begann im großen Stil

Bergwerke anzukaufen, um sie der staatlichen Direktion zu unterstellen. Auch Konservative und das katholische Zentrum unterstützten diese Intervention gegen die Industriekonzentration. Man plante sogar, die »Hibernia«, das Flagschiff des Stinnes-Konzerns, aufzukaufen und zu verstaatlichen. Der preußische Handelsminister Theodor Möller suchte für diesen Coup Beistand bei den Banken. Deshalb wurde Eugen Gutmann von der Dresdner Bank gebeten, ein Konsortium ins Leben zu rufen, das die staatlichen Übernahmepläne finanzieren sollte.

Minister Möller wollte die Aktien der »Hibernia«, die damals zum Kurs von 196,90 Reichsmark gehandelt wurden, für 240 Reichsmark pro Papier übernehmen. Doch in der Gruppe um Stinnes bekam man Wind von der drohenden feindlichen Übernahme. Es kam zum Krach.

In dieser Situation trat Gutmann an die Berliner Handelsgesellschaft heran – an die Bank, für die auch Walther Rathenau arbeitete. Carl Fürstenberg wurde gebeten, dem preußischen Staat Kredite für den Kauf der »Hibernia«-Aktien bereitzustellen. Doch der Berliner Bankier wies dieses seiner Meinung nach unredliche Ansinnen zurück. Schließlich stand sein Haus seit langem schon in geschäftlichem Kontakt zu der »Hibernia«. Wütend kritisierte der sonst so umgängliche Fürstenberg den »Angriff des preußischen Fiskus auf altbestehende Privatrechte«[59].

Mittlerweile zog sich die Auseinandersetzung schon über ein Jahr hin. 1904 war einer der schwülsten Sommer seit Jahrzehnten. Die Menschen an der Ruhr und in Berlin redeten sich die Köpfe heiß: Die Aktien der Zeche »Hibernia« stiegen und stiegen. Man spekulierte, wer hinter den Aufkäufen stecken könnte, verdächtigte Stinnes und den schlesischen Industriemagnaten Guido Fürst Henckel von Donnersmarck. Ende Juli 1904 schließlich gab sich der preußische Staat als der »tolle Käufer« zu erkennen. Ein Übernahmeangebot erging.

Stinnes aktivierte das Syndikat der Ruhrkohlenzechen. Er versuchte die Industriellen zu bewegen, 25 Prozent der Aktien der größten Gruben aufzukaufen, um für die Zukunft jeden staatlichen Zugriff schon im Vorfeld zu unterbinden. Währenddessen suchte Walthers Chef Fürstenberg seine Kollegen von anderen betroffenen Banken zu überzeugen; er wollte eine Front gegen Preußen auf die Beine stellen. Gemeinsam wetterte man gegen Gutmann und die Dresdner Bank, die sich so schamlos für die Zwecke des Staates gegen die Industrie hatte einspannen lassen.

Das Syndikat ließ sich von Stinnes auf eine harte Front gegen jede staatliche Einmischung einschwören. Es beauftragte ihn sogar, nach Berlin zu fahren und für Einigkeit unter den solidarischen Banken zu sorgen, vor allem aber, sich mit Fürstenbergs Handelsgesellschaft ins Einvernehmen zu setzen. Stinnes erreichte, daß die Handelsgesellschaft, die Darmstädter Bank, Bleichröder, die Deutsche Bank und die Disconto-Gesellschaft sich für vier Millionen Mark »Hibernia«-Aktien sichern wollten. Fünf Jahre lang, so schworen sie sich, wollten sie diese Aktien nicht mehr aus der Hand geben. Danach sollten sie nur innerhalb des Konsortiums oder des Kohlensyndikats verkauft werden dürfen.

Stinnes war Aufsichtsratsvorsitzender des Rheinisch-Westfälischen Elektrizitätswerks AG und hielt zusammen mit dem Ruhr-Stahlboß August Thyssen 50 Prozent der Aktien. Er wollte das RWE zu einem Konzern machen, der die gesamte Stromversorgung der Region in der Hand hatte. Das Unternehmen sollte sich dabei auf die Stromproduktion einiger großer Kraftwerke stützen, die koordiniert produzierten. Ein solcher Riese war nur auf die Beine zu stellen und am Leben zu erhalten, wenn man sich nicht unter Konkurrenzdruck befand und sich nicht unentwegt mit den Behörden herumschlagen mußte.[60]

Stinnes machte den RWE-Komplex zu einer Glaubensfrage. Im Schicksal seines Elektrizitätsunternehmens entscheide sich die Frage, inwiefern Industrie und Behörden in einer friedliche Koexistenz nebeneinander leben könnten, tönte er. Hier nahm er schon früh eine Gegenposition zu Rathenau ein, der, je älter er wurde, um so mehr Einfluß des Staates auf die Wirtschaft forderte.

Stinnes tat nichts, um den Argwohn gegen sein Imperium zu dämpfen. So bemühte er sich um die Konzessionen für die Kabelverlegung durch öffentlichen Grund. Dort, wo er sie bekam, hatten Konkurrenten kaum eine Chance.

Derart gut aufgestellt, nutzte Stinnes seine Position auch gleich zu einem noch größeren Geschäft. Er forderte den Düsseldorfer Regierungspräsidenten Arthur Schreiber auf, sich in Berlin dafür einzusetzen, daß der preußische Staat sich in das RWE einkaufe – wenn diese schon so vehement in die Kreise der regionalen Behörden eingreife, sei dies doch ein ideales Korrektiv von oben. Der aufgeschreckte Regierungspräsident bot in Berlin sogar an, daß die Regierung die Beteiligung am RWE doch aus den bereits gesammelten Geldern für den Duisburger Hafenausbau abzweigen könne.

Stinnes sah sich am Ziel angekommen. Er mußte sich nicht mehr mit den sturen westfälischen Beamten herumärgern, die alles taten, um die Vormachtstellung des RWE zu brechen. In Zukunft würde er im Ruhrgebiet, so glaubte der Mülheimer Industrielle, unangefochten seine RWE-Politik gestalten können – die Berliner saßen ja mit am Tisch, konnten die Interessen der Öffentlichkeit wahren und sich gleichzeitig dafür einsetzen, daß das RWE gut gedieh. Immerhin brachte dies auch Geld in die Kassen des Fiskus.

Aus Berlin kam auch bald ein Signal. Der Minister für öffentliche Arbeiten, Hermann von Budde, wies die Essener Reichsbahndirektion an, ihre Pläne, ein eigenes Kraftwerk zu errichten, um ein Stinnes-Monopol in der Region zu verhindern, fallenzulassen. Die Essener sollten sich statt dessen mit dem RWE arrangieren.

Stinnes stellte stolz fest, dies sei der größte Erfolg in der Geschichte des Konzerns.

Im März 1904 boten Stinnes und Thyssen den Berlinern Aktien im Wert von bis zu einer Million Reichsmark zum Kauf an. Doch irgendwo hakte es in der Reichshauptstadt. Während der Minister Budde immer wieder beteuerte, der Kauf sei in trockenen Tüchern, sperrte sich Minister Georg von Rheinbaben gegen ein Geschäft mit dem verhaßten Thyssen. Andere Kabinettskollegen, wie der Handelsminister Möller, sorgten sich schon lange über das Expansionsstreben des RWE.

Als es dann auf der Zeche »Hibernia« zu einem Arbeitskampf kam, bei dem Stinnes und seine Leute sehr selbstbewußt agierten und damit die Öffentlichkeit gegen sich aufbrachten, zog man sich in Berlin vom RWE-Geschäft zurück. Dennoch erhöhten Stinnes & Co. weiter das Aktienkapital des RWE, um ein weiteres Kraftwerk errichten und sich in die linksrheinische Braunkohlenverfeuerung einkaufen zu können: 1905 um 10 auf 25 Millionen

Reichmark, 1906 sogar auf 30 Millionen. Das dämpfte nicht gerade die Angst vor der Expansion des RWE. Mittlerweile sorgten sich nicht nur die betroffenen Kommunen und Teile des Berliner Kabinetts – jetzt erregte Stinnes auch Unwillen bei seinen Kollegen aus der Industrie.

AEG und Siemens fürchteten, daß sie durch die Konzentration, die Stinnes betrieb, ihren Kundenstamm, die kleinen kommunalen Kraftwerke, verlieren könnten. Die elektrotechnische Industrie setzte ihre Lobbyisten in Bewegung, um Stinnes aufzuhalten. Auch der Staat kämpfte verzweifelt darum, seinen Einfluß auf die Stromversorgung des Landes nicht vollständig zu verlieren.

Stinnes verstand den Ernst der Situation. Er schwenkte überraschend um und bot nun Berlin an, eine Mehrheit der Stimmen im Aufsichtsrat einzunehmen. Vorher hatte er noch strikt auf eine Begrenzung auf 25 Prozent bestanden. Wieder intervenierte Regierungspräsident Schreiber bei Minister Rheinbaben in Berlin. Mittlerweile war es Dezember 1905 – und Stinnes pendelte zwischen Berlin und dem Ruhrgebiet hin und her, um die Sache am Laufen zu halten.

Regierungspräsident Schreiber aus Düsseldorf platzte in die Weihnachtsvorbereitungen der resoluten Cläre Stinnes, um dem Hausherrn die Neuigkeiten aus der Reichshauptstadt zu überbringen: Lokale Größen wie der Bochumer Landrat Carl Gerstein und der Regierungspräsident Franz von Coels hatten in Berlin alle Hebel in Bewegung gesetzt, um die Regierung vom RWE-Eintritt abzuhalten.[61] Der Direktor der Deutschen Bank, Ludwig Roland-Lücke, hatte den RWE-Managern dringend geraten, dafür zu sorgen, daß sie in Berlin eine »vornehmere Presse« bekämen. Denn dort habe sich jemand gegen sie positioniert, mit dem nicht zu spaßen sei.

Emil Rathenau, der mächtige AEG-Chef, beklagte zusammen mit seinem Generaldirektor Felix Deutsch und Hans Berliner von Siemens, daß die Berliner Elektroindustrie an Lieferungen für Herrn Stinnes und Herrn Thyssen »noch keinen Pfennig verdient« habe. Das RWE betreibe Preisdrückerei und vergebe alle Aufträge an die Schweizer Konkurrenz Brown, Boveri und Cie. Stinnes vertraute sich im August 1906 Thyssen an: »Das RWE hat in den großen Elektrizitätsfirmen schlimme Konkurrenten bekommen. Namentlich Rathenau will entweder für die AEG eine große Beteiligung und gesicherten Lieferungsanteil oder Konkurrenz.«[62]

Genaugenommen wollte Emil Rathenau zusammen mit der Handelsgesellschaft oder mit der Darmstädter Bank schnellstmöglich Sitze im RWE-Aufsichtsrat. Dafür würden sie ihre Anteile an den Stromerzeugern und Eisenbahnen in die Ehe miteinbringen. Für den Fall, daß Stinnes sich weigern würde, sein Angebot anzunehmen, drohte Rathenau kurzerhand damit, mit den westfälischen Gegenspielern des RWE gemeinsame Sache zu machen. So setzte er Stinnes die Pistole auf die Brust.

Im September unternahm Stinnes seinen Gang nach Canossa. Er setzte sich in Berlin zusammen mit dem »gefürchteten Emil Rathenau« (Feldman) an einen Tisch.

Emil fühlte sich auf Berliner Terrain besonders wohl. Er forderte aus dem Stand heraus für die AEG und ihre Mitbewerber aus der hauptstädtischen Elektrobranche 50 Prozent der RWE-Anteile. Dafür würde sich der Stinnes-Konzern im Rheinland und in Westfalen nach Belieben austoben können, ohne daß ihm die Berliner in die Quere kämen, denn sie würden nach einer solchen Vereinbarung ja kräftig mitverdienen. Rathenau schreckte auch nicht davor zurück, dem perplexen Stinnes zu erklären, es sei nicht das RWE als solches, das ihm und seinen Kollegen angst mache, sondern es sei der Mann an der Spitze des Konzerns: Hugo Stinnes. Stinnes blieb die Spucke weg. Er stellte sich stur. Später bezeichnete der selbst so grobe Verhandlungsführer Rathenaus Verhalten als »unverschämt«.

Als Emil verstand, daß er bei dem Mann aus Mülheim auf Granit biß, modifizierte er seine Forderung: Er würde sich schon mit 30 Prozent zufriedengeben. Daraufhin erklärte sich Stinnes bereit, in substantielle Verhandlungen einzutreten.

Emil war hochzufrieden. Er schien gar nicht bemerkt zu haben, in welche Verlegenheit er den knochenharten Stinnes mit seiner 50-Prozent-Forderung gebracht hatte. Zum Abschied reichte er diesem zufrieden die Hand und erklärte, es tue ihm leid, daß sie sich nicht schon 20 Jahre früher kennengelernt und zusammen Geschäfte hätten machen können.

Stinnes war 1906 36 Jahre alt, Emil Rathenau war 61.

Aus Anlaß der Verhandlungen über eine Beteiligung der AEG beziehungsweise der Berliner Handelsgesellschaft am RWE trafen sich Stinnes und Walther Rathenau zum ersten Mal. Walther, der sich bei den Gesprächen seines Vaters mit dem RWE-Vertreter am Rande gehalten hatte, trat nach dem Ende der Verhandlungen auf Stinnes zu und führte ein langes Gespräch mit ihm – unter Gleichaltrigen. Rathenau war zu dieser Zeit 39 Jahre alt.

Walther sprach nicht als Sohn des AEG-Gründers. Er sprach – sehr selbstbewußt – als Vertreter seiner Bank, der Berliner Handelsgesellschaft. Es sei schmerzlich für ihn, sagte er zu Stinnes, bisher keine Gelegenheit gehabt zu haben, Geschäfte mit ihm zu machen. Allerdings habe sich »seine Bank« bei Stinnes nicht aufdrängen wollen.

Eine eigenartige Verhaltensweise für einen Mann, dessen Vater Stinnes gerade die Daumenschrauben angelegt hatte. Möglicherweise tat Walther die harte Gangart des Vaters leid. Er lag ihm daran zu unterstreichen, daß die Bank, also er und Fürstenberg, nicht so hart vorgegangen wären.

Dies war der atmosphärische Aspekt. Ein anderer war ihm wichtiger: Rathenau legte Wert darauf, als eigenständiger Geschäftsmann, als Banker, wahrgenommen zu werden, der nicht von der Gnade der AEG abhängig und nicht an die rigide Geschäftspolitik des Vaters gebunden war. Es scheint ihm gelungen zu sein, diesen Eindruck bei dem unzugänglichen Stinnes hervorzurufen. In Zukunft hielt man sich von seiten des RWE an Walther, wenn es eng wurde. Emil Rathenau hatte Stinnes die Zähne gezeigt – und das würde der nie vergessen.

In den Fortgang der Verhandlungen zwischen der Berliner Elektroindustrie und dem RWE über die Elektrifizierung von Rheinland-Westfalen griff der junge Rathenau nun stärker ein, als das nach der ersten Fühlungnahme zu erwarten gewesen war. Wegen eines großen Streikes in der Reichshauptstadt, der alles lahmlegte, wurden die Gespräche erst im Januar 1907 wiederaufgenommen. Unter Walthers Mithilfe kam man überraschend schnell zu einer Einigung.

AEG, Siemens und die Felten-Guillaume-Lahmeyer-Werke überschrieben dem RWE alle ihre Anteile an Kraftwerksunternehmen in Rheinland-Westfalen. Dafür bekamen sie exklusive Lieferverträge des Stinnes-Konzerns. Weiter standen ihnen 25 Prozent der RWE-Aktien zu, und im Aufsichtsrat durften sie drei Stühle besetzen. Die Elektrounternehmen sollten im Sinne des RWE wirken, indem sie regionale Stromlieferkonzessionen erwarben und diese dann an das RWE weiterverkauften – zu »guten Preisen«.

Allen Beteiligten war klar, wem sie diese schnelle und unverhoffte Einigung zu verdanken hatten: Walther Rathenau. Und es war niemandem entgangen, daß er sich im Laufe der Verhandlungen für die Visionen von Stinnes zu erwärmen begonnen hatte. Das konnten nicht in jedem Fall zugleich die Visionen der AEG sein. Aber Walther war mit Haut und Haaren Banker geworden und dachte nicht mehr daran, nur die Interessen der AEG und des Vaters zu vertreten und sich damit in einem eigenständigen Fortkommen zu behindern.

Die Einigung mit dem RWE war Walther Rathenaus größter Erfolg bei der Berliner Handelsgesellschaft. Sie verschaffte ihm Ansehen weit über Berlin hinaus. Er galt in Industriekreisen fortan als ein ehrlicher und intelligenter Makler, der es verstand, schwierige Interessenlagen auszubalancieren, ohne daß jemand sich dabei übervorteilt fühlte.

In der Brunnenstraße begann man über den Junior zu staunen. Die Bewunderung wurde aber schnell gedämpft. Die preußische Regierung lehnte es nach mehrinstanzlichen Beratungen ab, sich in das RWE einzukaufen. Der von Stinnes geforderte Übernahmekurs von 150 Prozent war den Ministern einfach zu hoch. Im übrigen fürchtete man in Berlin, bei dem Tempo der Expansion des RWE ständig größere Summen nachschießen zu müssen. Das Kabinett machte keinen Hehl aus seiner Auffassung, daß die beteiligten Privaten in dem Geschäft nur eine günstige Möglichkeit sähen, an staatliche Protektion und öffentliches Kapital zu gelangen.[63]

Dennoch hielten sich die AEG und die anderen Elektrizitätsfirmen an die Vereinbarungen, die Walther mit Stinnes getroffen hatte: Sie versicherten nämlich ausdrücklich, ihren Kunden das RWE als Partner »schmackhaft zu machen«. Dafür war das RWE bereit, in Zukunft seinen gesamten technischen Bedarf von der AEG und Siemens decken zu lassen.

Zum offenen Streit aber kam es, als die Städte Bochum und Witten und angrenzende Landkreise sich nicht an das RWE, sondern an die Zeche »Hibernia« wandten, um dort ihren Strombedarf zu decken. Hinter der Zeche stand inzwischen die Berliner Handelsgesellschaft und damit für Stinnes auch die Familie Rathenau. Unglücklicherweise tat sich gleichzeitig auch noch der Hagener Bürgermeister Willi Cuno mit der Accumulatorenfabrik und der Deutschen Continental-Gas-Gesellschaft zusammen, um neben dem RWE eine zweite Energieversorgung im Ruhrgebiet zu errichten. Die Accumulatorenfabrik gehörte der AEG. Und da hörte bei Stinnes der Spaß auf. Im März 1906 reiste er nach Berlin und stellte Carl Fürstenberg zur Rede.

Fürstenberg reagierte auf seine Weise. Er hielt Stinnes vehement vor, daß seine Bank als einziges großes Institut immer noch nicht im Aufsichtsrat des RWE vertreten sei. Dabei sei die Handelsgesellschaft die führende Bank in der Elektroindustrie, werde aber vom RWE ständig schlechter behandelt als andere Banken. Fürstenberg drohte unverhohlen damit, sich auf die Seite jener Kommunen zu schlagen, die im Ruhrgebiet erfolgreich gegen Stinnes' Firmenpolitik Opposition betrieben. Er wollte erreichen, daß Stinnes der Handelsgesellschaft einen Vorrang vor den anderen Banken einräumte.

Stinnes versuchte Fürstenberg zu erklären, daß das RWE unmöglich eine Bank derart bevorzugen könnte. Das schien Fürstenberg einzusehen, denn er erklärte sich bereit, die Vereinbarungen mit den Kommunen so zu gestalten, daß das RWE sie später übernehmen könne – wenn das Verhältnis wieder besser sei.[64]

Wenig später kam es jedoch zu noch ärgeren Mißhelligkeiten mit den drei Berliner Elektrounternehmen. Die AEG und ihre Mitbewerber gerieten über die jeweiligen Anteile an den Großbestellungen des RWE in Streit. Sie stritten sich so lange darüber, wer was und wieviel nach Westfalen liefern durfte, daß sich die Lieferungen an das RWE erheblich verzögerten. Stinnes warf der AEG und den anderen beiden daraufhin vor, sie würden sich nicht an die getroffenen Vereinbarungen halten.

Das war ein gefundenes Fressen für Emil Rathenau. Am 6. Juni 1906 schrieb er einen Brief an Stinnes. In harscher Form verwahrte er sich gegen den Vorwurf, vertragsbrüchig geworden zu sein. Seinerseits warf er dem RWE nun vor, den Vertrag mit der AEG zu verletzen, weil sie über Gebühr Bestellungen bei ihrer Tochterfirma Brown, Boveri & Cie. in der Schweiz getätigt hatte. Danach, so erklärte Emil wutschnaubend, fühle man sich in Berlin an den Vertrag nicht mehr gebunden.[65]

Wie hatte es so weit kommen können? Hatte Walther Rathenau bei der Aushandlung des Vertrags nicht geschickt alles getan, damit alle vertretenen Parteien zufrieden sein konnten – gemäß seinem in der »Physiognomie des Geschäftes« geäußerten Wahlspruch, daß ein Geschäft nur dann gut sei, wenn alle Beteiligten etwas, und zwar gleich viel, davon hätten? Wieso konnte dieses Meisterwerk eines industriellen Ausgleichs, mit dem Rathenau in der großen Geschäftswelt seine Visitenkarte abgegeben hatte, so schnell auseinanderbrechen? Hatte er etwas Wichtiges übersehen?

Zuerst einmal mußte Walther erkennen, daß er Stinnes unterschätzt hatte. Er selbst hätte es sicher anders ausgedrückt: In seinen Augen hatte er den Ruhrmagnaten überschätzt, denn er hatte bei ihrer ersten Begegnung in Stinnes einen Gleichgesinnten zu erkennen geglaubt. Einen Geschäftsmann, der nicht bloß seinen Profit und das Wohlergehen seiner Aktien im Blick habe, sondern sich klug in der Schnittstelle eines individuellen und allgemeinen Interesses zu positionieren weiß.

Für Rathenau war ein Konzern nur lebensfähig, wenn er den Bedürfnissen der Allgemeinheit, also auch des Staates, entgegenkam. Beim RWE hatte er diese Weisheit zu sehen geglaubt. Stinnes war das übergeordnete Interesse der Allgemeinheit zwar ein wichtiger Wert – jedoch nur als Mittel zum Zweck. Als Zweck galt ihm einzig und allein das gesunde Wachstum des RWE. Rathenau hat das im Sommer 1906 lernen müssen.

Was jedoch noch bitterer für ihn war: Im Konflikt mit dem RWE war der alte Vater-Sohn-Konflikt wieder aufgebrochen. Walther hatte geglaubt, durch einen Interessenausgleich auch im Sinne der AEG, sprich des Vaters, gehandelt zu haben.

Emil Rathenau hatte den von seinem Sohn so mühevoll ausgehandelten Vertrag gerne unterschrieben. Aber er sah das Papier als einen taktischen Schritt an, nicht als die Einlösung einer Vision, so wie Walther das tat.

Als es zum ersten Konflikt innerhalb der neuen Firmenfamilie kam, warf Emil ohne zu zögern den Partnern seinen Fehdehandschuh hin. Für ihn waren Visionen, wie Walther sie hatte, ein intellektueller Luxus. Es ging ihm nicht darum, eine harmonische Landschaft zu schaffen, in der alle gut verdienten und sich wohl fühlten. Es ging ihm darum, der AEG alle Vorteile zu sichern. Egal wie. Deshalb störte es ihn auch überhaupt nicht, daß er mit dem Krach, den er mit Stinnes vom Zaun brach, mutwillig Walthers Werk zerschlug.

Ja, es sieht fast so aus, als habe es dem Patriarchen gefallen, dem mittlerweile sehr erfolgreichen, sehr stolzen und sehr reichen Sohn zu zeigen: Noch funktioniert die Welt nach meinen Maßstäben. Das Ganze war eine späte Lehre für Walther. Eine von vielen. Aber vielleicht die, die er am schlechtesten vertrug, denn er hatte fast schon geglaubt, am Ziel angelangt zu sein.

Auf gleicher Augenhöhe

Am 23. Juni 1906 wurde das Elektrizitätswerk Westfalen (EW) gegründet. Die Betreiber verstanden die Einrichtung dieses Stromversorgers als eine Kampfansage an das RWE. Gleichzeitig entstand in Hagen das kommunale E-Werk Mark. Träger waren die Kommune und das Accumulatorenwerk – also die AEG. Damit hatte Hugo Stinnes nach dem Gang der jüngsten Ereignisse rechnen müssen. Er hat jedoch nicht damit rechnen können, daß der Aufsichtsratsvorsitzende der E-Werke Westfalen niemand anderes sein würde als sein Verbündeter Walther Rathenau.

Die Affäre RWE hatte Walthers Meisterstück sein sollen – und eigentlich waren alle der Meinung gewesen, daß er Großartiges geleistet hatte, als er die schwierige Interessenlage zwischen dem RWE und den Elektrokonzernen moderiert hatte. Doch Emil hat ihm letztendlich wieder einmal gezeigt, daß es immer eine höhere Instanz gab und daß deren Ziele die Dinge umwerteten.

Daraufhin gab Walther den aussichtslosen Kampf auf und räumte das Feld. Er stellte seine Kräfte und seine mittlerweile beträchtlichen Erfahrungen in den Dienst anderer Unternehmen. So wurde Walther Rathenau zu einem der meistbeschäftigten Industrielenker seiner Zeit. Er hatte sich emanzipiert. Nun konnte sogar sein Vater zu ihm aufschauen – falls der diese Größe aufbringen würde.

Um seine Eigenständigkeit in der neuen Position beim Elektrizitätswerk Westfalen zu unterstreichen, bot Rathenau Ende 1906 Stinnes neue Verhandlungen an. Walther begann diese Verhandlungen als Bevollmächtigter der Berliner Handelsgesellschaft und der Elektrounternehmen, die mit seiner Bank verbunden waren, also auch der AEG. Aber sein Gebaren als Verhandlungsführer signalisierte deutlich: Ich bin unabhängig, ich vertrete eine ganze Gruppe von Interessen, die AEG ist nur eine Firma unter vielen.

Er lud Stinnes und dessen ebenso intelligente wie ihrem Mann ergebene Frau Cläre nach Berlin ein. Das war ein anderer Stil, als Emil ihn praktizierte. Es wurde nicht gebolzt. »Sir Walther«, wie seine neuen Freunde aus den besseren Berliner Kreisen ihn wegen seines soignierten Auftretens nannten, hatte das Ruder übernommen.

Walther bat Hugo und Cläre zum Essen. Das wäre Emil niemals eingefallen, bevor nicht Vertragswerke unterzeichnet worden waren, die in seinem Sinne waren. Walther ging mit den Stinnes nicht in eines der Berliner Grandhotels, er hatte sich etwas Besonderes ausgedacht. Er lud die Mülheimer, die trotz ihres Reichtums in der Hauptstadt als etwas provinziell und verschroben galten, zu sich ein. Nicht nach Hause, das wäre noch schwierig gewesen zu dieser Zeit. Nein, in sein zweites Zuhause, in den Berliner Automobil-Club, dessen Vorsitzender er seit einiger Zeit war.

Der Club war 1899 im Hotel Bristol gegründet worden und eine sehr exklusive Einrichtung. Zu seinen Fördermitgliedern gehörte der Kaiser, der diese Aufgabe ernsthaft betrieb, da er trotz seiner Behinderung ein begeisterter Autofahrer war.

Natürlich hatte Rathenau als Clubvorsitzender einen Heimvorteil. Aber es gab noch einen anderen Grund für ihn, ausgerechnet diesen Club auszuwählen: Im Berliner Automobil-Club waren Frauen zugelassen, was nicht üblich war in den anderen Clubs der Hauptstadt. Der Automobil-Club war eben modern und seiner Zeit voraus.

Das Dinner fand am 8. Dezember 1906 statt. Stinnes zeigte sich sehr beeindruckt, während seine Frau der Veranstaltung etwas reserviert gegenüberstand, obwohl Rathenau eigens diesen Rahmen gewählt hatte, damit sie dabeisein konnte.

Stinnes versuchte sofort, das Gespräch auf die zurückgestellten Pläne einer gemeinsamen Strategie des RWE und der Unternehmen, die Rathenau vertrat, zu bringen. Rathenau stellte höflich, aber verbindlich fest, daß das Elektrizitätswerk Westfalen ja gegründet worden sei, weil die Beteiligten diese Lösung aufgegeben hätten, und daß man hinter diesen Stand der Dinge nicht mehr zurück könne. Dennoch vertraute er Stinnes an, daß er immer noch an die Visionen des RWE glaube und daß man sich ja getroffen habe, um zu verhindern, daß sich seine Leute und das RWE als Konkurrenten zerfleischten.[66]

Cläre Stinnes sah in Rathenaus Bemühen um eine entspannte Atmosphäre jedoch nur »Worte und schöne Reden, dazwischen übermäßige Schmeicheleien«. Sie hatte Walther seinen »Treuebruch« nicht verziehen – und Cläre Stinnes konnte sehr nachtragend sein, viel nachtragender als ihr Gatte Hugo.

Rathenau schlug Stinnes während dieses Dinners im Automobilclub einen neuen Anfang vor. Er wollte zusammen mit dem RWE die Interessensphären abgrenzen. Ein zentrales Kraftwerk sollte zusammen betrieben werden, als eine Art Unterpfand der gegenseitigen Treue. Später konnte man sich weiter aneinander annähern, indem man immer mehr Bereiche abklärte. Eine nächste Konferenz sollte gleich zu Beginn des neuen Jahres in Mülheim mit technischen Experten stattfinden. Cläre wertete dieses Entgegenkommen als eine Niederlage für das RWE. Hugos Pläne der großflächigen Versorgung waren damit erledigt.

Bei der Konferenz in Mülheim machte man jedoch große Fortschritte. Rathenau erwies sich als äußert kooperativ und fair. Ihm war es zu verdanken, wenn Stinnes mitmachte, denn das RWE ließ wirklich Federn bei der Sache. Am Ende eines Sitzungsmarathons nahm er Hugo beiseite und trug ihm auf, Grüße an Cläre auszurichten. Er bat ihn, seine Frau zu fragen, »ob er nun nicht doch in der Sache als anständiger Mann gehandelt habe«.

Mitte Februar 1907 hatte man sich unter Rathenaus Federführung geeinigt. Westfalen war aufgeteilt, das RWE war in seine Schranken verwiesen worden, aber es konnte weiterhin gesund wirtschaften. Als Trostpflaster hatte Rathenau dem RWE eine

Zahlung von 25 Millionen Mark zukommen lassen. Mit diesem damals immensen Kapital konnte das RWE sich auf linksrheinischem Gebiet weiter entfalten. Leben und leben lassen, so lautete die Devise Rathenaus.

Obwohl alles geregelt war, kam es 1908 erneut zu Auseinandersetzungen. Wieder waren die Berliner schuld. Sie weigerten sich, sich in voller Höhe an den Kraftwerk-Investitionen zu beteiligen, die Rathenau mit Stinnes vereinbart hatte. Die Idee, gemeinsam ein kommunales Kraftwerk zu bauen, war damit hinfällig. Zudem entwickelte sich ein Preiskrieg unter den Kraftwerken, den Rathenaus Direktor Albert Hempel von Westfalen aus unnötig anheizte, indem er gegen den Willen von Stinnes seine Tarife erhöhte. Hempel stellte sich stur und vertrat sogar offen die Ansicht, Rathenau hätte bei seinen Verhandlungen allzu bereitwillig Zugeständnisse gemacht.[67]

Hempel hatte gut schimpfen – er mußte Rathenaus Zorn nicht fürchten, denn der hatte am 1. Juli 1908 die Bankgesellschaft Berlin verlassen. Zudem befand er sich gerade auf einer Reise durch Ostafrika, die ihn wochenlang in Anspruch nahm. Allerdings hatte Walther den Aufsichtsratsposten in Westfalen nicht abgegeben. Doch dort tanzten die Mäuse auf dem Tisch.

Stinnes wartete im heißen Herbst 1908 ungeduldig auf die Rückkehr von Rathenau aus Afrika. Voller Zorn über die Zustände vor seiner Tür erklärte er, Rathenau sei der einzige Mensch in Westfalen, mit dem man verhandeln könne. Auch andere Beteiligte, wie der ehemalige Landrat und jetzige Staatssekretär Franz von Coels, waren der Meinung, die Lage sei zwar ernst, wenn aber erst Rathenau aus Afrika zurück sei, würden sich alle Probleme klären lassen.[68]

Am 18. November 1908 kam es zu dem von allen Seiten erwarteten Gütetermin im Beisein des zurückgekehrten Rathenau. Stinnes überfiel die Aufsichtsräte des Elektrizitätswerks Westfalen mit dem berechtigten Vorwurf, die mit Rathenau geschlossenen Vereinbarungen gebrochen zu haben. Hempel, der nicht unschuldig an dem Desaster war, zeigte sich beleidigt und bat seinen Aufsichtsratsvorsitzenden Rathenau um ein klärendes Wort. Alle warteten darauf, was der brillante Schlichter des Vorjahrs tun würde.

Aber Rathenau tat etwas, was keiner von ihm erwartet hatte. Er beschied den Streithähnen, er sei nichts anderes mehr als der Vorsitzende des Aufsichtsrats und habe deshalb naturgemäß nur eine beratende Funktion. Alles andere sollten die Herren unter sich klären.

Cläre Stinnes schrieb wütend: »Die echten Berliner Juden haben sich entschleiert.«

Rathenau war mit seinen Gedanken längst irgendwo anders.

Die Tragödie

Geschäftlich hatten sich Vater und Sohn in diesen Jahren weit voneinander entfernt. Menschlich waren sie sich nähergekommen.

Lange Jahre hatte Emil Rathenau keinen Hehl daraus gemacht, daß ihm der unverkrampfte, optimistische Erich näher stand als der grüblerische, schwierige Walther. Das war kein Wunder. Der älteste Rathenau-Sohn hatte zwar – je älter und erfolgreicher er wurde – sehr viele ernsthafte Bewunderer gefunden. Doch um Walthers Vorzüge zu erkennen, brauchte man Zeit.

Zunächst mußte man sich an seine etwas arrogante, ungelenke Art gewöhnen. Er liebte es, Menschen von oben herab zu behandeln, war zwar in der Diskussion sachlich und hochkonzentriert, duldete aber keinen Zweifel daran, daß er sich als Dreh- und Angelpunkt einer jeden Auseinandersetzung ansah. Er monologisierte gerne und setzte alles daran, seine Gesprächspartner schnell und nachhaltig von seiner Intelligenz und seiner Belesenheit zu überzeugen. Das artete oft in groteske Geltungssucht aus.

Wenn Walther aber Vertrauen erwecken wollte oder sogar kameradschaftliche Gefühle für jemanden aufbrachte, dann vergriff er sich leicht im Ton und in der Geste. Schon erwähnt wurde die Unart des Hünen, anderen Menschen seine Hand auf die Schulter zu legen. Selbst wenn sie ehrlich und ohne Herablassung gemeint war, wirkte diese Geste bei dem Größenunterschied zwischen Walther und durchschnittlich großen Gesprächspartnern unangenehm.

Erich hingegen konnte unverkrampft fröhlich sein. Seine gute Laune übertrug sich sofort. Trotz der Erkrankungen, die ihn von

Kindesbeinen an quälten, klagte er nicht und ertrug die Schmerzen mit stoischem Gleichmut. Wie Walther war er ein leidenschaftlicher Sportler. Sein Gelenkrheumatismus und das Herzleiden hielten ihn auch nicht davon ab, weite Radtouren ins Berliner Umland zu unternehmen.

Auf einer dieser Touren hatte er Georg Graf von Arco kennengelernt und ihm unumwunden eine Anstellung als Ingenieur bei der AEG angeboten. Arco ließ sich vom Charme Erichs überzeugen – und wurde zu einem der wichtigsten Techniker des Konzerns.

Erich Rathenau hatte es nicht nötig, durch langatmige Vorträge Eindruck zu schinden. Er überzeugte durch ebenso simple wie meisterhafte Erfolge. Seine spektakulären Funkversuche am Wannsee waren nur der Anfang gewesen. Im Jahre 1900 hatte Erich auf dem Dach eines Verwaltungsgebäudes der AEG am Schiffbauerdamm einen ersten Sendemast errichten lassen. Eine zweite Antenne befand sich auf dem Dach der Technischen Hochschule in Charlottenburg. Zusätzlich hatte Erich zwischen den vier riesigen Schornsteinen des Rathenauschen Kraftwerks in Oberschöneweide ein Stahlnetz anbringen lassen. Von diesem Kraftwerk aus gelang es ihm und seinen Helfern, zum ersten Mal drahtlos mit den Partnern in der Technischen Hochschule und in der AEG-Verwaltung zu telephonieren.

1902 hatte er es sogar geschafft, von Oberschöneweide aus mit einem Schiff Kontakt aufzunehmen, das in der Nordsee zwischen Cuxhaven und Hamburg unterwegs war. In diesen zwei Jahren hatte der geniale Techniker Erich Rathenau den Durchbruch in der drahtlosen Funktechnik geschafft.[69]

Im Januar 1903 traf die Familie ein schwerer Schlag.

Emil Rathenau war im Dezember mit seinem zweiten Sohn Erich zu einer weiten Reise aufgebrochen. Sie fuhren durch Ägypten; den Nil bereisten sie auf einem der großen Dampfer. Beide genossen diese Reise sehr. Emil, weil er wochenlang eng mit seinem Lieblingssohn zusammensein, Erich, weil er als begeisterter Techniker und Tüftler die Meisterwerke der antiken Baukunst entlang des Stromes besichtigen konnte.

In Assuan wurde Erich plötzlich von einem schweren Fieber gepackt. Emil ließ Ärzte kommen, aber die konnten wenig tun.

Sein Sohn war binnen weniger Stunden tot. Er war dem Herzleiden erlegen, an dem er von Geburt an gelitten hatte.

Der Vater schaffte es gerade noch, mit dem Toten nach Berlin zurückzukehren. Dann brach er völlig zusammen. Emil Rathenau hatte den Menschen verloren, an dem er am stärksten hing. Die Familienangehörigen und enge Freunde fürchteten nun um sein Leben.

Der Konzernherr fiel in eine tiefe Apathie. Dieser Zustand dauerte Wochen.

Natürlich ließ man ihm Zeit, aber irgendwann zog es ihn doch in die Brunnenstraße zurück; schließlich hatte der alte Rathenau einen Konzern zu leiten. Es zeigte sich jedoch schon nach kurzer Zeit, daß der als robust geltende Patriarch als ein anderer Mensch aus Ägypten zurückgekommen war. Obwohl seine Mitarbeiter versuchten, ihm das meiste abzunehmen und er sich darauf beschränkte, den wichtigsten Geschäftspartnern und dem Vorstand zu demonstrieren, daß er wieder auf der Brücke stand, schaffte er nicht einmal das.

Es fiel auch Außenstehenden auf, daß der sonst so klar denkende Rathenau, dem von den Industriemagnaten des Kontinents keiner das Wasser hatte reichen können, kaum noch in der Lage war, sich auf Gespräche zu konzentrieren. In einer Aktionärsversammlung glaubte er plötzlich, den Sarg seines Lieblingssohns vor sich stehen zu sehen, und brach in Tränen aus.

Dem Mann, der einen der größten Konzerne der Welt aufgebaut hatte, war es unmöglich geworden, vor einer Ansammlung von Menschen zu sprechen. Er konnte keine Rede mehr halten. Er konnte nicht mehr mitreißen, er konnte nicht mehr führen.

Alles hätte zu Ende sein können. Die Rathenaus hätten die AEG aufgeben müssen, wenn nicht ein Wunder geschehen wäre. Plötzlich war Walther da. Der älteste Sohn, der sein Leben lang darunter gelitten hatte, daß Erich ihm vorgezogen worden war, daß er hatte tun können, was er wollte, und dennoch die Liebe des Vaters nicht bekam – der bot seine Hilfe an.

Emil blieb nichts anderes übrig, als Walthers Angebot anzunehmen. Erich, der Mensch, mit dem er früher alles Geschäftliche und das wenige, was ihn sonst noch in seinem Leben bewegte, geteilt hatte, war tot. Es war eine pragmatische Entscheidung.

Walther kämpfte. Er kämpfte um den Konzern, er kämpfte um das Erbe der Rathenaus. Am stärksten aber kämpfte er um seinen Vater, um den gebrochenen Mann, der ihm nie seine Liebe gezeigt hatte. Walther wurde der »Vater seines Vaters«[70].

Geduldig sprach er mit dem apathischen Emil die wichtigsten Geschäfte durch. Er machte sich auch daran, Reden für den Aufsichtsratschef auszuarbeiten. Er begleitete ihn, sooft ihm das möglich war. Er sorgte für ihn. Er päppelte ihn wieder auf.

Die Mutter hingegen verwand den Tod Erichs kaum. Sie zog sich völlig zurück, wurde noch härter, noch bitterer, als sie ohnehin schon gewesen war. Walther hat der Mutter ihr unleidliches Wesen nie übelgenommen, er konnte sogar gut damit umgehen. Zu ihm war sie auch freundlich, schließlich war er ihr Lieblingssohn. Und sie hatte ihn stets gegen die Ungerechtigkeiten des Vaters in Schutz nehmen müssen.

Nun aber war die Konstellation im Hause Rathenau gründlich verändert. Die Tochter Edith, 15 Jahre jünger als Walther, war mittlerweile 20 Jahre alt. Sie hielt zum älteren Bruder, den sie vergötterte, aber selten sah. Die Mutter wurde eifersüchtig. Sie klammerte sich an Walther – ihren einzigen Sohn.

Edith und Walther mußten sich heimlich treffen, wenn es etwas gab, das dem Zank der Mutter entzogen werden sollte. Edith erzählte später Harry Graf Kessler, es habe Tage gegeben, da sie beide vor der Mutter hatten fliehen und sich heimlich in der Siegesallee treffen müssen, wo sie – in Ediths Erinnerung – wie ein Liebespaar flanierten.[71] Diese Verpuppung der Mutter dauerte Jahre. Sie endete erst mit der übernächsten Katastrophe im Hause Rathenau, mit dem Tod ihres ältesten Sohnes Walther.

Was hatte Walther beim Tod seines vier Jahre jüngeren Bruders Erich empfunden?

Anfangs versuchte er, die Fassung zu wahren. Doch er war tief getroffen. Erich war so etwas wie der Blitzableiter gewesen, er hatte über all die schweren Jahre bei den unseligen Auseinandersetzungen zwischen dem Vater und dem älteren Bruder als vermittelnde Instanz gedient, eher noch als die Mutter, die meistens Walther zur Seite sprang, ihm damit aber wenig half.

Darüber hinaus war Erich – zumindest in Walthers Augen – der Ziehsohn des älteren Bruders gewesen. Unermüdlich hatte er ihn angeleitet, hatte ihm Tips aus der Praxis gegeben, fürs Studium, für den ersten Schritt ins Berufsleben, für den Umgang mit der Kultur, der Erich ebenso schwerfiel wie dem Vater.

Der geduldige Erich hatte sich diese Führung des altklugen Bruders gefallen lassen, obwohl sie oft bevormundend war und im Ton immer etwas onkelhaft. Erich war ein Mensch, der Walther alles verzieh, auch seine Arroganz und seine Eitelkeit. In dem unkomplizierten, aber in zwischenmenschlichen Dingen offensichtlich sehr feinfühligen Jungen hatte der schwierige Walther einen Partner gefunden, dem er vertrauen konnte, der auf ihn hörte – der ihn vorbehaltlos liebte. In all diesen Jahren war Erich wahrscheinlich der einzige Mensch gewesen, der Walther annahm. Die Trauer beim Tod des Bruders muß erdrückend gewesen sein – vielleicht vergleichbar dem Tod eines Sohnes.

Doch Walther fing sich. Es gibt wenige Hinweise darauf, wie ihm das gelang. Natürlich durch die Arbeit. Durch die neue Rolle, die er in der unmittelbaren Nähe des Vaters gefunden hatte. Vor allem aber wohl dadurch, daß etwas ganz Unglaubliches geschah: Emil Rathenau wandte sich seinem Ältesten zu. War es nun Dankbarkeit oder das Bewußtsein seiner Abhängigkeit – für Walther waren die Zeichen untrüglich. Er bekam eine Chance, die Rolle des verstorbenen Bruders beim Vater einzunehmen.

Natürlich fand er auch wieder zurück zu seiner alten Rolle, die er nach außen ebenso spielte wie in der Familie. Im Sommer des Jahres 1903 verbrachte er einen Urlaub in Westerland auf Sylt. Am 24. August schrieb er an die Mutter: »Übermorgen ist Erichs Geburtstag. Ich habe mich entschlossen, an diesem Tag nicht in Berlin zu sein. An Einsamkeiten fehlt es hier nicht, und den wenigen Menschen, die ich kenne, weiche ich sonst aus. Ich habe K. genau angegeben, was ich für das Grab getan haben möchte. Einen Kranz von blühendem Heidekraut, das hier die ganze Insel bedeckt, habe ich vor einigen Tagen abgeschickt.« Danach fällt er in den gewohnten Ton: Er macht den Eltern in Berlin Vorschriften, wie sie den schweren Tag hinter sich zu bringen haben, der eben noch sentimentale Ton wird fast pietätlos: »Erinnerung ist [...] nicht Geisterkult.«[72]

Walther meinte es sicher gut, auch wenn der Mutter die Lektüre dieses Briefes nicht leichtgefallen sein dürfte: Er glaubte, alle anderen müßten ebenso wie er in der Lage sein, ihrer Gefühle durch Rationalisierungen Herr zu werden. Wenn es allerdings um seine Befindlichkeit geht, kann er immer noch recht pathetisch werden: »Ich habe den armen Jungen gern gehabt, wie Einer, und ihn sehr gut gekannt, vielleicht besser als irgend jemand.« Selbst der Mutter gegenüber, die in diesen Wochen besonders litt, kann er sich diese Attitüde nicht verkneifen.

Walther konnte die etwas spröde Trauer der Eltern vielleicht auch deshalb nicht verkraften, weil sie ihn ausschloß. Er war nicht gefragt. Der Vater ging in seinem Leid fast völlig auf, die Mutter zerfloß in Selbstmitleid. Daß es noch eine heranwachsende Tochter gab, die ihren Bruder verloren hatte, und einen Erstgeborenen, der gleichzeitig seinen einzigen Freund und eine Art »Sohn« betrauerte, das sahen sie nicht. Deshalb mußte Walther sich wehren. Er tat es auf diese etwas herzlose, aber durchaus verständliche Art.

So harsch wie den Eltern gegenüber hat er sich oft auch gegenüber anderen verhalten, die es gut mit ihm meinten. Doch es ist eigenartig: In jedem Fall stößt man, wenn man nur ein wenig bohrt, auf Verletzungen, die ihm in der jeweiligen Beziehung aus Unachtsamkeit oder Dickhäutigkeit beigebracht worden waren. Arroganz und Kaltschnäuzigkeit waren bei Rathenau meist Hilfeschreie in Situationen, in denen er sich seines Schmerzes nicht anders erwehren konnte.

Das war bei Maximilian Harden so, als der ihn an Lili Deutsch verraten zu haben schien, es war bei Erich Ludendorff so, als der ihn nach dem Krieg kurzfristigen politischen Erfolgen opferte, es war sogar beim Kaiser der Fall, um den Rathenau sich so lange und so kindlich naiv bemüht hatte. Rathenau wollte nicht kränken, er wollte sich bloß wehren, wollte darauf aufmerksam machen, wie sehr er litt.

Als Walther im August des Jahres 1903 aus Westerland an die Mutter schrieb, war Erich bereits seit sieben Monaten tot. Walther hatte den Verlust noch nicht verschmerzt, aber er hatte wieder in sein Leben zurückgefunden, in seine Arbeit bei der Handelsgesellschaft und in die inoffizielle, familiäre Verantwortung für die AEG, die ihm durch den elenden Zustand des Vaters zugefallen war.

Der Vater erholte sich wieder. Er bewältigte den Verlust Erichs zwar niemals vollständig und war von den Tagen in Assuan an dem Tod geweiht, doch Emil Rathenau hatte noch etwas zu erledigen: den Ausbau seines Lebenswerks, der AEG – das ließ ihn noch zwölf Jahre leben. Zwölf Jahre, in denen er weiter hart arbeitete und kaum jemanden neben sich duldete. Aber für Walther hatte sich etwas Entscheidendes verändert. Er war nun der einzige Sohn der Familie. Er war zwangsläufig der Erbe. Er hatte noch Kraft, er brach nicht unter der Verantwortung zusammen.

Der Blick des Vaters war endlich auf ihn gefallen.

Die Eulenburg-Affäre

Im Jahre 1907 wurde das gute Einvernehmen, das Walther Rathenau mit der vornehmen Berliner Hofgesellschaft hergestellt hatte, empfindlich getrübt. Schuld daran war Rathenaus Freund Maximilian Harden. Er hatte einen Skandal provoziert, der das Kaiserreich in seinen Grundfesten erschütterte.

Den »Mutmenschen« Rathenau traf es hart, daß er der sogenannten Eulenburg-Affäre hilflos zusehen mußte. Es handelte sich um eine hochpolitische Angelegenheit, die aber zum Leidwesen Rathenaus auch eine sexuelle Komponente hatte. Gerade diese Komponente störte seine guten Beziehungen zum Zentrum der politischen Macht, die aufzubauen er sich solche Mühe gab.

Harden nahm kurz nach Rathenaus Tod an einer Veranstaltung des Instituts für Sexualwissenschaften in Berlin teil. Nach den Vorträgen gab es eine Diskussion im kleinen Kreis, in dem die Eulenburg-Affäre zur Sprache kam. Harden äußerte bei dieser Gelegenheit vor zahlreichen Zeugen, er habe es tief bereut, gegen Eulenburg und die ehemals berüchtigte »Liebenberger Tafelrunde« vorgegangen zu sein.

Im nachhinein habe er, so Harden, erkennen müssen, daß ausgerechnet die Kräfte, denen er einen so unseligen Einfluß auf die deutsche Politik unterstellt hatte, immer versucht hätten, mäßigend auf den haltlosen Kaiser einzuwirken.[73]

Diese Einsicht wird durch die Briefe Eulenburgs gestützt. Zwar hatte der Fürst in einem eigenartig schwärmerischen Verhältnis zu Wilhelm II. gestanden und dessen »Gottesgnadentum« hymnisch gefeiert. Doch hatte er gerade mit dieser Haltung der blinden Gefolgschaft den gleichzeitig labilen und hochfahrenden Wilhelm für eine Politik der Mäßigung einnehmen wollen.

Philipp Fürst zu Eulenburg und Hertefeld war der Nachfolger des preußischen Gesandten Kuno Graf Rantzau in München und bis 1902 in der gleichen Funktion in Wien – das letztere gegen den erklärten Willen Otto von Bismarcks. Danach privatisierte Eulenburg in seinem märkischen Schloß Liebenberg und schrieb Gedichte. In Liebenberg war der Kaiser häufiger Gast Eulenburgs. Die beiden gingen zusammen auf die Jagd und sprachen über Politik.

Der russische Finanzminister Sergei Juljewitsch Graf Witte schrieb über einen Besuch in Rominten, auf dem Jagdschloß des Kaisers, wo auch Eulenburg zugegen war, in sein Tagebuch: »Der Kaiser saß auf der Lehne des Stuhles, auf dem Eulenburg saß. Seine rechte Hand lag auf der Schulter des Grafen, als umarme er ihn.«[74] Der Russe notierte, er halte den Kaiser, nachdem er ihn mit Eulenburg erlebt habe, für ähnlich veranlagt wie König Ludwig II. von Bayern.

Eulenburg war ein femininer und dem Kaiser gegenüber unterwürfiger Mann. Wilhelm hatte wenige Freunde und keine wirklichen Berater. Er vertraute Eulenburg, der bedeutenden Einfluß auf die Beziehungen des Reiches zu Österreich-Ungarn, Italien und Rußland gehabt hatte und eine gewisse Zuneigung zu Wilhelm mitzubringen schien.

Bismarck bezeichnete Eulenburg als »Kinäden« – eine damals übliche Bezeichnung für Päderasten, die Harden für ihn und Kuno Graf von Moltke übernahm[75]. Harden schrieb schon im Frühjahr 1894, als das Auswärtige Amt gegen den *Kladderadatsch* prozessierte, das satirische Blatt seines Freundes Wilhelm Polstorff, über »Phili«, wie Eulenburg bei Hofe hieß: »Dieser Herr [...] ist ein ausgezeichneter Klavierspieler, ein nicht allzu unangenehm dilettierender Dichter, Komponist und Sänger, ein sehr amüsanter Gesellschafter, außerdem Spiritist und, wie man behauptet, Freimaurer; auch die Gabe, über allerlei Hof- und Diplomatenklatsch höchst unterhaltende Briefchen schreiben zu können, wird ihm nachgerühmt, während er von der eigenen diplomatischen

Fähigkeit weder bei den Prüfungen noch als preußischer Gesandter in München bisher deutlich erkennbare Proben ablegen konnte.«[76]

Harden hatte in Erfahrung gebracht, daß Eulenburg, der Vertraute des Kaisers, in Verdacht geraten war, homosexuelle Beziehungen zu unterhalten. Sogenannte »widernatürliche Sexualkontakte« wurden im Kaiserreich nach dem Paragraphen 175 hart bestraft. Hinzu kam eine gnadenlose gesellschaftliche Ächtung, falls bekannt wurde, daß jemand sich im Sinne dieses Gesetzes sexuell betätigte. Wer wegen des Paragraphen 175 verurteilt war, war erledigt.

Harden hat immer wieder betont, daß es ihm nicht um die sexuelle Komponente der Affäre gegangen sei. Die Homosexualität Eulenburgs und des mit ihm befreundeten Berliner Stadtkommandanten Kuno von Moltke waren nur Vehikel für Hardens politische Absicht: Er wollte endlich aufräumen mit dem, was auch Rathenau als ein Grundübel der wilhelminischen Politik ansah: der Steuerung des »zur Selbsterziehung unfähigen« Kaisers durch eine weitgehend verdeckt operierende Garde von obskuren »Beratern«. Allerdings ging Harden so weit zu behaupten, daß jemand, der eine »widernatürliche vita sexualis« führe, der also homosexuell sei, nicht geeignet scheine, wichtige politische Ämter zu versehen.

Für Harden war Eulenburgs »femininer Charakter«, der ihm eine illegitime Nähe zum Kaiser ermöglichte, eine Gefahr für den Staat. Er glaubte, als Patriot zu handeln. Der Harden-Biograph Uwe Weller dazu: »Eulenbergs vita sexualis hätte ihn nicht interessiert, wäre dieser nicht ständig in der Umgebung des Kaisers gewesen.«[77]

Rathenau war da ganz anderer Meinung.

Er teilte Hardens Kritik an dem politischen Einfluß der Liebenberger Runde. Beide sahen sie eine wachsende Gefahr der Isolierung des Reiches durch die großspurigen außenpolitischen Manöver des Kaisers in der Kolonialpolitik, in der Flottenrüstung und beim deutschen Engagement im Osmanischen Reich. Sie gaben dem wendigen Eulenburg die Schuld an den fortgesetzten Fehlern des Kaisers. Also sahen sie es als eine nationale Notwendigkeit an, die Runde um »Phili« schnellstens zu entmachten.

Doch Rathenau war nicht Hardens Meinung, wenn es um die Mittel dieser notwendigen Operation ging. Es widerte ihn an, daß Harden nicht davor zurückschreckte, Eulenburgs und Moltkes Sexualleben zu einer politischen Frage zu machen.

Vorerst machte Harden jedoch wenig journalistischen Gebrauch von seinem Wissen über Eulenburgs Verwicklungen in homosexuelle Machenschaften. Im November 1902 veröffentlichte er einen Artikel mit dem Titel »Liebenberg«. Das war der Name von Eulenbergs Schloß und zugleich auch der Name der Runde, die den Kaiser informell, aber sehr effektiv von dort aus beriet. Doch diesmal mokierte sich Harden vor allem über Eulenburgs literarischen und diplomatischen Dilettantismus.

Über die Bekanntschaft zu Lili von Elbe, die mit ihrem Mann Moltke in Scheidung lebte und ihren Freund Harden bat, ihr bei der Abwicklung des Scheidungsprozesses zu helfen, erfuhr Harden jedoch weitere Einzelheiten. So soll Moltke (»Tütü«) seinem Freund Eulenburg in die Hand versprochen haben, seine eigene Frau nicht anzurühren.

Als Harden sich auf die Seite von Moltkes Ehefrau stellte, nahm die Gegenpartei mit ihm Kontakt auf und führte eilig einen Vergleich herbei. Harden wußte nun, daß man in der Umgebung des mächtigen Eulenburg Angst hatte, daß die Dinge, von denen er wußte, ans Licht kommen könnten. Er wurde mutiger und stellte Eulenburg ein Ultimatum: Sollte dieser sich nicht aus der Politik zurückziehen, würde er seine Homosexualität öffentlich machen.[78] Zu Hardens Erstaunen erklärte Eulenburg sofort seine Demission und zog sich auf sein Schloß zurück.

Ein wichtiger Informant für Harden war Friedrich von Holstein, unter Bismarck Botschaftsrat in Paris, nach dessen Entlassung treibende Kraft im Auswärtigen Amt in Berlin. Doch 1896 hatte Holstein, die Graue Eminenz der Kaiserzeit, begonnen, die immer riskanter werdende Außenpolitik zu kritisieren; er überwarf sich mit Eulenburg und verlor jeglichen Einfluß. Derart kaltgestellt, versorgte er den Liebenberg-Kritiker Harden intensiv, aber heimlich mit Munition. Pikant an der Geschichte war, daß der Holstein-Gegner Kanzler Bernhard Fürst von Bülow sich des gewieften Taktikers entledigte, indem er den Pressechef des Auswärtigen Amtes, Otto Hammann, beauftragte, Harden Material über Holstein zuzuspielen.

Unversehens war der oppositionelle Journalist Harden also ins Zentrum einer weitreichenden und hochbrisanten Affäre gerückt. Harden wurde von allen Seiten mit Informationen versorgt, er diente allen als Vermittler, er wurde von allen umworben. Angeblich hatte dies auch sein Verhältnis zu Rathenau zu trüben begonnen – keiner der beiden Freunde habe hinnehmen können, daß der andere stärker von den Mächtigen umworben wurde. Doch im Sinne der gemeinsamen politischen Ziele, nämlich des Kampfes gegen die Liebedienerei, den Byzantinismus und das demokratisch unkontrollierbare Küchenkabinett Wilhelms II. auf Liebenburg, mußte Rathenau Hardens Aufwertung akzeptieren – auch wenn die ganze Aufregung um Eulenburg nichts Gutes verhieß. Doch so egoistisch, wie einige Beobachter ihn sahen, war Rathenau dann doch nicht. Warum hätte er Hardens wachsenden Einfluß, der ohnehin informell und kurzfristig war, verurteilen sollen, wenn damit sein wichtigstes Ziel, nämlich eine Verbürgerlichung der quasiabsolutistischen Politik, erreicht wurde? Im übrigen galt die Geschäftsgrundlage, die zwischen Harden und Rathenau seit den Bitterfelder Jahren bestand, auch in Berlin weiter: Je mehr Kontakte einer von ihnen hatte, desto mehr profitierte der andere davon.

Rathenau war in einer anderen Situation als Harden. Für Harden war die Homosexualität Eulenburgs und Moltkes ein willkommenes Werkzeug, mit dem er die Unantastbaren in Wilhelms Dunstkreis aushebeln konnte. Er hatte dabei nichts zu verlieren und behandelte die Angelegenheit deshalb recht emotionslos. Wenn er auf Schwulitäten anspielte, so tat er das polemisch, aber nicht leidenschaftlich – nicht wie in manchen anderen Fällen, in denen sein Haß deutlich spürbar war. Harden machte sich wenig Gedanken über die fatale Situation eines Homosexuellen im wilhelminischen Deutschland. Warum auch?

Bei Rathenau war das anders. Er war – zumindest potentiell – ein Betroffener.

Zwar hatte Eulenburg, um Hardens Furor zu entgehen, sich ins Ausland zurückgezogen. Doch als er am 18. Januar 1907 zur jährlichen Tagung des »Hohen Ordens vom Schwarzen Adler« zurückkehrte, legte Harden nach. In dem Artikel *Symphonie* warf er dem Liebenberger vor, dem Auswärtigen Amt ins Handwerk gepfuscht und damit die deutsche Niederlage während der Marokkokrise verschuldet zu haben.

Dieser Vorwurf schlug ein – und alle wunderten sich, woher Harden seine erstklassigen Informationen bekam. Rathenau gegenüber erklärte er, auch wenn alle dächten, Eulenburgs Intimfeind, der Geheime Staatsrat Holstein, munitioniere ihn, so kämen die Hinweise in Wirklichkeit vom Kanzler Bülow persönlich.

Das imponierte Rathenau. Dennoch blieb er der Kampagne seines Freundes gegenüber skeptisch – vor allem als Harden Ende April 1907 offen Eulenburgs Homosexualität zum Thema machte. Nun war die Bombe geplatzt. Der Kaiser fiel aus allen Wolken, entließ einige Liebenberger Trabanten und gab Eulenburg zu verstehen, daß er die Affäre nicht überstehen würde, wenn er die Anschuldigungen Hardens nicht widerlegen könne.[79]

Inzwischen schickten die Beschuldigten aus Eulenburgs Umfeld schon ihre Vertrauensleute zu Harden, um diesem gegenüber per Schwur zu versichern, daß sie niemals Geschlechtsverkehr mit Männern gehabt hätten. Moltke ließ Harden am 11. Mai 1907 sogar durch seinen Bruder mit einem Duell drohen, wenn er seine Angriffe nicht unterließ. Harden – wie wir noch sehen werden, kein Freund von übertriebenen Ehrenhändeln – blieb in solchen Fällen gelassen und teilte mit, mit einem Duell sei die Angelegenheit nicht mehr aus der Welt zu schaffen.

Rathenau war entsetzt, als er sah, wie weit Harden ging. Sein Verleger wütete am Hofe wie ein Fuchs im Hühnerstall. Der Kaiser grämte sich darüber, von Eulenburg in die Nähe einer solchen Affäre gebracht worden zu sein, und beauftragte Bülow, seinem Exfreund nahezulegen, seine Orden abzugeben und zu verschwinden.

Doch so einfach wollte Eulenburg sich nicht abservieren lassen. Am 31. Mai 1907 erstattete er Selbstanzeige bei der Staatsanwaltschaft in Prenzlau (wegen »unsittlicher Verfehlungen«). Damit wurde der Ehrenhandel justitiabel. Eulenburg verließ sich darauf, daß die Justiz ihm helfen würde, sich reinzuwaschen, denn der zuständige Staatsanwalt war sein Freund.

Harden verweigerte vor Gericht jede Auskunft und nannte

seine Informanten nicht. Mittlerweile stand er nicht mehr als der patriotische Journalist da, der das Reich davor hatte schützen wollen, durch verantwortungslose Klüngelwirtschaft Schaden zu nehmen. Es gab Zeitungen, die Harden als willfähriges Werkzeug Holsteins sahen – der Journalist machte in ihren Augen die Drecksarbeit für den Intriganten. Auch das setzte Rathenau sehr zu, denn es ging nicht nur um seinen Freund, es ging nun auch um die Zeitung, für die er weiterhin schreiben wollte.

»Skandal verhüten wollte ich; nicht Skandal machen«, beteuerte Harden.[80]

Rathenau hörte es wohl, aber es war ihm mehr als mulmig dabei. Was würde noch alles geschehen? Nicht nur, daß seine journalistische Heimat diskreditiert wurde: Wenn die Hexenjagd auf Homophile weiterging, konnten auch Menschen wie er leicht in die Bredouille geraten. Hardens etwas fadenscheinige Argumentation, daß Politiker mit homosexuellen Neigungen Schaden anrichten könnten, würde schließlich auch ihn treffen können.

Harden verstand die Bedenken seines prominenten Autors. Er wollte schließlich auch nicht als Schmuddeljournalist dastehen und damit sein Lebenwerk – *Die Zukunft* – zerstören. Für Harden zählte nur die Politik, das beteuerte er immer wieder: »... wer ohne Fug eine Geschlechtshandlung ans Licht zerrt, ist ein Schwein oder ein Denunziant.«[81] Die Sache ging selbst dem sonst so knallharten Harden an die Nieren. Im Spätherbst 1907 erkrankte er an einer schweren Depression. Er fürchtete, von seinen Feinden vor Gericht gezerrt zu werden und wieder ins Gefängnis zu müssen.

Die Wellen schlugen hoch, bis ins Haus der Familie Rathenau hinein. Emil, der mittlerweile mit dem Kaiser auf recht vertrautem Fuße stand und von diesem gelegentlich auf Reisen mitgenommen wurde, was er als Krönung seines Lebenswerks empfand, bekam am Hofe zu hören, wie entrüstet Wilhelm wegen der Eulenburg-Affäre sei. Emil berichtete der Familie darüber. So erfuhr Harden über Umwege von dem Ungemach, das er dem Kaiser bereitet hatte. Er plante, einen Brief an Wilhelm zu schreiben und ihn zu bitten, die juristischen Mühlen anzuhalten. Da er jedoch fürchtete, man könnte sein Schreiben gegen ihn auslegen, schickte er es nie ab. Als es dann zum Prozeß kam, setzte Harden alles daran zu beweisen, daß er niemandem etwas Falsches nachgesagt hatte. Mit der Unterstützung von Moltkes Exgattin Lili von Elbe gelang es ihm wirklich, das Gericht auf seine Seite zu bringen. Man gelangte zu der Auffassung, daß Harden zwar den Liebenburgern nicht explizit Verstöße gegen den Paragraphen 175 vorgeworfen habe, ließ sich aber durch Hardens Zeugen davon überzeugen, daß die Politiker tatsächlich homosexuelle Neigungen hatten.

Harden, dessen Prozeßtaktik seit den Majestätsbeleidigungsverfahren legendär war, ließ sogar den Sexualwissenschaftler Magnus Hirschfeld vorladen. Der liberale Mediziner, der in Berlin Pionierarbeit in der wissenschaftlichen Durchdringung der Sexualität, insbesondere der Homosexualität, leistete, ließ sich bereitwillig vor Hardens Karren spannen. Er bescheinigte Moltke einen »femininen Charakter« – und mußte dann erleben, daß Harden in seinem Schlußwort behauptete, Homosexualität sei zwar eine Krankheit und kein Verbrechen, aber Homosexuelle dürften keinen politischen Einfluß haben, da sie zu emotionalen Fehlurteilen neigten. In diesem Zusammenhang kam Harden ganz von Moltke ab und sprach nur noch über Eulenburgs Intrigen, die dem Reich Schaden zugefügt hätten.

Seine Taktik hatte Erfolg. Harden wurde freigesprochen und vom Publikum auf den Schultern aus dem Gerichtssaal getragen. Doch auch wenn die Justiz diesmal auf seiner Seite war – die Presse sah ihn nach diesem Urteil nur noch als sensationslüsternen Karrieristen an. Der Kaiser und sein Kanzler waren bestürzt über den Ausgang des Prozesses. Man dachte darüber nach, das Urteil zu annullieren. Doch Moltke wollte seine Ehre retten und ging in die Berufung. Daraufhin hob der Justizminister das Urteil auf und ließ neu ermitteln.

Harden reagierte panisch. Er nahm Kontakt mit dem Geheimen Rat Holstein auf und bat ihn, auf Bülow einzuwirken: Der Kanzler solle die peinliche Sache beenden. Holstein versuchte sein Glück, hatte aber keinen Erfolg. Am 19. Dezember mußte der mittlerweile schwerkranke Harden wieder vor Gericht. Diesmal lief es nicht gut für ihn: Er sollte Moltkes Homosexualität unwiderlegbar beweisen. Eulenburg und Moltke beteuerten unter Eid, sich nicht mit Männern sexuell betätigt zu haben. Zudem brach Hardens Kronzeugin Lili von Elbe beim Kreuzverhör zusammen. Am

3. Januar 1908 wurde Harden schuldig gesprochen und zu vier Monaten Gefängnis verurteilt.

In diesen schweren Wochen lenkte Rathenau sich ab. Er bereitete eine zweite Afrikareise vor, und eine Ordensverleihung stand an. Hardens Prozeß beobachtete er mit nur einem Auge – aber immer in der Angst, daß ihm, egal wie es ausging, erhebliche Nachteile drohten. Oder war es ein Zufall, daß die Verleihung des ersehnten Ordens sich verzögerte? Daß man wenig Anstalten machte, ihn für die Verdienste seiner ersten Afrikareise angemessen zu belohnen? Daß er politisch auf der Stelle trat? Die Eulenburg-Affäre hing wie ein Damoklesschwert über dem sowieso bangen Rathenau.

Harden gab derweil keine Ruhe. Er sah seine *Zukunft* in Gefahr, das Werk von Jahrzehnten. Deshalb schlug er um sich. Er beschuldigte Eulenburg und Moltke des Meineids – Rathenau war außer sich.

Schließlich kam Harden auf eine raffinierte Idee. Er hatte erkannt, daß er in Berlin-Moabit kaum eine Chance gegen Eulenburg hatte. Also zahlte er einem Detektiv 3000 Mark dafür, daß der in Hamburg, Wien, Stettin und Breslau nach Beweisen für homosexuelle Umtriebe der Liebenberger suchte. Der Detektiv tat am Starnberger See den Fischermeister Jakob Ernst auf, mit dem Eulenburg 1883/84, also ein Vierteljahrhundert zuvor, ein Techtelmechtel gehabt hatte. Dann mobilisierte er den Journalistenkollegen Anton Städele, der in einer Münchner Zeitung Harden beschuldigte, von Eulenburg eine Million Mark für sein Schweigen genommen zu haben. Nun hatte Harden allen Grund, in Bayern Klage wegen Beleidigung gegen seinen Kumpan Städele einzureichen – und der Fall war damit aus Preußen ausgelagert.[82]

Vor dem Münchner Gericht wurde Eulenburg mit Hilfe des Starnberger »Fischerjackls« des Meineids überführt. Die Presse schwenkte augenblicklich um; im ganzen Reich erschienen Karikaturen, die Eulenburg verhöhnten. Am 8. Mai 1908 wurde Eulenburg in Berlin in Untersuchungshaft genommen, seine Unterlagen wurden konfisziert. Die Ermittler fanden einen Brief Eulenburgs an Hardens Zeugen, in dem der Fürst diesen anflehte, »nichts von den Sachen« zu erzählen. Eulenburgs Bitte, gegen eine Kaution freizukommen, wurde abgelehnt.

Da der Meineidprozeß gegen Eulenburg sich nur um dessen Homosexualität drehte, drohte der politische Aspekt aus dem Blick zu geraten. Deshalb blieb Harden der Verhandlung fern – er war auch nicht geladen worden. Eulenburg erschien mit seiner Frau und seinen beiden Söhnen. Mitten im Prozeß brach er jedoch zusammen, und das Gericht mußte in der Charité tagen. Nun schritt Wilhelm II. ein: »Der Prozeß muß fortgehen, und wenn E im Feuer blieb!«[83]

Die Ärzte bescheinigten Eulenburg Haftunfähigkeit. Er wurde auf sein Schloß Liebenwerder entlassen, wo er augenblicklich begann, Interviews zu geben. Erst ein Jahr später sollte der Prozeß fortgesetzt werden – Eulenburg brach jedoch vor Gericht erneut mit einem Herzkrampf zusammen. Das Gericht vertagte sich. Der Prozeß wurde nie wiederaufgenommen, da Eulenburgs Ärzte ihn regelmäßig verhandlungsunfähig schrieben.

In einem dritten Moltke-Prozeß wurde Harden jedoch abermals verurteilt – allerdings nur zu einer erheblichen Geldstrafe. Harden bat Albert Ballin, der mit ihm und Rathenau befreundet war, um Vermittlung. Der Hamburger Reeder nahm Kontakt zu Reichskanzler Bülow auf – und nach einigem Hin und Her wurde beschlossen, Harden die Geldstrafe zu erlassen. Die Prozeßkosten von drei Verfahren, auf denen er sitzengeblieben war, zahlte am 1. Juni 1909 Ballin. Die 40 000 Mark erhielt dieser schon einen Tag später von der Reichskanzlei zurück.

Rathenau konnte aufatmen. Doch zurück blieb ein fader Beigeschmack. Rathenau hatte verstanden, daß Harden über Leichen ging, wenn er sich im Recht fühlte. Was würde geschehen, wenn er selbst einmal in Verdacht geriete, sich in der Politik durch allzu subjektive, also »schwärmerische«, Emotionen leiten zu lassen?

Es sollte sich zeigen, daß Rathenaus Befürchtungen nicht übertrieben waren.

Die Affäre Eulenburg hatte ihn darin bestätigt, daß es richtig war, mit seiner Sexualität hinterm Berg zu halten. Im Kaiserreich war jeder Politiker erledigt, sobald er auch nur in den Ruch kam, Männer zu lieben. Diese bittere Einsicht war auch der Grund dafür, daß Rathenau sich vehement weigerte, eine Petition gegen den Paragraphen 175 zu unterschreiben. Jener Hirschfeld, der für Harden im ersten Moltke-Prozeß ausgesagt hatte, hatte in einem

Rundbrief Persönlichkeiten des öffentlichen Lebens gebeten, ihre Unterschrift dafür zu geben, daß der Reichstag den Homosexualitätsparagraphen 175 aus dem Reichsstrafgesetzbuch strich. Die Resonanz war enorm. Über 5000 Unterzeichner erklärten öffentlich, daß der Paragraph problematisch sei, und bekannten sich damit zu einer liberalen Haltung gegenüber der Homosexualität. Die Petition war ein Almanach der »geistigen Elite« des Landes (Wilde). Rathenau aber wollte damit nichts zu tun haben.

1922 änderte er seine Meinung. Das Kaiserreich war untergegangen, und er war Außenminister – eine Position, in der ihm niemand mehr schaden konnte. Also bat er Adolf Brand, den Herausgeber der homoerotischen Zeitschrift *Gemeinschaft der Eigenen*, zu sich in sein Ministerium, um mit ihm über eine Abschaffung des veralteten Homosexualitätsparagraphen zu reden.

Jener Brand hatte 1907 in seiner Zeitschrift den Reichskanzler Bülow der Homosexualität beschuldigt – in der Hochzeit der Eulenburg-Affäre war das Outen von hochrangigen Politikern in gewissen Kreisen zur Mode geworden. Brand war dafür zu einem halben Jahr Gefängnis verurteilt worden. Doch in der neuen Republik galt er als ernstzunehmender Vorkämpfer der längst fälligen Liberalisierung des Paragraphen 175.

Zu dem Gespräch im Außenministerium kam es nicht mehr. Rathenau wurde kurz vor dem verabredeten Termin ermordet.

Afrika

Zu der Zeit, als Maximilian Harden wegen seiner Attacke auf Eulenburg und den engen Kreis um Kaiser Wilhelm II. politisches Aufsehen erregte, hat Rathenau auf andere, viel diskretere Art versucht, Einfluß im Zentrum der Macht zu gewinnen. Er wählte die Ochsentour. Aber er wollte auch etwas anderes erreichen als sein Verleger.

Walther Rathenau wollte sich endlich Gehör verschaffen. Es lag ihm nicht an einem bestimmten politischen Ziel, obwohl er Wilhelms riskante Außenpolitik ebenso verurteilte wie Harden. Rathenau wollte die Mächtigen des Reiches nicht stürzen – er wollte zu ihnen gehören. Um dies zu erreichen, intrigierte er nicht wie Harden – er reiste.

Rathenau war mit einem Mann befreundet, der dem Kanzler Bernhard von Bülow so wichtig war, daß der sogar eine neue Parteienkoalition anstrebte, als das mächtige Zentrum sich allzusehr in dessen Ressort – die Kolonialpolitik – einmischte: Bernhard Dernburg, für die Kolonialpolitik zuständiger Staatssekretär und ab 1906 Chef des Reichskolonialamts, einer Institution, auf die auch Rathenau ein Auge geworfen hatte.

Dem Kaiser machte eine schreckliche Ahnung schwer zu schaffen: das Gefühl, zu spät gekommen zu sein. England besaß die größte Kriegsflotte der Welt und konnte sich schon seit langem auf ausgedehnte Kolonien stützen. 1877 war der indische Subkontinent zum Kaiserreich erhoben worden, was den Anspruch Britanniens unterstrich, die erste unter den europäischen Kolonialmächten zu sein. Um den Seeweg nach Indien zu sichern, erweiterte London systematisch sein koloniales Imperium: 1878 erwarb es Zypern, drei Jahre zuvor war durch eine Börsenaktion bereits der Suezkanal in britische Hände gefallen, in Ägypten hatte man ohnehin einen Fuß in der Tür. Von dort aus stießen die Briten den Nil entlang bis nach Zentralafrika vor. In Ostafrika stießen sie auf andere europäische Mächte: Neben den Belgiern und Franzosen hatten Kaufleute aus Bremen sich dort eingekauft, und das Reich beeilte sich natürlich, die hanseatischen Interessen zu schützen.

Auf der Berliner Kongokonferenz im Winter 1884/85 kam es zu einer Einigung unter den europäischen Mächten. Damit wurde das Reich als Mitspieler eingeführt. Deutschlands Kolonialpolitik geriet jedoch Anfang des neuen Jahrhunderts gefährlich ins Schlingern. In Südwestafrika erhoben sich im Januar 1904 die Hereros gegen die Kolonialherren. Die Deutschen hatten das Bantuvolk, das von Viehzucht lebte, von den Wasserstellen und den fruchtbaren Weiden vertrieben und ihm so jede Überlebensmöglichkeit genommen.

Der Aufstand breitet sich rasch aus. Der Gouverneur Major Theodor Leutwein wollte mit den Aufständischen verhandeln und einen Ausgleich erzielen. Der Oberbefehlshaber der deutschen Schutztruppen, Generalleutnant Lothar von Trotha, ging jedoch mit militärischer Härte gegen die Hereros vor. Das war die übliche Reaktion der Europäer. Schon vor den Deutschen hatten die Briten in Transvaal und im Oranjefreistaat mit äußerster Brutalität die Buren bekämpft. Im August 1904 schlug Trotha die Aufständischen in der Schlacht von Waterberg. Die Hereros, die nicht getötet wurden, jagte man in die Wüste Kalahari, wo sie jämmerlich umkamen.

Im Reich bekam die breite Öffentlichkeit wenig von dem Vernichtungskrieg mit, den das kaiserliche Militär in Deutsch-Südwest führte. Die inländische Presse schwieg sich über die Vorgänge an der afrikanischen Südwestküste aus. Im Reichstag nahm nur ein Abgeordneter zu dem schmutzigen Krieg Stellung: August Bebel. Kanzler Bülow hüllte sich in wolkige Phrasen. Der Kaiser zog es vor, sich auf Festivitäten zu zeigen, anstatt öffentlich über die afrikanischen Angelegenheiten zu reden.

Harden hingegen bezog deutlich Stellung. Für ihn waren die Kolonien von einer heillosen Lotterwirtschaft überzogen: Entweder ließen die Berliner Statthalter alles verkommen, oder aber sie drangsalierten die Einheimischen durch unsinnige Ordnungsmaßnahmen.

Wie viele andere Bürgerliche auch war Harden alles andere als ein Kritiker des Kolonialismus. Er hielt jedoch die Trabanten des Kaisers, die derzeit für die Verwaltung der Gebiete in Deutsch-Südwest zuständig waren, für unfähig, mit diesem Pfund im Sinne der Nation zu wuchern. Sein stärkstes Argument, das auch Rathenau vertrat: Der wirtschaftliche Gewinn aus den Kolonien sei denkbar gering. Er rechtfertige keinesfalls die immensen militärischen und politischen Kosten.

An dem Krieg, den die sogenannten Schutztruppen in Deutsch-Südwest führten, hatte Harden vor allem auszusetzen, daß er schlecht vorbereitet sei und zuviel Geld verschlinge. Er verlangte, daß diejenigen, die an den immensen Kosten Schuld trugen, dafür zur Verantwortung gezogen wurden – das war in seinen Augen weniger der zuständige Staatssekretär Dernburg als der Kanzler Bülow.

Rathenau sah das nicht anders – auch wenn er, was die deutsche Kolonialpolitik anging, neben den wirtschaftlichen Argumenten auch moralische zumindest bedachte. Doch im Unterschied zu

Harden saß Rathenau bei seinem Freund Dernburg am Tisch, während der *Zukunft*-Herausgeber sich schon glücklich schätzte, wenn sein Idol, der entmachtete Eiserne Kanzler Otto von Bismarck, ihn zu einem kargen Arbeitsessen auf sein Gut Friedrichsruh einlud.

Rathenau hatte mittlerweile Zugang zu den Spitzen des Staates. Beim Kaiser durfte er Fragen aus dem technisch-wirtschaftlichen Bereich vortragen. Bei Bülow und Dernburg war er gerngesehener Tischpartner. Also nutzte er die neuen Verbindungen dazu, munter Denkschriften abzusetzen. In diesen Texten, die er bis zu seinem Tod einflußreichen Politikern zuschickte, legte er seine Meinung zu einem jeweils aktuellen politischen Diskussionspunkt dar – nicht ohne einen gewissen argumentativen Nachdruck, mit dem er auf die Handlungsweise der Mächtigen einwirken beziehungsweise sie dafür gewinnen wollte, ihm eine Schlüsselfunktion zuzuweisen, in der er in der Lage sein würde, die oben dargelegten Ansätze in die Praxis umzusetzen.

Man muß Rathenau zugute halten, daß er in seinen Denkschriften vor dem Krieg immer mäßigend auf die Eroberungsgelüste des Kaisers und dessen meist ohnmächtige Kanzler hat einwirken wollen. Naturgemäß tat er das nicht mit den moralischen Argumenten, die ihn in seinen Schriften beschäftigten. Er führte wirtschaftliche und militärische Vorteile beziehungsweise Nachteile für das Reich ins Feld – weil er wußte, daß sich diesen Argumenten kein Politiker gänzlich würde verschließen können und diese auch in der breiten Öffentlichkeit gehört würden.

So warb Rathenau bis zum Kriegsausbruch für ein moderates Umgehen mit Großbritannien. Er kannte Großbritannien aus seiner Tätigkeit für die AEG. Deshalb plädierte er dafür, der Großmacht, deren militärische und wirtschaftliche Möglichkeiten er realistischer einschätzte als die Flottenbauer um Alfred von Tirpitz, keinen Grund zu geben, sich bedroht zu fühlen. Rathenau ließ in der Vorkriegszeit keinen Zweifel an seiner Grundhaltung: Er hielt einen Krieg als Mittel zum Erreichen eines politischen Zweckes für ungeeignet und schädlich und setzte vielmehr auf die Möglichkeiten einer wirtschaftlichen Verzahnung nationaler Interessen auf europäischer Ebene.

Bernhard Fürst von Bülow hatte eine schwierige Wahl gewonnen. Die sogenannte »Hottentotten-Wahl« vom 5. Februar 1907 war bestimmt gewesen von den deutschen Großmachtansprüchen – also auch von der verfehlten Kolonialpolitik. Durch den schon drei Jahre andauernden Krieg im Südwesten und den Maji-Maji-Aufstand von 1905/06 war der Streit um die afrikanischen Territorien in den Mittelpunkt des Interesses gerückt. Bülow verteidigte die weltpolitisch hochgespannten Ansprüche des Kaisers vehement gegen die SPD und das moderate Zentrum. Er versuchte, sein durch die Marokkokrise angekratztes Renommee wieder etwas aufzupolieren.

Bülow schmiedete eine Koalition aus Konservativen, Liberalen und Freisinnigen. Dieses neue Machtzentrum setzte die Einrichtung des prestigebeladenen Reichskolonialamts mit Dernburg an der Spitze durch. Mit Hilfe des angesehenen Bankiers, der nun im Amt eines stellvertretenden Kolonialdirektors fungierte, wollte Bülow die Kolonialpolitik neu ausrichten. Für den Finanzmann Dernburg waren allein die wirtschaftlichen Perspektiven der Kolonien in Afrika maßgebend. In Vergleich zu den Biertisch- und Hofkolonialisten, die bisher den Ton angegeben hatten, war er ein Pragmatiker und kühler Rechner. Und er kam immer wieder zu dem gleichen Ergebnis: Die Kolonien waren – wenn sie weiterhin so geführt wurden – für Berlin ein Verlustgeschäft.

Dernburg wurde den hohen Erwartungen gerecht, die der Bülow-Block in ihn setzte. Der neue Besen kehrte entschlossen und gut. Er löste die hemmenden Monopolverträge auf, die einzelnen Unternehmen in Afrika eine Wirtschaftspolitik nach ihrem Gusto erlaubten. Diese Maßnahme zeitigte schnell den gewünschten Erfolg: Es gab plötzlich mehr Investoren, die an die Rentabilität der in Verruf geratenen »Schutzgebiete« glaubten.

So bewirkte Dernburg, daß wieder deutsches Kapital nach Ostafrika floß, mit dem er ein wirtschaftlich wichtiges Eisenbahnprogramm auflegen konnte. Dann sorgte er dafür, daß der Reichstag genügend Gelder für eine Generalrenovierung der deutschen Kolonien zur Verfügung stellte. Um diesen Maßnahmen die nötige öffentliche Unterstützung zu verschaffen und sich selbst auf den aktuellen Stand zu bringen, beabsichtigte Dernburg, eine spektakuläre Inspektionsreise durch Ostafrika zu unternehmen.

Es war wohl vor allem die wirtschaftliche Perspektive des Finanzmanns Dernburg, die ihn dazu veranlaßte, seinen Freund

und Kollegen Rathenau zu bitten, ihn auf seiner mehrwöchigen Tour zu begleiten. Dernburg wußte, welchen Einfluß Rathenau mittlerweile in deutschen Finanzkreisen hatte. Wenn Rathenau aus Afrika nach Hause kommen und den Anlegern eine anständige Rendite versprechen würde, müßte Dernburg sich keine Sorgen mehr um die Kolonien machen.

Bernhard Dernburg war zwei Jahre älter als Rathenau. Er stammte aus einer alten großbürgerlichen jüdischen Familie. Sein Vater Friedrich Dernburg, einst Chefredakteur der *Nationalzeitung*, war einer der ersten Berliner, die sich eine Villa im Grunewald erbauten. Bernhard Dernburg hatte einen Teil seiner Ausbildung in den Vereinigten Staaten absolviert – damals noch ein Exotikum. Seine Bankenkarriere hatte er nur wenige Jahre vor Rathenau begonnen: Seit 1901 fungierte er als Direktor der Bank für Handel und Industrie beziehungsweise der Darmstädter Bank. In der letzten Funktion saß er lange zusammen mit Hugo Stinnes im Aufsichtsrat von dessen Kohle- und Stahlkonzern »Deutsch-Luxemburg«. Deshalb war er für die Rathenaus kein Unbekannter. Mit Walther verband ihn schon seit langem eine tiefe Freundschaft – die allerdings sollte auf den gemeinsamen Reisen durch Afrika zerstört werden, weniger durch Dernburgs als durch Rathenaus Schuld.

Der neue Chef des Reichskolonialamts galt als liberal und flexibel. Insofern war seine Berufung in die Kolonialabteilung des Auswärtigen Amtes im Jahre 1906 nicht unbedingt eine Konsequenz aus der harten Linie des Kanzlers Bülow – es war in erster Linie eine Frage der Ökonomisierung der insolventen Kolonialpolitik. Allein die Niederschlagung des Aufstands der Hereros und Namas in Deutsch-Südwest hatte das Reich 400 Millionen Mark gekostet. Die Erträge der Kolonien hielten sich hingegen in bescheidenen Grenzen.

Dernburg begeisterte die deutsche Wirtschaft für die Kolonialpolitik. Es dauerte nicht lange, und die Exporte aus den Kolonien stiegen. Zudem veranlaßte Dernburg eine Besteuerung des lukrativen Diamantenhandels, der bisher am Staat vorbei abgewickelt worden war. So machte der Bankier die Ausbeutung der Kolonien erst effizient – soweit das möglich war.

Dernburg war Rathenau ähnlich: Er setzte auf das Primat der Wirtschaft vor der Politik, er handelte rational, und er hielt nicht viel von einer Politik, die in den Kolonien nichts anderes sah als ein Signal an die europäischen Großmächte, daß das Deutsche Reich die gleichen Ansprüche habe wie diese – nämlich auf den von Bülow zitierten »Platz an der Sonne«.

Dernburg sollte es noch bis zum Reichsfinanzminister und sogar zum Vizekanzler unter Philipp Scheidemann bringen. Von 1920 an war er Mitglied der Deutschen Demokratischen Partei – der Partei, der auch Rathenau angehören sollte.

Das Angebot des Staatssekretärs kam für Walther im rechten Moment. Schon 1906 hatte Harden ihm dringend geraten, die Berliner Handelsgesellschaft zu verlassen. Walther selbst drängte immer mehr in einen Bereich, in dem er sich noch weiter von den Kreisen der AEG emanzipieren konnte. Zwar sammelte er mittlerweile Aufsichtsratsposten wie andere Bierdeckel, aber auch als omnipräsenter Wirtschaftslenker hatte er es ständig mit den Geschäften des mittlerweile wieder sehr einsatzfreudigen Vaters zu tun – und natürlich fiel es ihm dabei immer schwerer, sich ganz aus der Interessensphäre der AEG zu lösen. Schließlich war das seine geschäftliche Heimat, schließlich war das auch sein Erbe – auch wenn er das Erbrecht in seinen Schriften als die Wurzel allen Übels geißelte.

Walther strebte danach, sich auch aus den letzten Zwängen zu befreien. Wo aber konnte er das tun, wenn sein Vater inzwischen seine Finger in allen europäischen Konzernen hatte? Es gab neben dem Schreiben und der Kultur nur einen Bereich, der in der Öffentlichkeit wichtig genug genommen wurde und dem auch die Wirtschaft in gewisser Weise unterstand: die Politik. Rathenau wollte endlich echte Macht spüren, nicht nur die plumpe, materielle Macht der Wirtschaft, sondern die allumfassende Macht des Staates, die er zehn Jahre später in seinem Hauptwerk *Von kommenden Dingen* feiern sollte.

Dernburgs Karriereschub kam da wie gerufen. Es heißt, er sei Rathenau verpflichtet gewesen, da der sein politisches Fortkommen gefördert habe. Aber das scheint auch eines der Gerüchte zu sein, die hausgemacht waren: Als Rathenau und Dernburg sich entzweiten, wurde von beiden Seiten gebolzt. Man gab sich

Mühe, dem jeweils anderen Mißgunst und Verrat zu unterstellen. Es roch nicht nach Rosen, als die beiden Freunde aneinandergerieten, schrieb Harry Graf Kessler einmal, und der mußte es wissen.

Vorerst stand Rathenau noch vor der Frage, wie er, der Tausendsassa der Wirtschaft, sich in die Untiefen der Parteienkämpfe im Reichstag würde einmischen können. Wo sollte er sich in die endlosen Schlangen der talentlosen Aspiranten am Hofe einreihen?

Sechs Jahre vor dem großen Krieg gab es kein besseres, übergeordneteres, spektakuläreres Terrain für einen Quereinsteiger als die Kolonialpolitik. Ganz abgesehen davon, daß Dernburg bereit war, Rathenau Starthilfe zu geben.

Die nötige Vorarbeit hatte Walther schon geleistet. Acht Tage nach der Reichstagswahl, also am 12. Februar 1907, veröffentlichte er im *Hannoverschen Courier* einen aufsehenerregenden Aufsatz, »Die neue Ära«. Hier griff Rathenau zum ersten Mal »öffentlich in die Politik ein« (Kessler).[84]

Er trat in diesem Artikel, der seine wirtschaftlich-politische Grundauffassung skizzierte, gegen die vorherrschende Meinung an, daß der wichtigste internationale Machtfaktor die Rüstung eines Staates sei: »Der Kriegsgott unserer Tage heißt wirtschaftliche Macht.«

Es gehe allein darum, so Rathenau im *Hannoverschen Courier*, in der internationalen Konkurrenz gut aufgestellt zu sein. Das bedeute, daß man wirtschaftlich mehr in die Waagschale werfen und auch über mehr intellektuelle Ressourcen verfügen müsse als andere: »Also nicht Rüstungen, sondern moralische, intellektuelle und wirtschaftliche Kräfte sind die entscheidenden Mittel der internationalen Politik geworden.«

Aus heutiger Sicht ist es schwierig, Rathenaus Position zu beurteilen. Man fragt sich, ob eine solche Auffassung am Vorabend des Ersten Weltkriegs nicht etwas romantisch war. Vor allem in Deutschland, das seit mehr als einem Jahrzehnt keine Gelegenheit ausließ, sich an den europäischen Großmächten zu reiben. Auf jeden Fall zeigte Rathenau Mut. Mit seinem modern anmutenden Primat der Wirtschaft gegenüber den brachialen Mitteln der Großmachtpolitik brachte er sich quer zum Kaiser und zur herrschenden Mehrheit im Reichstag in Stellung. Ausgerechnet er, der doch bisher immer darauf bedacht gewesen war, als Kandidat der Mächtigen zu erscheinen.

Kessler ist der Meinung, Rathenau habe mit diesem Artikel im *Hannoverschen Courier* die Aufrüstungspolitik des persönlich regierenden Regenten ins Mark getroffen. Sicher hat Bülow, der ja als Kanzler diese Politik umzusetzen hatte, das nicht so verstanden. Sonst hätte er bei der politisch wichtigen Afrikareise auf Rathenau verzichtet.

Rathenau hat in seinem vielbeachteten Artikel Grundsatzkritik an der geltenden politischen Doktrin des Kaiserreichs geübt. Dies betraf jedoch weniger die aktuelle Leitlinie als eine besondere Sichtweise auf die Dinge. »… Naturkräfte und Massenzustände sind stärker als Menschen, Kombinationen und Wünsche.« Das bedeutet erst einmal: Es ist nicht falsch, eine Flotte zu bauen, um mit den anderen Großmächten zu konkurrieren. Rathenau legt nur Wert darauf, daß die Rüstung nicht das Maß aller Dinge sein dürfe. Mit dieser Meinung stand er nicht allein.

Wie schwer es war, die Panzerkreuzer genehmigt zu bekommen, die Admiral Tirpitz partout hatte haben wollen, um der Politik eine ausreichende Drohkulisse zur Verfügung zu stellen, hatten Bülow und sein Kaiser ja soeben selbst erfahren. Es hatte viele Kämpfe gekostet, ein ganzes Volk hatte mit Matrosenuniformen für Kinder und durch einen umtriebigen Flottenverein erst mobilisiert werden müssen, bevor endlich das Geld dafür freigegeben wurde. Und daß der Ausbau der Flotte wiederum eine wirtschaftliche Anstrengung erster Ordnung war, spürte man allenthalben.

Rathenau sagte also nichts Umstürzlerisches. Er wies nur auf die Bedeutung der Wirtschaft für die Politik hin. Eine Binsenweisheit.

In unseren Augen mag einiges in seinem Artikel schon wie eine Vorwegnahme von Entwicklungen klingen, die wir aus den Zeiten der Globalisierung kennen: die Entwertung des Nationalstaats, das Primat wirtschaftlicher Zwänge vor allen anderen Bereichen des Gemeinwesens. Rathenau hat – wie wir noch sehen werden – vieles erspürt, was damals in der Luft lag. Nicht zuletzt, weil er in seinen Unternehmen diese epochale Entwicklung mit angestoßen hat. Aber die grundsätzliche Opposition zur offiziellen Politik war das noch nicht, was Rathenau am 12. Februar 1907 im *Hannoverschen Courier* schrieb.

Kessler hat aber ganz zu Recht darauf hingewiesen, daß Rathenau mit seiner Betonung der ökonomischen Kräfte denjenigen, die damals die Geschicke bestimmten, einiges voraus hatte. Sonst wäre ihnen nicht der Fehler unterlaufen, sich auf das katastrophale Abenteuer eines Weltkriegs einzulassen, ohne sich vorher ihrer wirtschaftlichen Möglichkeiten zu vergewissern. Das sollte dann Rathenau für sie tun.

Vor allem aber klagte er in seinem Artikel ein demokratisches Auswahlverfahren ein, das sicherstellen würde, daß die Besten dem Staat dienten und nicht nur die Sprößlinge einer privilegierten Kaste. Diese Forderung war 1907 schon ein Allgemeingut bürgerlicher Politik. Das nahm ihm nicht einmal der Kaiser übel, der, was industrielle und technische Fragen betraf, fortschrittlicher dachte als viele seiner eilfertigen Kanzler und konservativen Staatssekretäre.

Bülow hatte also keine Bedenken, Rathenau mit Dernburg nach Afrika zu schicken. Er scheint sogar daran gedacht zu haben, den AEG-Erben als Staatssekretär ins neue Reichskolonialamt Dernburgs zu berufen. Das jedoch war Rathenau zuwenig – die Vorstellung, unter seinem Freund Dernburg dienen zu müssen, den er doch für dieses Amt vorgeschlagen haben wollte, war ihm ein Greuel. Harden gegenüber machte Rathenau seiner Unzufriedenheit über die einfallslose Personalpolitik des Kanzlers Bülow freimütig Luft: »Nein, lieber Freund, kein Bülow nimmt ein Stück Brot von mir, es sei denn, daß man mich mit Ehrverlust ins Kolonialamt schickt, zu den Negerweibern und anderen Aufgaben, die ich nicht ausfüllen kann.«[85]

Es deutet jedoch einiges darauf hin, daß es ganz anders war: Nicht Rathenau hatte Bülows Anerbieten abgelehnt, weil ihm das Kolonialamt zu unbedeutend erschien. Der Kanzler hatte ihn auf die Afrikareise geschickt, um zu sehen, wie er sich neben Dernburg bewähren würde, um ihn dann eventuell zu verwenden. Rathenaus emsige Berichterstattung und eine Denkschrift, die er über die geopolitische Situation und die Rolle Englands an Bülow schickte, zeigen, daß er sich dem Kanzler gegenüber als politisches Talent beweisen mußte.

Mit Dernburg einigte sich Rathenau recht schnell. Der Staatssekretär konnte schon am 12. Juni 1907 seinem Kanzler mitteilen, daß die amtliche Studienreise nach Ostafrika, die als Public-Relations-Tour für Bülows und Dernburgs Kolonialpolitik gedacht war, durchgeplant sei. Rathenau hatte sich bereit erklärt, seine Reisekosten »im Interesse der Sache« selbst zu tragen. Dernburg versicherte sich bei Bülow, daß es ihm erlaubt sei, den nicht im Staatsdienst stehenden Rathenau bei allen Besprechungen ökonomischer Natur hinzuziehen.

Die Vorbereitungen nahmen noch vier Wochen in Anspruch. Am 13. Juli 1907 reiste man von Berlin nach Neapel, wo für den 15. Juli die Einschiffung vorgesehen war.

Blaue Stimmungen, warmer Wind

Die erste Afrikareise Walther Rathenaus dauerte dreieinhalb Monate. Die Reisegruppe traf erst am 30. Oktober 1907 wieder in der Reichshauptstadt ein. Außer Bernhard Dernburg und Rathenau war Oberstleutnant Ferdinand Quade vom Berliner Schutztruppenamt als Vertreter des Militärs mit von der Partie. Im übrigen war die Reisegesellschaft so bunt zusammengewürfelt wie eine Landpartie zu Zeiten des Biedermeiers. Da gab es einen Geheimen Baurat und Eisenbahnexperten Franz Baltzer, den Grafen Valentin Henckel von Donnersmarck als diplomatischen Adjutanten Dernburgs, natürlich den Landschaftsmaler Fritz Wildhagen und den Kanzleisekretär Krüger. Zwei Diener für die Herrschaften durften nicht fehlen, man wollte schließlich auch im Dschungel europäischen Standard halten.

Um der umstrittenen Kolonialpolitik Bernhard von Bülows und Dernburgs die nötige Resonanz zu verschaffen, war man auf die Presse angewiesen. Die Regierung hatte deshalb die Medien gebeten, sich an der Expedition zu beteiligen. 40 Journalisten hatten sich daraufhin beworben. Mitgenommen wurden nur sieben. An erster Stelle stand Oskar Bongard von den *Leipziger Neuesten Nachrichten*, der auch bei der zweiten Reise im Folgejahr dabei sein sollte. Conrad Alberti-Sittenfeld vertrat die *Berliner Morgenpost*, Adolf Zimmermann war für das Wolff'sche Telegraphenbüro dabei, Kurt Toeppen für den *Berliner Lokalanzeiger*, die Herren Hornung und Storz für westdeutsche Blätter.

Pünktlich um halb neun am Abend des 15. Juli 1907 legt das Schiff mit der erlauchten Reisegesellschaft im Hafen von Neapel ab. In der Morgendämmerung des 16. Juli passiert Rathenau staunend den Vulkan Stromboli. Gegen Mittag beobachtet er den Ätna im Nebel, und schon am Abend erreicht das Schiff Reggio di Calabria, das nur wenige Monate später durch ein Erdbeben fast vollständig zerstört werden sollte.

Schon am folgenden Mittwoch notiert Rathenau in sein Tagebuch: »Erste Wärme … Blaue Stimmungen. Warmer Wind.« Kreta liegt im Dunst, man hält auf Afrika zu.

Am Nachmittag des 18. Juli 1907 erreicht die Gesellschaft Port Said, wo sie der alte Konsul Bronn empfängt. Rathenau empfindet ihn und sein den Bediensteten gegenüber gönnerhaftes Getue als altbacken. Er brennt darauf, andere Vertreter des Kaiserreichs zu treffen: Pragmatiker, deren Erfahrungen ihm und Dernburg nützlich sein könnten.

Schon in Port Said nimmt das Licht Afrikas Rathenau gefangen. Er notiert mehr Beobachtungen atmosphärischer Art als politische Eindrücke oder Gesprächsfetzen: »Spiegelnde Buntlichter, dunkle Schiffskörper … Musik und Lampen. Netzwerk des Mondscheins auf dem Wasser.«

Das Schiff durchquert am 20. Juli den Suezkanal, und Rathenau bewundert die Salzseen und das dreifache Blau des Himmels, der Seen und des Kanals: »… leuchtende Streifen, gold, rosig und veilchen.« Am Abend schon erreicht man das Rote Meer. Am Montag, dem 22. Juli, verbringt Rathenau die Nacht auf Deck: »Dumpfe Wärme […] brütende Hitze.«[86] Das Thermometer steigt auf 38 Grad Celsius. Rathenau stöhnt.

Am 24. Juli um 21 Uhr erreicht das Schiff Aden. »Milchig trüb die See.«

Man geht an Land und besucht den Krater, in dem die Altstadt liegt, und das Grab Abels. Die Schwarzen schlafen nachts im Freien, eingehüllt in weiße Tücher: »Das Bild einer durch Pest verheerten Stadt.«

Am nächsten Morgen um vier Uhr wird die Fahrt fortgesetzt. Vor der somalischen Küste, am Cap Guardafui, kocht die bisher glatte See plötzlich auf. Bei klarer Luft bricht ein Sturm los, innerhalb weniger Minuten fällt die Temperatur von 36 auf 26 Grad.

Rathenau ist in einen schweren Monsun geraten. Das Unwetter sollte zwei Tage dauern – und der Reisende bekommt einen Begriff davon, was ihn auf diesem Kontinent erwartet. Erst am Sonnabend, dem 27. Juli, läßt der Sturm etwas nach. Afrika hat Rathenau seine bedrohliche Seite gezeigt – und er ist tief beeindruckt.

Als am Dienstag, dem 30. Juli, um fünf Uhr früh der Äquator überquert wird, wohnt Rathenau dem Vergnügen einer Mannschaftstaufe bei. Neben der Besatzung des Dampfers »Feldmarschall« befindet sich auch die Ablösung des Kreuzers »Bussard« und des Kanonenboots »Seeadler« an Bord. Die Gesellschaft ist sozial gemischt, was die Reise kurzweiliger macht.[87]

Südlich von Mombasa geht man an Land. Eine von Schwarzen gezogene Trolleybahn führt ins Landesinnere. Rathenau ist hingerissen von der Vegetation: »Nachtschatten, federwischartige Gräser, lederblättriges Buschwerk, rotgelbe Wege, feuerrote, akazienartige Blüten … Blaurote Ströme von Bougainvilleen.« In der Stadt beobachtet er, daß die örtlichen Geschäftsmänner keinen sehr erfolgreichen Eindruck machen: »Kaufleute auf Ruhebetten kauernd betrachten Rechnungen und tragen Buchungen ein.«

Am Sonnabend, dem 3. August, kommt man nach Daressalam. Der Gouverneur gibt den Berlinern zu Ehren ein Frühstück. Als er erlebt, wie sich einige untergeordnete Beamte gegenüber den Einheimischen benehmen, schreibt Rathenau bitter: »Der frühere Leibeigene kann Bürger, aber nicht Herr werden.« Das Erlebnis soll prägend werden: Rathenau beobachtet immer wieder, daß kaum jemand von den deutschen Siedlern und Verwaltungsleuten sich den Schwarzen gegenüber verantwortungsbewußt verhält. Der Reisende hat mehr Würde von seinen Landsleuten erwartet.

Am Abend des 6. August verspürt Rathenau nach dem Besuch einer Ölmühle in der »Negerstadt« eine große Müdigkeit. Am nächsten Morgen klagt er über Magenschmerzen, besucht aber dennoch die Kommunalfarm Aulep. Zum Mittagessen beim Gouverneur kann er schon nicht mehr mitkommen. Rathenau ist krank – wahrscheinlich hat er eine Magen-Darm-Erkrankung. Erst zwei Tage später, am 8. August, geht es ihm wieder besser. Er kann an der Weiterfahrt nach Sansibar teilnehmen. Indien, Arabien und Afrika berühren sich hier, schreibt er begeistert. Das Intermezzo der Krankheit hat ihn nicht entmutigt. Rathenau ist kein Schwächling, er kann einiges vertragen. Auf der zweiten Reise durch Deutsch-Südwest im Jahr 1908 wird er klaglos eine gefährliche Blutvergiftung überstehen.

Am nächsten Tag ist im deutschen Klub von einer drohenden Pest die Rede: »Dutzende unbewußter Pestkranker durchseuchen die Stadt.« Noch in der Nacht bricht die Reisegruppe übereilt nach Daressalam auf. Dort packt man die Koffer, um nach Mombasa weiterzureisen.

Auf der Bahnfahrt sieht Rathenau zum ersten Mal die Tiere Afrikas in freier Wildbahn: erst nur vereinzelte Hyänen und Gazellen, dann Herden von Gnus, Straußen, Büffeln, Antilopen und Zebras. Zu den Askaris, die er bereits aus Daressalam kennt, kommen nun die ersten hochgewachsenen Massaikrieger, die sein Vorurteil von den devoten und dümmlichen Negern auf die Probe stellen.

Hinter Nakuru beginnt der Dschungel. Rathenau fühlt sich plötzlich unwohl. Er verspürt Beklemmungsgefühle: »Wälder von Lianen überwebt [...] Ein Meer von erstarrtem Grün.« Am 14. August erreicht die Reisegruppe endlich den Viktoriasee, wo sie an Bord des Dampfers »Clement Hill« geht. Am folgenden Tag besucht man geschlossen den Markt der Kawirondo- und Nandistämme. Die Schwarzen in dieser Gegend tragen keine Kleider. Rathenau staunt: »Zum ersten Mal schöne Weiber.« Die Sicht auf die gutgewachsenen nackten Männer, die ihn nicht minder interessiert haben dürften, erwähnt er nicht – das Tagebuch ist als Grundlage für spätere literarische Arbeiten gedacht und wandert vielleicht einmal in ein Archiv ...

Die Inseln des Viktoriasees erinnern Rathenau an Capri. Nachts kann er nicht schlafen. Aus dem dunklen See kommen irritierende Laute. In einem Brief an die Mutter schreibt er: »... so kann ich kaum begreifen, daß dies ein Binnensee im tiefsten Afrika sein soll, scharf unter dem Äquator, und daß unter dieser Fläche zahllose Nilpferde und Krokodile hausen.«[88]

Am Freitag, dem 16. August, legt die »Clement Hill« in Entebbe an. Rathenau ist begeistert von der Vegetation. Neben den wuchernden Hügelgärten gibt es Alleen von Solanumbäumen in allen Violettabstufungen und Rosen, die dreimal blühen. Den Abend verbringt er in dem eben erst errichteten Gouvernementsgebäude auf den Hügeln: »Noch lange von der Veranda Blick über das dunkelnde Wiesenland, das in der sinkenden Dämmerung alle tropische Härte verliert und das erscheinen läßt, was allen stillen Ländern der Erde gemeinsam ist.« Der dunkle Kontinent hat ihn gefangengenommen.

Von Bukoba aus geht es weiter nach Muanza, einer Stadt inmitten riesiger Granitablagerungen. Die Nachricht, daß in den südwestafrikanischen Schutzgebieten der Schwarzenführer Morenga einen neuen Aufstand vorbereitet, trifft ein. Oberstleutnant Quade vom Schutztruppenamt muß die Expedition abbrechen und in das Krisengebiet eilen.

Die anderen setzen ihre Reise zu Fuß fort. Bis zum nächsten Etappenziel Tabora sind es etwa 125 Kilometer. Die Strecke führt immer entlang einer Telegraphenleitung, sie wird zu Fuß und auf acht Eseln und Maultieren zurückgelegt. Auch einen Tragestuhl hat man mitgeschleppt. Wahrscheinlich für den Delegationsleiter Dernburg. Bei einer wilhelminischen Expedition achtet man auch im Dschungel auf die Etikette der Heimat. Auf einem der wenigen erhaltenen Photos sieht man, daß Rathenau sich während der Pause auf dem abgestellten Tragestuhl niedergelassen hat. Er wirkt wie ein kleiner Junge, der sich ans Steuer des Wagens seines Vaters setzen darf.

300 Träger schleppen das Gepäck. 18 Tage waren für die Etappe veranschlagt. Die Gruppe schafft sie in zwölf Tagen. Das kostet Opfer: Den Journalisten Toeppen und Zimmermann schwinden die Kräfte; sie müssen nach Muanza zurückkehren. Am 1. September trifft die Expedition in Tabora ein. In der 37 000-Einwohner-Stadt bezieht Rathenau mit seinen Begleitern eine Hütte auf der Boma – einer kulissenartig abgestuften Höhe. Drei Tage bleiben sie dort.

Rathenau beschäftigt sich mit den Tänzen und Geschichten, die die Gefahren der Tierwelt behandeln. So hört er von einer Pythonschlange, die sich nachts angeschlichen und die angekettete Wildkatze verschlungen hat. Am Morgen lag die Schlange hilflos an der Kette. Auch von Löwen wird erzählt, die durchs Dach in die festen Hütten eindringen. Und davon, daß der stärkste Löwe des Rudels brüllt und die Beute aufscheucht, die dann in Panik der Löwin in die Fänge läuft.

Am Mittwoch, dem 4. September, macht sich die Expedition auf den Rückweg. Man wählt eine Route, die weiter östlich verläuft und beschwerlicher ist. Unterwegs steigen die Deutschen bei einem Sultan ab, der früher bei den Kolonialherren als Boy in Diensten gestanden hat. Er zeigt Rathenau sein Dienstbuch, in dem der Dienstherr säuberlich vermerkt hat: »Verläßt den Dienst, um den Thron seiner Väter zu besteigen.« So etwas beschäftigt Rathenau – er will in die Kultur, in das soziale Denken des Kontinents eintauchen. Die Klischees, die er aus Deutschland mitgebracht hat, die koloniale Vorstellung vom minderbemittelten, eindimensionalen Schwarzen, scheinen ihn daran nicht zu hindern.

Am 16. September gibt es den ersten Regen. Zwei Tage später erreicht die Expedition nach einem achtstündigen Gewaltmarsch von Missungi aus endlich wieder Muanza. Doch trotz der Ermüdung macht die Reisegruppe schon am nächsten Tag einen Ausflug nach Shirati am Ostufer des Viktoriasees, wo sie in der Nacht einem Kriegstanz von 500 Wagayakriegern beiwohnt: »Im wechselnden Mondschein zahllose schwarze Gestalten, meterhoher Kopfschmuck. Felle, turmartig, durch Straußenfedern ins Phantastische erhöht, schwarze Bekrönungen wie die Bärenmützen der englischen Garde [...] Figuren von Donatello, so auch die Schilde aus Büffelhaut, bemalt, viele Rinder wert. Ein Wald von zwölffüßigen Lanzen mit ellenlanger Spitze.«[89] Rathenau ist tief beeindruckt, aber nicht verängstigt. In seinen Tagebüchern aus Afrika schimmert niemals auch nur für einen Augenblick Angst durch, auch nicht in dramatischen Situationen wie während einer Massenpanik, in die Rathenau in der Felsenstadt Aden gerät, als ein schmaler Felsdurchgang von Kamelwagen gestürmt wird.[90]

Die Deutschen setzen ihre Reise über den Viktoriasee und mit der Ugandabahn in Richtung Mombasa fort. Am 24. September sind sie wieder in der Nähe der Küste, in Tanga. Schon am Tag darauf machen sie sich durch Sisalfelder an den Aufstieg zum weit über 2000 Meter hohen Usambaragebirge. Hier oben, in der wegen ihrer Artenvielfalt besonders reizvollen Gebirgslandschaft des heutigen Tansania, hatten die Deutschen fünf Jahre zuvor eine landwirtschaftliche und biologische Versuchsanstalt errichtet. Rathenau und seine Begleiter brauchen zwei Tage, bis sie die Amanistation erreichen. Von hier aus soll die Landwirtschaft in Ostafrika modernisiert werden. Doch der Reisende interessiert sich wieder mehr für die Natur als für die landwirtschaftlichen Erfolge seiner Landsleute: »Scharfe, amassierte, geschnittene Felsen blau aus den Berglücken leuchtend. Sonnenspiel in der Nähe. Fernblick von zwei Seiten, blaue Ebene, verschwimmend das Meer.«[91]

Über den Gebirgskamm marschiert die Gruppe weiter nach Niussi. Dort besteigen die Deutschen nach den strapaziösen Fußtouren wieder die Eisenbahn, um nach Mombo zu gelangen. In der kleinen Stadt leben Europäer, die Landwirtschaft betreiben und Wild jagen. Rathenau entrüstet sich über ihren Umgang mit den Einheimischen (»Widerliches Treiben der Abenteurer«).

Über Lushoto, das damals »Wilhelmsthal« hieß, gelangen die Reisenden in einer Seitenexkursion bis nach Kwai. Dort besucht die Delegation den Domänenpächter Ludwig Illich. Illich versucht den hohen Berliner Beamten für eine weitere Ansiedlung deutscher Bauern in Ostafrika zu begeistern. Doch Dernburg ist skeptisch, er will von dem Pächter wissen, wie er die Entwicklungschancen deutscher Siedler in seinem Gebiet beurteilt. Darauf antwortet Illich: Die erste Generation wird draufgehen, die nächste aber wird sich akklimatisieren.[92]

Diese Vision macht so viel Eindruck auf Dernburg, daß er gleich nach seiner Rückkehr nach Berlin dem Kanzler Bülow davon berichtet. Der flapsige Ausspruch des Pächters Illich hat die ganze Delegation aufgerüttelt. Dernburg und Rathenau sehen die Problematik des Verschleißes an Menschen fortan differenzierter: Sie warnen davor, weiter Siedler nach Ostafrika zu schicken, die den Gegebenheiten dort nicht gewachsen seien.

In einem Tag gelangt die Reisegruppe von Kwai über Wilhelmsthal und Mombo bis nach Tanga. Von dort geht es am 3. Oktober per Schiff weiter nach Daressalam. Bei der nächtlichen Überfahrt hat Rathenau Visionen: »Wellengeriesel. Empfindung, daß nichts Tragendes vorhanden. Schritte der Neger im Wasser.« Rathenau sieht weiße Gestalten im Wasser – Seegespenster. Er atmet erst auf, als das Schiff am Freitagmorgen, dem 4. Oktober, Daressalam erreicht.

Neun Tage verbringt Rathenau mit seinen Reisegefährten in der Stadt am Meer. Man führt weiter Sondierungsgespräche und unternimmt eine Exkursion mit der Stichbahn nach dem etwa 200 Kilometer landeinwärts gelegenen Morogor, wo man den Weiterbau der Zentralbahn berät. Am 13. Oktober 1907 sticht Rathenau dann endlich an Bord des Dampfers »Prinzregent« in See. Er braucht 17 Tage für die Rückkehr nach Berlin.

Dort angekommen, setzte sich Rathenau umgehend an seinen Bericht über die Ostafrikaexpedition.

Er brannte darauf, der Welt oder zumindest denen, die ihn auf diese Reise geschickt hatten, mitzuteilen, was er gesehen und welche Folgerungen er daraus gezogen hatte. Es handelte sich bei ihm nicht nur um den gesunden Drang, von dem Erlebten in den exotischen Gefilden zu berichten: Rathenau will zeigen, wie sein analytischer Geist sich durch die zur damaligen Zeit geradezu sensationelle Reise hat anregen lassen. Er will beweisen, daß er der richtige Mann für eine Schlüsselposition wäre – weit über die Belange des kleinen Reichskolonialamts hinaus.

Dernburg und Rathenau hatten vereinbart, daß sie beide ihre Eindrücke und Folgerungen für eine künftige deutsche Kolonialpolitik niederschreiben würden. Schon am 15. November, also nach gut zwei Wochen, konnte Rathenau seinen Bericht abliefern. Er hatte seiner Sendung ein persönliches Anschreiben beigelegt, in dem es hieß: »Die Gedanken der beigefügten Blätter sind Ihnen nicht fremd. In der Morgenfrühe der Märsche, an den Abenden vor unseren Zelten, auf den Bahnstrecken von Uganda, auf den Fahrten über den Viktoriasee und den Indischen Ozean sind in langen Stunden der Wechselgespräche diese Sätze aufgetaucht, geprüft, gebilligt, manchmal verworfen und wieder hervorgesucht worden. Was ein jeder von uns zuerst angeregt oder ausgerufen, das kann und soll heute nicht mehr ermittelt werden. Vereint, wie sie entstanden, mögen unsere Meinungen niedergelegt bleiben als ein Zeugnis gemeinsamer Arbeit, Sorge und Zuversicht.«[93]

So konziliant diese Sätze daherkommen, sie klingen gerade in der Überbetonung der Harmonie nach einem schwelenden Zerwürfnis. Rathenau war ein geduldeter Gast der staatlichen Expedition gewesen. Dernburg hatte als offizieller Delegationsleiter fungiert, ihm stand es als erstem zu, ein Fazit zu ziehen und der Politik Ratschläge zu erteilen. Daß Rathenau seine eigenen Einsichten mit der Erklärung einleitet, es sei unmöglich, aber auch unerheblich, jetzt noch festzustellen, wer von ihnen beiden zuerst auf einen Gedanken gekommen sei, zeugt zumindest von einem schlechten Gewissen, wenn nicht sogar vom Wissen, daß er hier auf fremdem Terrain agiert. Er rechnet offensichtlich mit dem Vorwurf, er wolle sich nach vorne drängen, wolle den Freund und Gönner Dernburg geradezu überrennen mit seinem Afrikabericht.

Dernburg zögerte dennoch nicht, dem Kanzler Bülow Rathenaus Memorandum, seinen Begleitbrief sowie seine eigene Denkschrift zur Reise in die Kolonialgebiete zu übergeben. Er betonte dabei, daß seine Erwartungen in Rathenaus Mitarbeit »in vollem Umfang in Erfüllung gegangen seien«[94]. Auch schilderte Dernburg dem Kanzler gegenüber die besondere Leistung Rathenaus: Dieser habe die anstrengende Reise auf eigene Kosten unternommen und keine Strapazen gescheut, um sich einen intensiven Eindruck von den Problemen Ostafrikas zu verschaffen.

Dernburg bat Bülow inständig, sich beim Kaiser dafür einzusetzen, Rathenau für seine Verdienste um die Kolonialpolitik eine »allerhöchste Auszeichnung« zu verleihen. Man kommt nicht umhin, sich über so viel Fairneß zu wundern. Dernburg war ein wirklicher Freund Rathenaus.

Rathenau war also für einen hohen Verdienstorden vorgesehen. Endlich hatte man erkannt, daß der Sohn des AEG-Gründers ganz im Sinne des Reiches handelte und seine persönlichen Interessen zurückstellte, wenn es um Staatsziele ging. Durch die strapaziöse Ostafrikareise hatte Rathenau die Quarantäne durchbrochen, die man in den höchsten Kreisen seit Jahren über ihn verhängt zu haben schien: wegen seiner bürgerlichen Abkunft, wegen seiner jüdischen Religion, auch wegen seiner des öfteren geäußerten radikalen Ansichten und vielleicht sogar wegen seiner verdeckten Homosexualität. Rathenau schien mit 40 Jahren endlich am Ziel seiner langen Reise angekommen zu sein.

Doch so einfach war es nicht. Als die Absicht publik wurde, Rathenau derart auszuzeichnen, erhob sich rasch Widerspruch. Es zeigte sich erneut, daß er sich mit seinem intellektualisierten und selbstbewußten Habitus viele Feinde gemacht hatte.

Einen Grund zu finden, der gegen eine höchste Staatsauszeichnung sprach, war in einem halbfeudalen System der Abhängigkeiten und Loyalitäten nicht schwierig. Im Reichskanzleramt gab es einen Vortragenden Rat namens Arnold Wahnschaffe. Dieser hohe Beamte hatte Rathenau auf dem Kieker. Am 23. November 1907 wandte er sich in der Sache der Ordensverleihung schriftlich an Kanzler Bülow.

Wahnschaffes Argumentation war einfach und böse: Rathenau sei schließlich bis vor kurzem einer der maßgeblichen Männer der Berliner Handelsgesellschaft gewesen. Die Berliner Handelsgesellschaft habe nachweislich Geschäftsverbindungen ins Ausland unterhalten – nämlich nach Warschau, zur polnischen Zentral-Genossenschaftsbank. Dieses Geldhaus habe, so Wahnschaffe, bekanntermaßen die deutsche Ostmarkpolitik maßgeblich behindert. Ergo habe die Berliner Handelsgesellschaft Geschäfte mit einem Feind des Deutschen Reiches gemacht. Ergo sei der ehemalige Geschäftsführer des Berliner Hauses ein Feind des Reiches und dürfe auf keinen Fall den hohen Verdienstorden erhalten, den man für ihn vorgesehen habe.[95]

Ein dermaßen scharfes Veto auf dieser hohen Ebene hätte normalerweise genügt, um Rathenaus Karriere abrupt zu beenden. Doch Wahnschaffes Intrige scheiterte an Bülow, dem Kanzler. Dieser ignorierte – von Dernburg auf die besonderen Fähigkeiten und den Opfermut Rathenaus eingestellt – die Eingabe seines Untergebenen und leitete Rathenaus Afrikabericht und Dernburgs Ordensgesuch an den Kaiser weiter. Schon am 28. November, fünf Tage nach der Intervention Wahnschaffes, nahm Bülow Rathenau zum Kaiser mit. Der Blick des Kaisers ruhte gnädig auf seinem verdienten Untertanen – und Rathenau bekam zum Ordensfest am 18. Januar 1908 den Kronenorden II. Klasse.

Ein Erfolg. Doch Rathenau fragte sich: Wieso nur zweiter Klasse?

Der Kronenorden – eine nicht gerade erstklassige Kategorie, und davon dann auch nur die II. Klasse. Rathenau, der bis zu seinem afrikanischen Abenteuer kaum Anstrengungen unternommen hatte, einen preußischen Orden verliehen zu bekommen, war tief gekränkt. Und wie so oft in diesen Fällen ging er nicht den naheliegenden Weg – nämlich sich den sekundären Charakter des Vorgangs vor Augen zu führen und die Sache schnellstens zu vergessen. Immerhin war die Kunde von seiner Leistung bis zum Thron vorgedrungen. Man kam in der Kolonialpolitik an seinem Urteil nicht mehr vorbei – und vielleicht würden sogar weitere große Aufgaben folgen. Was spielte da ein formaler Vorgang wie die Ordensverleihung für eine Rolle?

Rathenau hatte sich für die Interessen des Reiches aufgerieben, war auf eigene Kosten nach Ostafrika gefahren, hatte sich durch den Dschungel gekämpft, um sich ein Bild von der Lage in den Kolonien zu machen. Er hatte seine kompetenten Ansichten für die Politiker zu Hause in einer Denkschrift artikuliert, die allenthalben Beifall fand. Da konnte er einen Orden zweiter Klasse nur als einen weiteren Affront der preußischen Aristokratie gegen ihn, den Emporkömmling und Juden, ansehen.

Rathenau machte sich umgehend die Denkweise der »Ordensstrategen« am kaiserlichen Hof zu eigen. Er akzeptierte ihre Sprache, ihre Rituale und ihre Maßeinheit für die Verdienste eines ausgezeichneten Deutschen. Und er kämpfte dafür, in den Augen der maßgeblichen Hofkamarilla als ausgezeichneter Deutscher dazustehen.

So begann ein erbitterter Ordenskampf. Rathenau wollte die Orden, die man ihm vorenthielt und die ihm seiner Meinung nach zustanden. In den nun folgenden Jahren, auch während des Krieges und damit bis zum Zusammenbruch des preußischen Ordenswesens, ließ er nicht locker. Neben seinen industriellen und politischen Aktivitäten fand er immer Zeit und Kraft zum Antichambrieren an der »Ordensfront«. Die Frage der Orden wurde bei ihm ebenso zu einer Frage der Selbstachtung wie 20 Jahre zuvor die Offizierslaufbahn, die man ihm verwehrt hatte.

Trotz der Verbitterung über die nur halbherzige Gnade, die man ihm am Hof zu gewähren bereit war, konnte er die afrikanischen Pfründe nicht verkommen lassen. Rathenau kehrte zwar in die Wirtschaft zurück und ließ sich wieder für die Ziele der AEG einspannen, nachdem ihm der Quereinstieg in die Politik über Ostafrika nicht so gelungen war, wie er sich das gewünscht hatte – aber er blieb hartnäckig. Der nächste Schritt – neben der durch die Benachteiligung erst geweckten, weitgehend irrationalen »Ordenswut« – war eine schriftliche Aufarbeitung der afrikanischen Überlegungen. Rathenau begnügte sich jedoch nicht damit, seine Hausarbeiten pflichtgemäß bei Dernburg abzuliefern und darauf zu hoffen, daß dieser sie dem Kaiser mit dem nötigen Nachdruck unterbreiten würde. Seine »Erwägungen über die Erschließung des Deutsch-Afrikanischen Schutzgebietes« erschienen in Auszügen in Hardens *Zukunft*.[96]

Bei aller Reserve gegenüber der Bereitwilligkeit Rathenaus, sich mit der kaiserlichen Kolonialbürokratie einzulassen – die Gelegenheit, seinen Lesern exklusiv zu liefern, was man bei Hofe aus erster Hand über Afrika las, wollte Harden sich nicht entgehen lassen. Und um die Bedeutung seiner Äußerungen doppelt zu unterstreichen, nahm Rathenau den Text auch in einer Sammlung auf, die 1908 bei Hirzel in Leipzig unter dem Titel *Reflexionen* erschien, nach den unseligen *Impressionen* sein zweites Buch.

Schon während der letzten Tage in Daressalam hatte Rathenau der begleitenden Presse gegenüber durchblicken lassen, welche Konsequenzen er aus seinen Beobachtungen und Gesprächen zog. Dem Journalisten Zimmermann hatte er gesagt, er sehe keine »volkswirtschaftliche Notwendigkeit für eine neue private Kapitalanlage in der Kolonie«. Vielmehr müsse man sich darauf konzentrieren, den Handel und die einheimische Wirtschaft in Ostafrika zu fördern, sich also mit den bestehenden Möglichkeiten zu arrangieren und nicht noch mehr Geld aus Berlin in den Schwarzen Kontinent zu pumpen.

Zimmermann – wohl eher eine Art Aufpasser des deutsch-nationalen Lagers als ein unabhängiger Korrespondent – schäumte sofort vor Wut. Er warf dem »Oberstaatssekretär«, wie er Rathenau devot titulierte, vor, kein Verständnis für den gesunden Expansionsdrang der Jungdeutschen zu haben und den Vorstellungen des freisinnigen Kolonialkritikers Eugen Richter anzuhängen.[97]

Rathenau muß einen Schreck bekommen haben, als er aus dem Troß der Delegation heraus derart harsch kritisiert wurde. Aber eigenartigerweise sprang ihm der Delegationsleiter Dernburg noch in Daressalam hilfreich zur Seite und tadelte den Journalisten

Zimmermann nach allen Regeln der kaiserlichen Bürokratie: »Es ist ein sprödes Land, wenn man es seiner natürlichen Bestimmung überläßt; ein schlechtes Land für europäische Experimente. Ein gutes Land für Kaufleute; ein schlechtes für Landwirte. Besonders übel werden in ihm stets die kleinen Ansiedler daran sein. Denn für den Export können sie nicht bauen, und Lebensmittel auch nicht, weil die Schwarzen keine kaufen.«[98]

Diese angesichts der Berliner Kolonialeuphorie mutige Linie verfolgte Rathenau auch in seiner Denkschrift – wobei es, wie er schon in dem Begleitbrief an Dernburg vermerkt hatte, kaum noch möglich war festzustellen, wer zuerst diese doch eher bittere Folgerung aus der gemeinsamen Expedition gezogen hatte: er oder der Kolonialamtschef.

Rathenau sieht die Lage in Ostafrika erstaunlich realistisch. Er weist auf die klimatischen Probleme der Region hin und auf die dünne Population. Zwar sieht er das »wertvollste Produkt« des Landes in seinen Menschen, doch weiß er auch um deren Probleme: Die Bevölkerung in Deutsch-Ostafrika wächst sehr langsam, da sie von zahlreichen Krankheiten bedroht wird.

Es werden vereinzelt Rohstoffe gefunden, doch Rathenau sieht in ihrer Exploitation wenig wirtschaftlichen Sinn. Zwar gibt es zahlreiche Plantagen, aber für Ansiedlungen von Arbeitern werden kaum Mittel investiert. Die Handelsbilanz der Region sieht nicht schlecht aus. Doch fressen die Investitionen und die hohen Verwaltungskosten fast jeden Profit auf. Rathenaus Fazit lautet deshalb: »So muß das Land im wesentlichen als unerschlossen gelten, und die Schwierigkeiten, die sich der Erschließung entgegenstellen, müssen dauernd vor Augen bleiben.« Auch der alldeutschen Träumerei erteilt Rathenau eine Absage: Die Vorstellung, daß man überschüssige deutsche Arbeitskräfte in die Kolonien transferieren könne, hält er für illusorisch (»antiker kolonialer Gedanke«). Er sieht eher das Problem, daß es im Reich bei gleichbleibend intensiver industrieller Entwicklung bald einen dramatischen Mangel an Arbeitskräften geben könnte.

Auch das von Otto von Bismarck, der eigentlich ein Kolonialgegner war, in seinen Wahlkämpfen gerne aufgegriffene Argument, Kolonien verschafften dem Reich neue Absatzmärkte, widerlegt Rathenau kühl: Wenn man auf dem Weltmarkt nicht konkurrieren könne, sei es auch unsinnig, »unseren eigenen Kolonien überteuerte Produkte aufzuzwingen«. Ebenso hält er denen, die glauben, die Kolonien könnten das Rohstoffproblem des Reiches lösen, entgegen: Warum sollte der deutsche Konsument seine Rohstoffe aus Kolonien teuer bezahlen, wenn er sie auf dem Weltmarkt günstig bekommen kann?

Auch wenn Rathenaus koloniale Bestandsaufnahme so klingt, als wolle er alle überseeischen Aktivitäten des Reiches stoppen, so sieht er das Problem rein wirtschaftlich. Eine humanistische Perspektive nimmt er nur am Rande ein – als private Impression. So beklagt er den schlechten gesundheitlichen Zustand der Schwarzen. Aber dieser Zustand ist für ihn nur ein Faktor in seiner wirtschaftlichen Bilanz. Eine ethische Forderung an die Kulturvölker, den Naturvölkern zu helfen, ihre miserable Lage zu verbessern, stellt er nicht. Im Gegenteil: Grundsätzlich sieht er es als statthaft an, die fremden Volksstämme in ein strenges deutsches Wirtschaftssystem einzugliedern – insofern respektable Vorteile für die Heimat erzielt werden können. Da das seiner Berechnung nach unter den gegebenen Umständen nicht eintreten kann, verwirft Rathenau diese Möglichkeit. Aber auch nur deshalb.

Eine sinnvolle Fortführung der unentschiedenen deutschen Kolonialpolitik hält Rathenau nur dann für erwägenswert, wenn sich ihre Methoden ändern. Er unterscheidet zwei grundsätzliche Kolonialkonzepte: das agrarische und das kommerzielle. Agrarisch bedeutet: In den Plantagen werden die Einheimischen als »passive Hilfsmittel« unter Anleitung der Europäer eingesetzt. Die kommerzielle Methode hingegen setzt auf selbständiges Arbeiten und Wirtschaften der Eingeborenen, unter der Führung und Vermittlung ihrer Kolonialherren.

Da Rathenau aus rein wirtschaftlichen Motiven zur zweiten Methode hin tendiert, macht er sich Gedanken über die Fähigkeiten der Schwarzen: Sind sie überhaupt dazu in der Lage und willens, »erweiterte materielle Bedürfnisse« zu entwickeln – die Voraussetzung für eine Eingliederung in den europäischen Kapitalismus?

»Der Neger ist nicht nur nicht bedürfnislos, sondern ausgesprochen begehrlich, vorausgesetzt, daß ihm neue faßliche Besitztümer nähergebracht werden und er die Vorstellung gewinnt, daß sie ihm erschwinglich seien.«[99]

Rathenau glaubte beobachtet zu haben, daß dort, wo die englische Ugandabahn durch deutsche Gebiete verläuft, sich schnell ein wirtschaftlicher Aufschwung entwickelt hat. Zwar neigten die »Neger« im Gegensatz zum »Okzidentalen« zum Schlendrian, aber die Eingeborenen leisteten als Landwirte dennoch gute Arbeit. Da sie aber gewohnt seien, beherrscht zu werden, und die deutschen Kolonialisten aus einer Schicht stammten, die zu Hause das Herrschen nie gelernt hätten, stünden sich in Deutsch-Ostafrika zwei Gruppen gegenüber, die wenig miteinander anzufangen wüßten. Zudem seien die Erträge der bestehenden Plantagen nicht üppig, erklärt Rathenau lakonisch.

Dem Großkapital hingegen stellt Rathenau zaghaft gewisse Erträge im Bereich des Handels, des Bergbaus und der Industrie in Aussicht. Der Eingeborene aber bleibe das »wertvollste Aktivum des Landes«. Deshalb müsse sich eine zukünftige Kolonialpolitik auch mehr um die Menschen kümmern als um die Vegetation oder das Klima.

Wichtig erscheint Rathenau allerdings, daß diejenigen Schwarzen, die sich in ein Sozial- und Gesundheitssystem deutscher Prägung eingliedern wollten, eine »rückhaltlose Bekennung zur deutschen Regierungsgewalt« abzulegen hätten. Weiter müsse sich eine Zentralregierung um die Optimierung der Produktionsmethoden, der Infrastruktur und der Verwaltung durch speziell auf die Verhältnisse geschulte Kräfte kümmern. Solche Maßnahmen seien jedoch nicht mit einem humanitären Programm zu verwechseln: »Bei diesen Erwägungen muß dauernd vor Augen stehen, daß wirtschaftliche Ziele mit wirtschaftlichen Methoden zu erreichen sind; bei aller Förderung und Fürsorge für die eingeborene Bevölkerung muß dieser Grundsatz, ungetrübt von sentimentaler Gefühlspolitik, der leitende bleiben.«[100]

Rathenau verurteilt die Kolonialisten, die sich gleich nach ihrer Ankunft eine Nilpferdpeitsche kaufen, um sich damit den Schwarzen verständlich zu machen. Dennoch hält er die Prügelstrafe als gerichtliche Strafe vorerst für unentbehrlich – zumal die Engländer sie intensiv anwenden. Rathenau ist sowieso der Meinung, daß man in kolonialen Dingen von den Briten nur lernen könne. Allerdings beklagt er auch, daß von dem Züchtigungsrecht, das Plantagenbesitzer und Karawanenführer gegenüber ihren schwarzen Arbeitern hätten, nach Belieben und über Gebühr Gebrauch gemacht würde, ohne daß die kolonialen Gerichte dagegen vorgingen.[101]

Eigentlich müßte sich der Weiße in Afrika als Träger und Überbringer seiner Kultur verstehen, findet Rathenau. Er hatte allerdings in Usambara und Morogoro erfahren, daß Plantagenbesitzer der Meinung waren, Afrikaner seien zur Arbeit auf den Plantagen verpflichtet – ähnlich wie deutsche Kinder zum Schulbesuch. In solch notdürftiger Kaschierung von Privatinteressen sieht Rathenau einen Bruch der kolonialen Verantwortlichkeit. Noch schlimmer sind in seinen Augen von den deutschen Stellen geduldete Fälle von Leibeigenschaft. So seien in Tabora Schwarze gegen ihren Willen aus den Dörfern weggeführt und zur Arbeit gezwungen worden, beklagt er. Hier wird deutlich, wo Rathenau die Grenzen wirtschaftlicher Freiheit ansetzt: Dort, wo es nur noch einen gibt, der Vorteile hat, muß der Staat einschreiten.

Wichtig sei eine kluge Entwicklung der Eingeborenenwirtschaft, die sich noch in einer primitiven Verfassung befinde. Rathenau glaubt, daß sie zu einem mächtigen ökonomischen Faktor werden könne, wenn die Europäer ihr den richtigen Weg zeigten. Erster Schritt sei eine Hinführung der Kolonien zum Zustand des »self-supporting«, in dem die Eingeborenen ihren Haushalt aus eigener Kraft in Balance hielten. Dafür müsse das Reich sich aber entschließen, die kolonialen Kosten für die Abfindung der Deutsch-Ostafrikanischen Gesellschaft und das Militär selbst zu tragen und nicht der Wirtschaft aufzubürden. Ist die Kolonie erst zu einem selbständigen wirtschaftlichen Organismus geworden, so kann sie sich auch ohne Garantie des Reiches selbst mit Finanzmitteln versorgen. Damit schlägt man Rathenau zufolge zwei Fliegen mit einer Klappe: Das Reich ist eine enorme finanzielle Bürde los, und den Kritikern des Kolonialismus nimmt man so den Wind aus den Segeln.

Schon hier zeigt sich Rathenaus später weiterentwickelte und in der Kriegspraxis erprobte Wirtschaftskonzeption: Der Staat sorgt für ideale Rahmenbedingungen und verhindert ökonomische Auswüchse, die zu sozialer Schieflage führen. Er muß dabei die privatwirtschaftlich arbeitenden Betriebe mit strenger, aber nicht einengender Hand dirigieren. Den Unternehmen ist dadurch die Freiheit gelassen, unter besten Bedingungen zu wirtschaften und so der Allgemeinheit zuzuarbeiten, indem sie Geld in den Staatssäckel spülen und soziale Unruhen verhindern.

Allerdings sieht Rathenau in den aus der Mittelschicht stammenden Kolonisatoren nicht immer die geeigneten Charaktere für einen »aufgeklärten« Kolonialismus: Mal fehlt ihnen das Verantwortungsbewußtsein des Unternehmers, mal sind sie zuwenig geübt im straffen Umgang mit Untergebenen. Die Engländer hingegen seien durch jahrhundertelange Übung mühelos dazu in der Lage, jedes Stück Land, das sie berühren, sofort zu einem »Stück Großbritannien« zu machen, findet Rathenau. Da hätten seine Landsleute noch viel nachzuholen. Andere Tugenden, die die Kolonien dringend bräuchten, habe der Deutsche dagegen seiner Meinung nach in Hülle und Fülle: »Mut und Hingebung, Idealismus und Nachhaltigkeit.«[102]

Rathenau hofft also, daß die Erziehung zur Kolonisation dem deutschen Geist ein neues Terrain erschließt, das »seiner irdischen Mission entspricht«. Und ein solches Volk, so Rathenau, brauche das Reich auch für den nächsten großen Kolonisationsschritt: die Kolonisierung der »heute von dekadenten Rassen und Staatswesen beherrschten Gebiete«.

Hier, am Schluß des sonst so moderaten Reiseberichts an den Kaiser, macht sich Rathenau unversehens zum Fürsprecher einer Politik, die zum Krieg führen sollte. Denn im Blick dieser neuen Phase stehen keine unterentwickelten afrikanischen Stämme, sondern ost- und westeuropäische Nationalstaaten, die sich dieser Position gegenüber zur Wehr setzen werden.

Auch wenn das eigentlich nicht sein Ton ist und er, als das Unheil dann aufzieht, vehement gegen den drohenden Krieg argumentiert – Rathenau schlägt im Herbst 1907 die Trommel, um seine positive Aufnahme bei Hofe zu befördern. Zum ersten Mal wird eine unheilbringende Ader sichtbar: Rathenau läßt sich gerne mitreißen, wenn es um Machtphantasien geht, und er schreckt auch nicht vor riskanter Mimikry zurück, wenn er sich Vorteile davon verspricht. Diese Charakterschwäche sollte ihm noch erhebliche Probleme bereiten, ja, sie hätte sein Lebenswerk beinahe zerstört.

Vorerst erreicht Rathenau sein wichtigstes psychologisches Ziel: Er überzeugt mit dem Abschlußbericht den Kanzler Bülow und sogar den Kaiser davon, daß er ein kreativer Kopf ist, der wirtschaftliche Einsichten in politische Handlungsanweisungen umformulieren und ein komplexes Gebiet wie die Kolonialpolitik von allen Seiten durchdringen und reformieren kann.

Allerdings lief nicht alles so glatt wie erwartet. Die Ordensaffäre war nur ein Rückschlag. Hinzu kam, daß Rathenau trotz des Rummels um die Dernburg Expedition schnell realisieren mußte, daß die Unternehmung keine wirklichen Konsequenzen zeitigte: Das kaiserliche System war viel zu verfestigt, viel zu sehr mit sich selbst und seinen außenpolitischen Obsessionen beschäftigt, als daß Dernburgs Einsichten eine Chance gehabt hätten, sich in einer ernstzunehmenden Kolonialreform niederzuschlagen.

Als Freunde hätten Dernburg und Rathenau ihre Reise nach Ostafrika angetreten, doch unterwegs hätten sie sich auseinandergelebt, so munkelte man in Berlin.[103] Gleich nach ihrer Rückkehr erzählte man sich in Dernburgs Kolonialamt hinter vorgehaltener Hand, der Chef habe es als ganz besonders belastend empfunden, daß der Industrielle Rathenau, der doch nur auf seine Fürsprache hin hatte mitreisen dürfen, sich in Afrika nicht so benommen habe, wie man es von einem Gast habe erwarten können. So habe Rathenau keine Gelegenheit ausgelassen, »sich allen Mitreisenden durch unausgesetztes Selbstbespiegeln, Überheblichkeit und fortwährendes Selbstlob unausstehlich« zu machen.

Rathenau hingegen machte bei seinen Auftritten in den Salons der Reichshauptstadt keinen Hehl daraus, daß er Dernburgs Verhalten auf der Expedition als äußerst unpassend empfunden habe. So habe der Kolonialminister es für nötig gehalten, selbst in der Wildnis seinen Bratenrock und das weiß- und rotgeränderte Band des »Zanzibarischen Ordens vom Strahlenden Stern« zu tragen.[104] Und das bei der mittlerweile notorischen Empfindlichkeit Rathenaus in Ordensangelegenheiten.

Was Rathenau sicher gegen seinen politischen »Reiseleiter« eingenommen hatte, war die hierarchische Verteilung der Rollen: Dernburg war der höchste Kolonialbeamte des Reiches, er fungierte als Delegationsleiter, und er war Ansprechpartner aller Würdenträger, auf die man traf. Das schlug sich auch in Äußerlichkeiten nieder: Dernburg führte das Wort bei den Gesprächen, während Rathenau als nichtbeamteter Berater am Rande stehen und warten mußte, bis man ihn etwas fragte. Bei den schwierigen Etappen der Fußmärsche wurde eine Sänfte mitgeführt, die für Dernburg bestimmt war. Sie wurde als landesübliches Zeichen des hohen Ranges angesehen, den Dernburg einnahm.

Das Photo, das Rathenau zeigt, wie er während einer Verschnaufpause am Rand der Steppe verschämt in der leeren Sänfte sitzt und die Beine ausstreckt, sagt alles über die Hackordnung in Ostafrika. Rathenau, der in der Industrie allerhöchste Weihen erlangt hatte und es gewohnt war, bei Konferenzen die erste Geige zu spielen, wurde mit dieser politischen Spielregel nicht fertig. Er war es nicht gewohnt, sich unterzuordnen. Deshalb seine Berliner Ausfälle gegen den unschuldigen Dernburg.

Sehr tief scheint das Zerwürfnis zwischen den Reisegefährten allerdings nicht gewesen zu sein, denn nur ein knappes Jahr später brachen sie gemeinsam zu einer zweiten Expedition auf – zu ihrer Reise durch Deutsch-Südwest.

Deutsch-Südwest

Walther Rathenaus zweite Reise führte ihn in ein politisch schwierigeres Terrain als Ostafrika. Seit Anfang des 19. Jahrhunderts stießen die britischen Interessen am Kap mit denen der Burenstaaten Transvaal und Oranjefreistaat zusammen. Besonders Transvaal, das sich seit 1884 Südafrikanische Republik nannte, war umstritten – wegen seiner immensen Vorkommen an Gold. Die alteingesessenen Buren weigerten sich, den in großer Zahl in ihr Land strömenden Engländern die Bürgerrechte zuzugestehen. Deshalb ermutigte der Premierminister der britischen Kapkolonie, Cecil Rhodes, 1895 den Abenteurer Leander Jameson, mit 500 Mann in Transvaal einzufallen, um sich dort den Zugriff auf die Bodenschätze zu sichern. Die Invasion scheiterte – und der deutsche Kaiser gratulierte dem Burenkönig Ohm

Krüger zu seinem Sieg, was das Verhältnis zwischen London und Berlin dramatisch verschlechterte. Die Briten stürzten sich nach dem mißlungenen Jameson-Raid wütend in einen Krieg gegen die Buren, den sie 1902, also sechs Jahre vor Rathenaus Expedition, gewannen.

Verglichen mit Frankreichs und Britanniens Besitzungen in Afrika waren die vom Deutschen Reich gehaltenen Gebiete winzig. Der Bremer Kaufmann Adolf Lüderitz hatte kleine Streifen an der Westküste – Togo und Kamerun – erworben. Auch das Gebiet um Angra Pequena, westlich der britischen Einflußsphäre in der Kapprovinz, hatte Lüderitz einheimischen Stämmen abgekauft. Die Kolonien wurden Lüderitzbucht und Lüderitzland genannt.

1884 hatte sich Berlin auf Druck der Öffentlichkeit hin gezwungen gesehen, die Güter der Kaufleute unter staatlichen Schutz zu stellen. Das deutsche Kanonenboot »Nautilus« unter Vizeadmiral Richard Aschenborn ankerte vor der Küste Südwestafrikas. 1885 kam noch das Gebiet südlich des Viktoriasees dazu, das Carl Peters in Ostafrika erworben hatte.

Im Helgoland-Sansibar-Vertrag von 1890 hatten sich England und Deutschland darauf geeinigt, daß Helgoland ans Reich zurückgehe, während die Briten sich dafür das Sultanat Sansibar einverleibten. Der Vertrag wurde in Deutschland als eine Fehlleistung angesehen, da die britischen Vorteile größer waren als die deutschen. Selbst in London witzelte man, Berlin habe einen Anzug gegen einen Hosenknopf eingetauscht, was die Wut der expansionsfreudigen Alldeutschen noch mehr anheizte.

Als Rathenau 1908 seine zweite Reise unternahm, waren die Einflußzonen am Kap bereits klar abgesteckt. Nichtsdestotrotz erwartete man zu Hause eine offensive Haltung der Politiker gegenüber den Problemen der Schutzgebiete. In Deutsch-Südwest hatten Aufstände stattgefunden – und die Hardliner in Berlin forderten vom Kaiser mindestens die gleiche Härte, wie sie die erfahrenen Kolonialstaaten England und Frankreich afrikanischer Unbotmäßigkeit gegenüber an den Tag legten.

Rathenau brach im Mai 1908 – also nur ein halbes Jahr nach seiner Rückkehr aus Ostafrika – erneut auf. Diesmal allerdings mit weit weniger Zuversicht. Er hatte mittlerweile nicht nur die schwerfällige deutsche Kolonialleitung kennengelernt. Er hatte auch erfahren müssen, daß die Euphorie, die ihn auf dem afrikanischen Kontinent erfaßt hatte, nicht lange angehalten hatte. So waren außer dem offiziellen Bericht an Dernburg und den Kanzler, zu dem er als halboffizieller Teilnehmer quasi verpflichtet war, keine publizistischen Arbeiten aus den weitreichenden Reisenotizen entstanden. Das quälte ihn vor allem angesichts der großen Visionen, die er entwickelt hatte, als er in der afrikanischen Wildnis unterwegs gewesen war. Er fürchtete, auf der zweiten Reise ebenso umfangreiche Notizen zu sammeln und sie dann wieder erkalten zu lassen »wie Omelette, das man nicht rechtzeitig verzehrt«[105]. Dementsprechend zurückhaltend verhielt er sich in Deutsch-Südwest: Die Ausbeute an Aufzeichnungen ist weit geringer als bei der ersten Reise.

Die erste Etappe führte nach London. Diesmal sollten die Kreise weiter gezogen werden als bei der von den übrigen Kolonialmächten ignorierten oder nur amüsiert zur Kenntnis genommenen ersten Tour. Man wollte mit den Briten reden, bevor man sich ins »Herz der Finsternis« begab.

Am 12. Mai 1908, gleich nach seiner Ankunft in Britanniens Hauptstadt, traf Rathenau bei einem Diner mit Winston Churchill zusammen, seit zwei Jahren als Unterstaatssekretär für die Kolonien zuständig. Am Tag danach konsultierte Rathenau die wichtigsten Banker. Auf einem Bankett der Banking Association saß er zwischen Maurice Fitzgerald von der London Union Bank und dem Deputy Governor der Bank of England, Reginald Eden Johnston. Rathenau verstand sich mit den Kollegen auf Anhieb: »Common Sense über Fachkenntnis«, notierte er und wunderte sich darüber, wie sehr die Politik ins britische Bankengeschäft eingriff. Der Flottenbau-Wettkampf verschlang Unsummen. Für die Regierung war die Finanzierung des Wettrüstens zur Überlebensfrage geworden.

Was er über den Umgang mit den Kolonien hörte, bestätigte die Skepsis, die Rathenau seit seiner Ostafrikareise entwickelt hatte: Auch die britischen Kolonien waren bei aller politischen und militärischen Bedeutung wirtschaftlich zum Zuschußgeschäft geworden. Nur durch strenge Schutzzölle war das System überhaupt noch zu halten. Von einem gesunden Freihandel konnte auch in London längst keine Rede mehr sein.

Besonders geehrt fühlte sich Rathenau angesichts einer Einladung, die ihn am späten Abend des 13. Mai 1908 ausgerechnet zu dem Mann führte, der Deutschland die Ohm-Krüger-Affäre beschert hatte: zum Premierminister der Kapkolonie, Leander Starr Jameson, der 13 Jahre zuvor versuchte hatte, die Burenrepublik im Alleingang zu nehmen.

Rathenau fand die Umstände mysteriös, die ihn in das Haus des ehemaligen Freischärlers führten. Nichtsdestotrotz war er stolz, einem solchen Mann in einem »verschwörungsartigen Interieur« zu begegnen. Er spürte, daß ihn die ganz große Weltpolitik streifte – auch wenn sich im Wohnzimmer Jamesons nur eine kleine Gesellschaft traf. Neben dem Gastgeber und dessen Assistenten waren ein pensionierter Oberst und ein Journalist namens William Stead anwesend.

Rathenau zeigte sich überrascht, daß ausgerechnet dieser Hardliner der britischen Kolonialpolitik eine sehr differenzierte Sicht auf die Probleme in Südafrika entwickelt hatte. So trat Jameson dafür ein, daß man den Schwarzen erlauben solle, sich selbst zu verwalten. Auch in der Ächtung einer ungerechten Rassenpolitik war Jameson Rathenaus Meinung: Nur wenn man den Schwarzen Rechtssicherheit verschaffe, könne man erwarten, daß sie loyal arbeiteten. Genauso hatte es Rathenau in seiner Denkschrift an den Kanzler dargestellt. Jameson warb sogar heftig dafür, den Ureinwohnern das parlamentarische Wahlrecht zuzugestehen.

Natürlich stand der Streit um das deutsche Flottenprogramm im Mittelpunkt der Londoner Gespräche. Auch Rathenau war der Meinung, daß das Verhältnis von Zwei zu Eins zugunsten der britischen Flotte keinen Bestand haben würde. Dennoch trat er dafür ein, die britischen Empfindlichkeiten – die Flotte galt als Basis des Empires und war Voraussetzung einer erfolgreichen Kolonialpolitik – nicht über Gebühr zu reizen. Doch damit stieß er in Berlin auf taube Ohren.

In London nun erfuhr er, daß der britische Haushalt mit seiner enormen Schuldenlast nicht in der Lage war, auf lange Sicht ein Wettrüsten mit Admiral Alfred von Tirpitz durchzustehen. Rathenau war klug genug, das als ein Alarmsignal zu verstehen: Wenn die Briten ihre Überlegenheit bei steigender deutscher Schiffszahl nicht mehr finanzieren konnten, war die

Gefahr groß, daß sie eine militärische Entscheidung herbeiführen würden.

Natürlich hörte er sehr aufmerksam zu, wenn die britischen Fachleute über ihre Probleme in den Kolonien sprachen: über den wachsenden Vertrauensverlust unter den Schwarzen, über die niedrigen Produktionsraten in der Landwirtschaft, die in einem fruchtbaren Land wie Südafrika eigentlich hätte blühen müssen, über die Angst der weißen Minderheit vor der stetig wachsenden schwarzen Mehrheit.

Für Rathenau waren die Tage in London ein Crashkurs in praktischer Kolonialpolitik – er lernte schnell, daß die Wirklichkeit in Afrika noch weiter von den Planspielen der Ideologen im Berliner Reichskolonialamt entfernt war, als er es nach seiner ersten Reise vermutet hatte.

Rathenau vernahm mit Staunen, daß man auch in der von Rhodes 1889 gegründeten British South Africa Company bereits daran dachte, mit rechtlichen Zugeständnissen und sogar einer teilweisen Erteilung der Unabhängigkeit für Frieden in den Kolonien zu sorgen. Davon waren die Deutschen unmittelbar betroffen, denn die British South Africa Company verwaltete Rechte Berlins in Südafrika.

Die aufgeräumte und aufgeklärte Londoner Stimmung trug zu Rathenaus Wohlbefinden bei. In seiner freien Zeit besuchte er Kunstgalerien, die er allerdings etwas banal sortiert fand.[106] Nachts spielte er bis halb drei mit Wirtschaftsleuten, Bankern und Politikern Skat. Er genoß in vollen Zügen die Weltläufigkeit und Vorurteilslosigkeit der Stadt, die ihm moderner und weniger borniert erschien als das kaisertrunkene Berlin.

Am 16. Mai sticht er in Southampton in See. Es herrscht dichter Nebel – und Rathenau scheidet wehmütig, obwohl es doch wieder in Richtung Afrika geht. Noch auf dem Schiff schreibt Walther an die Mutter: London sei sehr interessant gewesen, von der nun folgenden Reise erwarte er weit weniger Einsichten ...[107]

Zu seiner Niedergeschlagenheit trägt auch die Situation an Bord bei. Die Passagierplätze sind nur zur Hälfte belegt, und denen, die nach Kapstadt fahren, merkt man die »geschäftliche Depression von Südafrika« an. Rathenau scheut sich davor, Kontakt mit Mitreisenden zu knüpfen: »meistens Transvaalleute, ohne besondere Physiognomie«.

14 Tage dauert die Fahrt durch den Atlantik bis nach Kapstadt, wo die »Kenilworth Castle«, ein Schiff der Union Castle Line, am 2. Juni 1908 eintrifft. In der »Stadt ohne Jahreszeiten« überstürzen sich die Einladungen der britischen Honoratioren. Rathenau steigt im Mount Nelson Hotel ab und ist bereits am ersten Abend im Governors House zu Gast.

Am 8. Juni geht es mit der Bahn weiter. Man wechselt in Kapwagen und überquert auf Pferden den Montagupaß. Auf der anderen Bergseite führt die Reise an riesigen Straußenfarmen entlang hinunter in das Alluvialtal von Oudshoorn. Rathenau läßt sich von den Farmern alles genauestens erklären: In Berlin möchte er als Fachmann für die Straußenzucht gelten und notiert sich deshalb eifrig die Brutstunden der riesigen Vögel. Es gibt nichts, was den Reisenden nicht interessiert.

Auf der »Armandale Castle« geht es weiter nach East London (»unbedeutende Stadt«) und Durban, der Hafenstadt in Natal, wo zu Rathenaus Leidwesen nur der Sekretär des Gouverneurs zum Empfang bereitsteht. In Pietermaritzburg, der Hauptstadt von Natal, bemüht sich wieder der Gouverneur Mathew Nathan höchstselbst. Die Delegation wohnt der Parlamentseröffnung durch Sir Mathew bei, was Walther stolz nach Hause berichtet. Noch am selben Tag besucht man auf acht Maultieren die Kaffernreservation, ein eng umgrenztes Terrain im Westen Natals und im Osten der Kaprepublik, wo die afrikanischen Einheimischen leben.

Am 19. Juni schreibt Walther einen Brief an den Vater. Bei dieser Gelegenheit zieht er ein vorläufiges Resümee seiner zweiten Afrikareise. Man bewege sich mehr in Städten und zivilisierten Gegenden, schreibt er nach Berlin. Dementsprechend wirke die Angelegenheit »trotz aller Abwechslung der Veranstaltungen einförmiger«[108]. Überall sei er Gast des jeweiligen Gouverneurs gewesen, und man habe ihm immer sehr geholfen, lobt Rathenau die Briten. Dennoch: »Mir ist dieses Übermaß offiziellen Wesens nicht gerade nach Geschmack, aber man findet sich darein.« Ansonsten klagt er, daß er viel zuwenig vom »phantastischen Eingeborenenwesen« zu sehen bekomme – »außer einigen Zulus, die mit Stierhörnern auf dem Kopf die Rickshaws ziehen«.

Das Verhältnis zwischen Buren und Briten ist zu dieser Zeit wieder etwas entspannter. Nach schweren Kämpfen versucht man sich politisch zu arrangieren. 1908 steht ein Durchbruch der Verhandlungen bevor, die dann zur Konvention von Pretoria führen sollten. In der Konvention wird den Briten die Suzeränität, die Oberhoheit, über Transvaal zugestanden.

Rathenau und seine Begleiter besichtigen ein Autowerk und fahren anschließend zu der Victoria Falls Power Station. Hier erwartet ihn eine »traurige Situation«.

Zwei Jahre zuvor hatte die AEG den Plan entwickelt, die Wasserenergie der riesigen Viktoriafälle des Sambesi bei Livingstone zu nutzen. Deshalb war eigens eine Firma gegründet worden: die Victoria Falls and Transvaal Power Company. Die Energie, die man durch ein großes Wasserkraftwerk an den Wasserfällen erzeugen wollte, sollte an die prosperierenden Goldminen von Witwaterstrand verkauft werden. Doch das Unternehmen scheiterte. Die Einheimischen hatten entdeckt, daß in den Stromleitungen, die von den Fällen bis zu den weit entfernten Schürfstätten verlegt wurden, reichlich Kupfer vorhanden war, das sie für ihren traditionellen Kopfschmuck benötigten. So waren die Leitungen ausgebaut worden. Gleichzeitig waren reiche Kohlevorkommen in der Region entdeckt worden, und die AEG hatte umgeschwenkt: Sie beschloß, Kohlekraftwerke zu errichten und die Goldminen mit Elektrizität aus der Kohleverhüttung zu versorgen. Dennoch war viel Geld verschwendet worden, und in Berlin war man nicht besonders gut auf die Victoria Falls and Transvaal Power Company zu sprechen.

In den folgenden Tagen besichtigt Rathenau Premier, die größte Diamantenmine der Welt. 8000 Arbeiter sind hier mit dem Abbau der Edelsteine beschäftigt. Als Rathenau sieht, wie beschwerlich deren Tätigkeit ist, macht er der Firmenleitung einen Verbesserungsvorschlag: Man solle Trockenbagger einsetzen, um den Abbau zu beschleunigen.

Rathenau ist beeindruckt von der riesigen Mine. Er errechnet den Reinverdienst pro gefördertem Karat – und findet ihn wohl so beachtlich, daß er dem AEG-Hausbankier Carl Fürstenberg den Vorschlag macht, in die Premier-Mine einzusteigen. Fürstenberg solle die Diamanten beleihen. Rathenau hat herausgefunden, daß die Rothschilds solche Transaktionen längst erfolgreich mit DeBeers, dem stärksten Konkurrenten von Premier, durchführen.

Am 24. Juni reist die Gruppe nach Pretoria weiter, der Hauptstadt Südafrikas. Hier wird Rathenau ernsthaft krank. Er zieht sich eine schmerzhafte Augenentzündung zu und muß eine Weile mit Umschlägen im Hotel bleiben. In Bloemfontain und Kimberley setzt sich das eher touristische Programm fort: Sanatorium, Kriegerdenkmal, das Gestüt von Mauritsfontein, die traditionellen Schlachtfelder der Burenkriege, ab und zu eine Diamantenmine (»Eingeweide der Erde, grün, 30 000 Menschen, Compounds von Wellblechfelsen um 1/2 Tonne Stoff zu schaffen, der nutzlos«[109]).

Rathenaus zweite Afrikareise leidet offensichtlich an einem erheblichen Motivationsschwund. Er absolviert das offizielle Programm, feiert die Feste der Buren und Briten, aber ins Innere der Kolonialproblematik begibt er sich nicht mehr so mutig wie in Ostafrika.

Dann ändern sich plötzlich die Pläne der Reisegesellschaft: Anstatt eine Seereise von Kapstadt nach Lüderitzbucht zu unternehmen, entschließt man sich etwas frustriert, über den Landweg nach Deutsch-Südwest zu fahren. Am 30. Juni erreichen die Deutschen den Eisenbahnknotenpunkt Mafeking, einen mythischen Ort für die Briten. Bei der 217 Tage dauernden Belagerung durch die Buren hatte General Robert Baron Baden-Powell in seiner Not die Jungen der Stadt als technische Hilfskräfte mobilisiert. Daraus war dann die Idee der weltweiten Pfadfinderbewegung entstanden.

Rathenau durchquert ein »Negerreservat«. Aber sein klarer Blick, der in Ostafrika noch jede Besonderheit des kolonialen Zusammenlebens aufmerksam notiert hat, ist trübe geworden: »Saubere Dörfer.« Mehr fällt ihm nicht auf. Er kauft ein paar Felle und beeilt sich weiterzukommen.

In Bulawayo, der zweitgrößten Stadt Südrhodesiens, nimmt er sein touristisches Leben wieder auf: »Museum, Klub, Tabakfabrik [...] Abends Diner im Grand-Hotel.«[110] Ein Ausflug zu den Viktoriafällen bringt etwas Abwechslung. Rathenau berührt den Regenwald und läßt sich von dem grandiosen Panorama des mehr als eine Meile langen und 110 Meter tiefen Wasserfalls beeindrukken. Immer noch quält ihn sein Augenleiden.

Am 8. Juli trennt sich die Reisegruppe. Valentin Graf Henckel von Donnersmarck und Oskar Bongard wollen nach Kapstadt zurück. Rathenau macht sich mit Bernhard Dernburg, der kaum noch Erwähnung in den Notizen findet, und dem DeBeers-Direktor Friedrich Hirschhorn in dessen Fiat auf den Weg zum Oranjefluß. Dort versagt ein zweiter Wagen. Sie quälen sich über Sandberge in Richtung Draghoender. Mehrmals müssen sie Zugtiere vor die Wagen spannen und selbst schieben, wenn das Fahrzeug im Sand steckenbleibt.

Am nächsten Tag haben sie erst eine Reifenpanne (»Pneumatik-Unfall«[III]), dann sogar einen Achsenbruch. Sie steigen in ein nachfolgendes Auto um, stecken aber nur zwei Stunden später wieder im Sand fest. Ein Pferdewagen kann sie befreien. Man sucht über Nacht Zuflucht bei der Farmerfamilie Bockys. Rathenau ist entnervt: »Schlechte Unterkunft.« Am Morgen geht ein fürchterliches Gewitter über der Gruppe nieder (»nach 25 Jahren erster Juliregen, nach 14monatiger Dürre«).

Es kommt zu einer »gründlichen Aussprache«. Das ist der einzige Hinweis auf Mißhelligkeiten, sonst findet sich während dieser kritischen Phase kein Wort darüber, wie die kleine Gruppe harmoniert, was gesprochen wird, wie Dernburg, der Leiter, sich verhält. Die Stimmung hat einen Tiefpunkt erreicht.

Die nächsten Tage ist man zu Pferd unterwegs. Meist sitzen die Reisenden 70 bis 80 Kilometer am Tag im Sattel. Bei einem weiteren Minenbesuch sind die Deutschen gezwungen, zu viert in einem Zelt zu übernachten. Rathenau verzichtet darauf, sein Befinden in dieser Lage zu erläutern. Als sie bei Nacht die Grenze erreichen, wird Rathenau erneut krank. Er bekommt hohes Fieber, kann nachts nicht mehr schlafen. Er fürchtet, eine Blutvergiftung zu haben.

Sechs Tage lang quält sich Rathenau. Die Gruppe reist meist zu Pferde weiter. Auch nachts wird geritten, die Lager werden in der Wildnis aufgeschlagen. Doch Rathenau weigert sich, in einer Missionsstation zurückzubleiben. Er will mit den anderen durchs Ziel gehen – trotz Schmerzen und Fieber und einer schlecht behandelten Wunde. Bei Warmbad-Seeheim erreichen die Deutschen die

Bahnstrecke, die nach Keetmanshoop führt. Endlich kann Rathenau ein Hotel aufsuchen. Als erstes läßt er seine Wunde frisch verbinden.

Am Sonnabend, dem 25. Juli, trifft die Reisegruppe aus Berlin endlich in Lüderitzbucht ein. Der Diamantenabbau von Lüderitzbucht war eine genuin deutsche Angelegenheit. Ein Angestellter der Eisenbahngesellschaft hatte beim Bau der Lüderitzstrecke entdeckt, daß in der Gegend große Diamantenvorkommen lagen. Da er Deutscher war, ging man in der Reichshauptstadt davon aus, daß das Reich damit auch das Sagen bei der Ausbeutung der Edelsteinfelder haben würde. Zwei Berliner Firmen übernahmen die Regie des Tagebaus: Als Muttergesellschaft fungierte Lenz & Co., als deren Partner etablierte sich die Berliner Handelsgesellschaft, das Haus von Fürstenberg und Rathenau. Fürstenberg wurde in dem Konsortium sogar die Aufgabe übertragen, ein Verkaufssystem zu installieren. Er entwickelte für diesen Zweck die sogenannte »Diamantenregie« – eine monopolistische Vertriebsorganisation, die zu festen Abgaben an den deutschen Fiskus verpflichtet war.[112]

Rathenau bleibt bis zum Montag in Lüderitzbucht. Er inspiziert mehrmals die Diamantenfelder, die von seinem früheren Arbeitgeber betreut werden. Am frühen Abend landet er im Kasino. Sonderlich interessiert am Gang der Geschäfte in den Diamantenfeldern oder gar an technischen und sozialen Problemen in den großen Werken zeigt sich Rathenau diesmal nicht. Er macht den Eindruck eines gleichzeitig gelangweilten und gehetzten Luxusreisenden. Tiefergehende Reflexionen über die spezielle Problematik der Kolonie stellt er nicht mehr an. Es scheint fast so, als sei er auf der Expedition durch Deutsch-Südwest mit seinen Gedanken ganz woanders.

Im Sommer 1908 ist Rathenau in eine Sackgasse geraten: Zwar ist er wirtschaftlich durch seine Aufsichtsratsposten, seine Beratertätigkeit und die Patente bestens versorgt und sogar weitgehend unabhängig von der Familie. Aber das wichtigste Ziel, nämlich eine exponierte Position, in der er zeigen kann, was noch in ihm steckt, hat er nicht erreicht. Kein Wunder also, daß der Reiz Afrikas, die Faszination des Fremden und Dunklen, sich nicht mehr einstellen will.

Immerhin nimmt er die Strapazen einer Reise im Ochsenkarren auf sich, um zu der Blaugrundstelle der Gibeon-Schürfgesellschaft zu gelangen. Doch das, was er dort zu sehen bekommt, veranlaßt den deprimierten Rathenau nur zu einem lakonischen Notat: »Unsinniger Betrieb.«[113] So wirkt er fast erleichtert, als die Delegation am 31. Juli einen Ruhetag in ihrem Besichtigungsprogramm einlegt, weil Dernburg sich allein mit dem Gouverneur treffen will.

Danach bewegt sich die Reisegruppe tagelang abwechselnd zu Pferde oder in Autos, die ihnen von Gibeon aus gefolgt sind. Es kommt wieder zu den notorischen Pannen, auch hat Rathenau immer noch Probleme mit seiner schlecht heilenden Wunde. Am 3. August kann er sich zum ersten Mal ohne Verband bewegen, ein großes Pflaster muß er aber weiterhin tragen.

Am 4. August erreichen die Deutschen Windhoek. Zwei Tage später bekommt Rathenau Gelegenheit, an die Gespräche anzuknüpfen, die er ein Jahr zuvor im Osten fast tagtäglich geführt hat. Vormittags trifft er sich mit Farmern aus der Umgebung, um Probleme der regionalen Landwirtschaft zu besprechen. Anschließend empfängt Major Joachim von Heydebreck die Delegation aus Deutschland.

Heydebreck ist zu diesem Zeitpunkt Kommandant der Polizei. In den folgenden Jahren sollte er jedoch eine beachtliche Karriere bei den deutschen Schutztruppen, also beim Militär, machen. Der Major ist einer der besten Kenner der Kolonie. Von ihm erfährt Rathenau, wie beengt und unterversorgt die Schutztruppe und die Polizei in Deutsch-Südwest arbeiten müssen – und das angesichts der ständigen Gefahr von Aufständen und der drohenden Auseinandersetzung mit den Briten.

Das deutsche Kontingent, das in Deutsch-Südwest Dienst tut, ist, verglichen mit den britischen Truppen, bescheiden. Zu der Zeit, als Rathenau das Gebiet bereist, gibt es nur 90 Offiziere, etwas über 300 Unteroffiziere und 1444 weiße Soldaten. Zu dieser aktiven Truppe gehören noch 3000 Reservisten, die im öffentlichen Leben der Kolonie ihre Arbeit tun und nur im Kriegsfall einberufen würden. Die Truppe verfügt bis zum Ausbruch des Ersten Weltkriegs über nur ein Flugzeug. Kurz vor Kriegsbeginn sollten zwei Doppeldeckerflugzeuge dazukommen, die aber nur für den Militärpostbetrieb geeignet sind. Da man über fast keinen Treibstoff verfügt, bleiben die Flugzeuge im Hangar.

Die deutschen Truppen sind neben der Eisenbahn vor allem auf Kamele angewiesen. Die enthaltsamen Tiere, die in der Wüstengegend und der Steppe im Gegensatz zu Fahrzeugen gut vorankommen, werden zum effektivsten Transportmittel des deutschen Militärs. Da die Kamele in den Kapprovinzen nicht gezüchtet werden, bezieht das Militär sie aus dem Sudan und von den Kanarischen Inseln. Bei der Beschaffung und dem Transport der Kamele in den Süden Afrikas ist der Tierpark Hagenbeck dem kaiserlichen Militär behilflich.

In den nächsten Tagen geht es verstärkt um wirtschaftliche Fragen, Rathenaus eigentliche Domäne: Man besichtigt einen weiteren Bergbaubetrieb, besucht ein Veterinärinstitut und beschließt diese arbeitsreicheren Tage mit einem Umtrunk im »Krug zum grünen Kranze«.

Über Karibib, Omaruru, Otjiwarongo, Otavi, Grootfontein geht es nach Waterberg. Auf der letzten Etappe erleben die Reisenden wieder einen Zusammenbruch ihrer Wagen. Diesmal müssen sie sich zu Fuß durchschlagen. Rathenaus Wunde ist mittlerweile so weit verheilt, daß er selbst diese Strapazen klaglos übersteht. Am 19. August ist die Berliner Delegation wieder in Swakopmund, am folgenden Tag erreicht sie Walfischbay. Dort besteigt sie am 22. August gegen Mittag die »Bürgermeister«, ein Schiff der Woermann-Linie.[114]

Rathenau ist über vier Monate unterwegs gewesen. Eine viel zu lange Zeit, wie sich jetzt herausstellt. Zu Hause ist die Situation ungeklärt, vieles ist liegengeblieben. Im Grunde steht Walther vor einem neuen Anfang. Aber ein Anfang wovon?

Schon auf der Rückreise hatte Rathenau mit der Niederschrift eines Berichts begonnen. Nur wenige Wochen später – Anfang Oktober 1908 – war er in der Lage, einen Privatdruck über Deutsch-Südwest an Bernhard von Bülow zu schicken. Der Kanzler dankte Rathenau ausdrücklich für seine Arbeit und gab den Bericht an den Kaiser weiter.

Damit begann das Ungemach. Die Berufung in eine leitende Position ins Kolonialamt ließ immer noch auf sich warten; sie war

Rathenau, wie er oft genug freimütig bekundet hatte, auch zu wenig. Nach ihrer zweiten gemeinsamen Reise wollte er erst recht nicht mehr unter seinem Gönner Dernburg arbeiten, den er mittlerweile für »überschätzt« hielt. Wo also hätte man ihn zur Belohnung für sein afrikanisches Engagement hinstellen sollen?

Was Rathenau sich genau für eine Position erhoffte, bleibt unklar: Auf jeden Fall sollte sie sehr hoch angesiedelt sein, seiner einmaligen Karriere als Industrieller und Finanzmann Rechnung tragen und wenn möglich niemandem, außer vielleicht dem Kaiser und dem Kanzler, untergeordnet sein. Entsprechende Signale hatte Rathenau schon seit seiner ersten Afrikareise ausgesandt. Vielleicht machte er es seinen wenigen Gönnern in der Regierung und am Hof auch mutwillig schwer. Daß es eine solche Position für ihn nicht gab, ja in dem hierarchischen System des Kaiserreichs für keinen Quereinsteiger geben konnte, muß ihm bewußt gewesen sein. Er hat wissen müssen, daß er unter den Bedingungen der bigotten und unflexiblen kaiserlichen Verwaltung mit ihren unverrückbaren Ressentiments gegen Bürgerliche und Juden keinen genehmen Platz finden konnte – vor allem aber keinen Frieden und keine Anerkennung.

Das zwiespältige Taktieren und Lamentieren des »amphibischen Menschen« (Kerr) läßt sich nur dadurch erklären, daß er öffentliches Lob und eine möglichst hohe Position erstrebte – damit alle sähen, daß er, der »Elektrikerjunge« aus der Chausseestraße, es auch in der Politik geschafft hatte. Gleichzeitig aber wußte er, daß die dürre Praxis eines politischen Amtes im Kolonialbereich, egal wie hoch angesiedelt, ihn zerstören würde. Für dieses Dilemma waren weder Dernburg noch Bülow verantwortlich; das hatte sich Rathenau selbst zuzuschreiben.

Aber eines war für ihn klar: Wenn schon kein hohes Amt – wenigstens einen hohen Orden war das Reich ihm schuldig. Doch wieder ließ die Verleihung auf sich warten.

Rathenau wurde immer ungeduldiger. Obwohl sein Verhältnis zu Dernburg belastet war, bestürmte er ihn, etwas in der Sache zu unternehmen. So wandte sich der Leiter des Kolonialamts in den letzten Tagen des Jahres 1908 fast verzweifelt an den Kanzler. Er teilte Bülow mit, Rathenau befinde sich seit einiger Zeit in einer »mißmutigen und enttäuschten Stimmung«. Als besonders bedrückend empfand es Dernburg, daß sein ehemaliger Freund ihm weiterhin die Schuld für die Verzögerung gab.

Diesmal hatte sich der Unterstaatssekretär im Reichskanzleramt, Wilhelm von Loebell, gegen die Verleihung des Roten Adlerordens II. Klasse an Rathenau ausgesprochen. Als einen Grund für seine Kritik führte er dessen Kontakt zu Maximilian Harden an. So trat das ein, was Rathenau schon lange befürchtet hatte: Die Nähe zu dem in konservativen Kreisen als Wadenbeißer verschrienen *Zukunft*-Herausgeber schadete ihm.

Zum Glück zog bei Bülow Loebells Argument überhaupt nicht – hatte sich der Kanzler doch schon im Jahr zuvor über Rathenau an Harden gewandt, um so auf den Herausgeber der *Zukunft* einzuwirken, damit der seine Prozeßtätigkeit gegen Kuno von Moltke und den Kaiserberater Philipp zu Eulenburg dämpfen und die peinliche Affäre ein glimpfliches Ende finden würde. Im übrigen hatte Bülow selbst Harden in der heißen Phase mit Informationen versorgt.

Rathenau setzte derweil den armen Dernburg weiter unter Druck. Wenn man sich nicht endlich zu einer angemessenen Ordensverleihung an ihn bequemen würde, um seine Verdienste um die deutsche Kolonialpolitik auch öffentlich zu würdigen, so sehe er sich gezwungen, seinen Bericht über die zweite Reise in Hardens *Zukunft* zu veröffentlichen.

Diesen Erpressungsversuch startete Rathenau ausgerechnet am Weihnachtsabend des Jahres 1908. Dernburg war äußerst alarmiert – und er legte bei Bülow noch einmal nach: Wenn Rathenau sich wirklich dazu entschließen sollte, mit seinem zweiten Reisebericht, der schärfer ausgefallen war als nach der Ostafrikareise, an die Öffentlichkeit zu gehen, so werde ihm, dem Chef des Reichskolonialamts, seine Reform der miserablen deutschen Kolonialpolitik noch schwerer gemacht. Ganz abgesehen davon, daß nach einem solchen Alleingang eine Ordensverleihung ein für allemal ausgeschlossen sei, was die Angelegenheit dann eskalieren lassen würde.

Bülow intervenierte ein weiteres Mal für Rathenau bei Hofe. Diesmal betonte er ausdrücklich, daß er Rathenau für einen »sehr fähigen, brauchbaren Menschen« halte. Auch wies der Kanzler darauf hin, daß man mit einer solchen Ordensverleihung der aufmerksamen Öffentlichkeit zeigen könnte, daß »bei uns auch ungetaufte Juden nicht immer als Parias behandelt werden«. Man müsse also Rathenau »irgendein Pflaster« verabreichen, sei es ein Orden oder der Titel Geheimrat. Diesmal beugte sich Loebell. Er konzedierte Bülow, daß Rathenau sowohl den Orden als auch den Titel Geheimer Legationsrat erhalten könne – aber nicht jetzt.

Bülow bestellte Rathenau zu sich und teilt ihm mit, der Orden sei so gut wie gewährt, aber er müsse sich noch etwas gedulden, da die Zeit für eine solche Auszeichnung noch nicht reif sei.

Rathenau war erleichtert. Der Orden schien ihm sicher. Dafür versprach er Bülow dann auch, die Denkschrift nicht zu veröffentlichen. Alle waren zufrieden. Dennoch warf Rathenau seinem Gönner Dernburg weiterhin vor, der Grund dafür gewesen zu sein, daß er vorerst noch auf die »Verschönerung seiner Toilette« verzichten müsse.[115]

Obwohl Bülow im Sommer 1909 zurücktrat, betrieb er weiter die Ordensverleihung – er stand ja bei Rathenau im Wort. Am 16. Januar 1910 war es dann soweit. Rathenau bekam zu den von ihm als minderwertig angesehenen Roten Adlerorden IV. Klasse und Kronenorden II. Klasse endlich den ersehnten Roten Adlerorden II. Klasse. Er dankte Bülow überschwenglich dafür.

Zu Dernburg aber fand er diesmal nicht mehr zurück – obwohl der doch am wenigsten für die ärgerliche Verzögerung konnte. Seiner Freundin Lili Deutsch gegenüber begründete Rathenau später sein Abrücken von Dernburg vor allem mit den Erfahrungen der Reise. Er habe sich trotz seines Engagements und seiner Selbstlosigkeit vom Staatssekretär permanent zurückgesetzt gefühlt, erklärte er der Frau des AEG-Vorstands.[116]

In Wirklichkeit hatten sich die Eitelkeiten der beiden in Afrika die Waage gehalten. Das Zerwürfnis wurde erst akut, als sie wieder in Berlin waren. Und da ging es ausschließlich um ein Thema: um die Ordensverleihung.

In dieser Sache verhielt Rathenau sich zwiespältig. Er demonstrierte in seinem öffentlichen Gehabe und in seinen Schriften, daß er wenig von Äußerlichkeiten halte und ganz und gar auf seine innere Balance, auf den Ausgleich der Seelenkräfte, bedacht sei. Auch in der Korrespondenz dieser Tage legte er eine ungewöhnliche Despektierlichkeit an den Tag, sobald es um den ersehnten Orden ging.

Gleichzeitig aber bewog ihn schon die bloße Verzögerung der Verleihung – die zuständigen preußischen Stellen waren in diesen Angelegenheiten äußerst penibel, um keine Ordensinflation herbeizuführen – zu wütenden Auftritten. Für Rathenau bedeutete der Rote Adlerorden II. Klasse mehr, als er zuzugeben bereit war. In seinen Augen handelte es sich um ein unverzichtbares Zugeständnis der Politik und des Hofes.

Daß man dieses Zugeständnis nicht unumwunden machen wollte, kränkte ihn tief. Ebenso wie in Pasewalk hatte man ihm auch nach der afrikanischen Erfahrung gezeigt, daß in den Reihen der Mächtigen für einen Emporkömmling aus der Chausseestraße, für einen ungetauften Juden, kein Platz war. Daß nach seinem Engagement auf zwei strapaziösen Reisen durch die Kolonien und nach zwei vielbeachteten Denkschriften die Kluft noch immer so tief war, ließ ihn fast verzweifeln.

Was hatte Rathenau geschrieben? Womit hatte er den Kanzler und den Kaiser überfallen?

Nach Rathenaus Meinung hatten die Eingeborenen trotz einer vielfältigen Kolonialgeschichte noch »keinen Schritt in die Kultur getan«[117]. Die gewaltsamen Bemühungen der Kolonisatoren hätten stets in Sklaverei und Vernichtung geendet. Die Europäer wiederum würden in der Fremde jede Verbindung zur Heimat verlieren und sich mit anderen Rassen vermischen. Insofern sei Afrika auch noch längst kein kolonialer Kontinent, was man auch daran erkennen könne, daß die Erträge der dortigen Wirtschaft in keinem Verhältnis zu den Investitionen stünden.

Rathenau beklagt, daß die deutschen Schutzgebiete nicht eben zu den ertragreichen Regionen Südafrikas gehörten. Nur etwa 60 Prozent des Südwestens sind wirtschaftlich »verwertbar«, weil die Regenmengen selten den südafrikanischen Durchschnitt erreichen. Künstliche Bewässerung und Energiegewinnung durch Wasserkraft sind kaum möglich, weil nur ein großer Fluß, der Kunene, über deutschen Boden fließt.

Auch die Mineralvorkommen sind eher kläglich – trotz der Diamantenminen bei Lüderitzbucht, der Kupferfunde im Khangebiet und den Marmorbrüchen bei Karibib. Sollten sich höherwertige Vorkommen auftun, so schlagen die hohen Frachtkosten bis zur Küste empfindlich zu Buche. Die Eingeborenen selbst zeigen hingegen wenig Interesse am Edelsteinkauf, wie Rathenau ebenso bitter wie naiv vermerkt. Also rentiert sich nicht einmal die Verwertung vor Ort.

Bei den schweren Aufständen der letzten Jahre habe es sich nicht, wie in Deutschland oft behauptet, um Privatfehden der Häuptlinge oder religiöse Kreuzzüge gehandelt. Vielmehr sieht Rathenau in der wirtschaftlichen Notlage das Motiv für den Krieg. Die Misere verschulden seiner Meinung nach allerdings nicht etwa die Kolonialisten, die den Eingeborenen das Land wegkaufen, sondern die verantwortungslosen Häuptlinge, die mit dem Erlös der Verkäufe nicht umzugehen wüßten. Allerdings gebe es auch genügend Geschäftsleute, die die »Kauflüsternheit« der Einheimischen ausnutzten und zu harten Maßnahmen griffen, wenn die gewährten Kredite in Gefahr gerieten.

Daß die Schutztruppen bei den Kämpfen mit Eingeborenen herbe Verluste hatten hinnehmen müssen, führt Rathenau – hier zahlt sich die ausführliche Konsultation des Majors Heydebreck in Windhuk aus – darauf zurück, daß das Militär ohne logistische Vorbereitung in den Kampf ging, im Gegensatz zu den Engländern, die solche Feldzüge von langer Hand planten. Man habe zu sehr den europäischen Vorstellungen eines nationalen Krieges angehangen und es versäumt, die Eingeborenen da zu treffen, wo es ihnen wirklich weh tue – etwa bei ihren Viehbeständen.

Hier zeigt sich schon ansatzweise eine Kaltblütigkeit, die auch bei Rathenaus taktischen Ratschlägen zum Vorgehen an der Westfront wenige Jahre später zutage treten wird. Immerhin: Was Afrika angeht, bedauert Rathenau es ausdrücklich, daß es zu Massenmorden unter der einheimischen Bevölkerung gekommen ist. Warum? Weil die Eingeborenen doch den »einzig wertvollen Besitz der Kolonie darstellten« – also billige Arbeitskräfte und labile Konsumenten.

Das Massensterben der vertriebenen Hererofamilien in der Wüste bezeichnete er als »größte Atrozität, die jemals durch deutsche Waffenpolitik hervorgerufen wurde«. Das Wort, das er sich mit diesem Synonym ersparte, lautet: Scheußlichkeit. In den Konzentrationslagern auf der Haifischinsel waren von 1800 internierten Hottentotten, die sich freiwillig gestellt hatten, innerhalb eines halben Jahres 1200 gestorben. Und das war nur *ein* Lager. Die Engländer unkten schon, »unsere Eingeborenen hätten das Vertrauen zu unserer Regierung verloren«. Die Schlächtereien an den Hereros seien also ein taktischer Fehler gewesen.

Das mag zynisch klingen. Aber was Rathenau hier betreibt, ist ein Balanceakt. Die Denkschrift ist kein Artikel für Hardens Oppositionsblatt (noch nicht!). Sie ist eine Vorlage für allerhöchste Stellen, für den Kanzler und den Kaiser. Mit Appellen an die Menschlichkeit hätte sich Rathenau als Ratgeber disqualifiziert. Wenn er Humanität einklagen wollte, mußte er das mit anderen als ethischen Argumenten tun. Die Ethik war eine Angelegenheit der Kanzeln und der Literatur. Die Politik handelte in dem sich benachteiligt fühlenden Deutschland nach den Präferenzen des Nutzens und des Profits. Also mußte Rathenau ökonomische und militärische Gründe anführen, wenn er eine Verbesserung der Lebenssituation für die Eingeborenen erreichen wollte.

Die Lage der Eingeborenen grenze auch nach dem Krieg noch an Sklaverei, formuliert Rathenau diesmal sehr deutlich. Im Wortlaut klingt das so: »Daß der Eingeborene jederzeit und jeden Orts von jedem Weißen angehalten und inquiriert werden kann, ist eine demütigende Maßregel, die aber ohne weitere Konsequenzen ist, sofern der Weiße sich in nüchternem Zustand befindet.« Viel schlimmer sei, daß den Schwarzen das Halten von Vieh im großen Stil faktisch verboten würde, was ihre Existenz gefährde. Weiter seien die Arbeitsverhältnisse, die die Schwarzen einzugehen gezwungen seien, derart, daß der Arbeitnehmer fast keine Rechte geltend machen, der Arbeitgeber ihn aber gegen seinen Willen zur Arbeit zwingen könne.

Rathenau weiß, daß die Kolonien die Einheimischen als Arbeitskräfte brauchen. Die Herausbildung eines weißen Proletariats, das die Arbeit der Schwarzen erledigt, hält er für gefährlich. Deshalb plädiert er für einen Schutz der Eingeborenen, zumindest für einen »vermehrungsfähigen Bestand«[118].

Die Lösung des Problems glaubt er bei den Briten gefunden zu haben. Sie erlaubten ihren Eingeborenen, einen Teil des Jahres in Reservaten so zu leben, daß jeder »seiner gewohnten Beschäftigung oder Beschäftigungslosigkeit nachgehen kann«. Gleichzeitig wird den Einheimischen aber eine Steuer auferlegt, die sie dazu zwingt, zumindest zeitweise auf den Farmen der Weißen zu arbeiten – auch wenn das ihrem Naturell widerspricht.[119]

Rathenau regt nicht nur die Schaffung von Reservaten an, er will auch Kommissare berufen, die den Gang der Wirtschaft prüfen, nötigenfalls Hemmnisse beseitigen und darauf achten sollen, daß von den konsumgierigen Schwarzen keine ruinösen Zinsen verlangt werden.

Die Notwendigkeit einer militärischen Präsenz in Deutsch-Südwest werde mit der Zeit abnehmen: Erstens haben zu wenige Hereros und Hottentotten den Krieg mit dem deutschen Militär überlebt, als daß sie noch gefährlich werden könnten. Und zweitens hält Rathenau die Möglichkeit einer Auseinandersetzung mit den benachbarten Briten für »phantastisch«. Viel wichtiger sei eine militärisch straffe Gendarmerie; das Militär könne getrost abziehen, rät er. Auch das hat ihm der bei Rathenaus Besuch noch mit polizeilichen Aufgaben beschäftigte Major Heydebreck souffliert.

Die moralische Lage der weißen Herren erscheint Rathenau nicht gerade rosig. So litten diese aufgrund der Einförmigkeit des afrikanischen Lebens unter einer ungewöhnlichen Genußsucht. In manchen Orten kommt auf sechs Einwohner eine Gastwirtschaft, der Jahreskonsum an Alkoholika beträgt 600 Mark pro Einwohner. Doch das hat man sogar in Berlin bemerkt: Die Erlöse aus der Spirituosenbesteuerung sind »die einzige nennenswerte Nettoeinnahme des Etats für Deutsch-Südwestafrika«. Was erschwerend hinzukommt: »Meist im Zusammenhang mit alkoholischen Ausschreitungen steht der Verkehr mit eingeborenen Weibern, dem wir ein gefährliches Rassenproblem und unerfreuliche sanitäre Zustände bei Eingeborenen und Weißen, insbesondere bei der Truppe zu verdanken haben.«

Dementsprechend führt Rathenau auch die hohe Kriminalstatistik an: »... so daß von je zwei Kolonisten im Durchschnitt jährlich je einer unter Anklage steht.«[120] Überhaupt seien die deutschen Kolonisatoren intellektuell mit ihren Geschäften überfordert, konstatiert er, und sie neigten deshalb, wenn sie wirtschaftlich versagten, zu hemmungsloser Kritik an der Regierung statt zu selbstkritischer Einkehr. Deshalb rät Rathenau dringend, die Kolonien weniger von zu Hause aus zu regieren und eine Art Selbstbestimmung einzuführen. Nur dann werde man auf die Füße kommen und endlich zu einem Exportland werden.

Der Übergang von Schutzgebieten – mit Hoheitsrechten ausgestattete Handelskompanien – zu Kolonien vollzog sich nach Rathenaus Meinung zu sehr unter der Einflußnahme privater Interessen und mußte demzufolge im Krieg enden. Hier unterscheidet Rathenau deutlich zwischen einer fast anarchischen Wirtschaft, die blind dem Profitstreben der Investoren folgt, und einem aufgeklärten und regulierten Miteinander, das aufgrund gesunder Interessenausgleiche zwischen allen Beteiligten funktioniert. Diese für ihn typische Differenzierung tritt unter den rauhen und ungeschützten afrikanischen Verhältnissen besonders deutlich zutage. Sie sollte sich später theoretisch niederschlagen und zu Rathenaus Erfolg als Autor beitragen: Das weitgehend unideologische Beharren auf einer Wirtschaftsform zum größtmöglichen Nutzen der Allgemeinheit hob ihn ab von den klassenkämpferischen Modellen einerseits und dem sturen Profitglauben kapitalistischer Apologeten andererseits.

Der unnötige Krieg hatte auf deutscher Seite 2000 Opfer gefordert – »der schwerste Verlust, den das Deutsche Reich seit seinem Bestehen erlitten hat«. Unter den Einheimischen waren ganze Völker vernichtet, ihre gesamten Viehbestände getötet worden. 400 Millionen Mark hatte das Abenteuer in Südwest das Reich gekostet, dazu kamen noch einmal 100 Millionen an Investitionen: »so daß auf den Kopf eines jeden dort lebenden Weißen nahezu 80 000 M. Reichsmittel entfallen, abgesehen von dem 3000 M. betragenden Rentenanteil des jährlichen Defizits«.

Rathenau stellt dieser Investitionsseite die Ertragsseite gegenüber und kommt zu einem vernichtenden Urteil: Vor ihm liegt ein entvölkertes, von Weißen kaum besiedeltes Land, eine Produktion, die zu keinem Export in der Lage ist, eine unterfinanzierte Farmenstruktur, ein völlig verschuldeter Handel.

Dennoch glaubt Rathenau, daß die Wirtschaft Südwestafrikas sich erholen kann: »Wenn man bedenkt, daß der Deutsche einer der sparsamsten Wirtschaftler der Erde ist, gewohnt, aus verhältnismäßig ungünstigen Vorbedingungen Organisationen und Werke zu schaffen, die den Wettbewerb der Bestveranlagten aufnehmen, so darf man den Anfängen einer Entwicklung, die sich allenthalben zeigen, Vertrauen schenken und ihr Bestand zusprechen.«

Rathenau schiebt, nachdem er den Berlinern auf diese Weise ein Armutszeugnis ausgestellt hatte, noch einen Klartext für die Banker nach. Große Investitionen sind für die nächsten Jahre nicht erforderlich, sprich: überflüssig. Bahnbauten erheblichen Umfangs sind »nicht angebracht«.

Doch jedem, der hier auf die Idee käme, dann sei es doch besser, das Kapitel Deutsch-Südwest zu schließen und sich zurückzuziehen, anstatt daran bankrott zu gehen, gibt Rathenau noch ein patriotisches Wort mit auf den Weg: »... durch das deutsche Blut, das auf seinen Feldern vergossen wurde, ist es ein Stück unserer Heimat geworden, und deutsches Land muß intangibel sein.«[121] Im übrigen sind wir den »Beweis schuldig, daß deutsche Kultur kolonisationsfähig ist«. Die potentiellen Investoren werden sich diesen Schlußakkord besonders zu Herzen genommen haben.

MEIN LEBEN ALS BÜRGER

1909–1913

Trautes Heim

Nach seiner Rückkehr aus Afrika und nach der ärgerlichen Ordensaffäre vollzog Walther Rathenau einen Schwenk. Er ließ ab vom unseligen Ringen um politische Ämter und um die Anerkennung bei Hofe. Bei allem Ehrgeiz – er spürte sehr wohl, wenn er gegen Mauern rannte.

Mit dem gleichen Elan, mit dem er sich jahrelang um politische Protektion bemüht hatte, entwarf er Pläne für eine Villa, die seinen Ansprüchen an eine angenehme und repräsentative Umgebung entsprechen sollte. Der AEG-Sproß, dessen Eltern lange am bürgerlichen Schiffbauerdamm gewohnt hatten, erwarb einen Bauplatz im Grunewald, in der Königsallee 65.

Er selbst fertigte einen etwas eklektischen Entwurf für die Villa, der Stilelemente von Karl Friedrich Schinkel und David Gilly enthielt. Allerdings wurde dem Bauherrn schnell klar, daß seine kunsthistorischen Schwärmereien nicht ausreichten, ein solches Projekt von der Planung bis zum Bezug durchzuführen. Also engagierte er den Architekten Johannes Kranz für die Ausführung der Arbeiten und die Integration seiner Ideen in einen schlüssigen Bauplan.

Nun verging kein Werktag, an dem Rathenau den Bauplatz in der Königsallee nicht besuchte. Er überwachte peinlich genau, was geschah. Sogar die wirkungsvolle Einrahmung des schmalen Portals durch zwei schlanke Fichten aus dem Grunewald hat er persönlich dirigiert. Dieses Haus sollte bis auf den letzten Stein so sein, wie sein Bauherr es wollte: eine Selbstdarstellung Rathenaus, des großen Industriellen und Literaten.

Rathenau selbst bezeichnete das Werk später als »bürgerlich anständig«[1]. Doch das, was da entstand, überragte das Mittelmaß der Kommerzienrats-Architektur dieser Tage bei weitem. Es war ein strenger, aber geräumiger Stadtpalast mit einem hohen künstlerischen Formanspruch. Rathenau baute ein preußisches Herrenhaus, protestantisch karg anmutend und feierlich zugleich.

Äußerlich wirkte die Villa fast klösterlich verschlossen – vor allem durch die schmalen Fenster und das enge Portal, durch das jeweils nur ein Besucher eintreten konnte. Im Innern jedoch war das Haus luftig und weit. Man konnte durch ganze Zimmerfluchten hindurchsehen. Aus dem riesigen, saalartigen Schlafzimmer etwa blickte man bis ins Bad.

Hans Fürstenberg, der Sohn Carl Fürstenbergs, des Bankiers der Rathenaus, hat von den Gemächern eines Kardinals gesprochen. Das Eßzimmer war bestimmt von schmalen Pilastern, in seinem Zentrum stand eine runde Tafel mit zwölf modernen Stühlen – ein Ensemble, das, 20 Jahre vor dem Bauhaus, auf Besucher wie eine Verlagerung des AEG-Konferenzraums in den Grunewald wirkte. Rathenau war es gelungen, sich spartanisch einzurichten, ohne jedoch seinen Hang zum Repräsentieren zu beschneiden.[2]

Im Jahre 1910 erfolgte die Grundsteinlegung in der Königsallee. Schon ein Jahr später konnte er das Haus beziehen. Auch einen Hund schaffte Rathenau für seine Stadtvilla an. Er nannte ihn »Eitel« – offensichtlich glaubte er an dem Tier eine ihm gut bekannte menschliche Untugend zu entdecken.

Mit dem Benehmen des Hundes war Rathenau nicht recht zufrieden. Er gab ihn zweimal in eine Anstalt in Groß-Besten, wo er dressiert und für das Leben in einem Stadthaus vorbereitet werden sollte. Doch das Resultat der Umerziehung war jedesmal enttäuschend für das unerfahrene Herrchen. Eitel spielte deshalb im weiteren Leben Rathenaus keine sehr große Rolle mehr.

Bereits 1909 hatte er ein Geschäft mit dem Hof abgeschlossen. Vom Hofmarschallamt hatte Rathenau ein Schloß erworben. Böse Zungen behaupteten, er habe es sich aufschwatzen lassen. Zwar galt das Schloß Freienwalde, etwa 30 Kilometer östlich von Berlin gelegen, unter Kennern als ein kaiserlicher Ladenhüter – aber das war Rathenau egal. Er wollte ein Symbol seines gesellschaftlichen Erfolgs, und das war Freienwalde zweifellos.

Das zweistöckige Gebäude mit der strengen Fensterfront wirkte auf den ersten Blick wie ein zu groß geratener ostpreußischer Landsitz. Zu der Immobilie gehörte allerdings ein gepflegter Garten mit zahlreichen Rondells und kleinen antikisierenden Aperçus, umgeben von majestätischen hohen Bäumen. Eigentlich der richtige Wohnsitz für einen Landrat oder einen ostelbischen Großgrundbesitzer.

Schloß Freienwalde erfüllte zwei wesentliche Zwecke: Es verlieh seinem Besitzer einen aristokratischen Nimbus und war zugleich geeignet für die Herausbildung eines Mythos, der sich in der nahen Großstadt prächtig entfalten konnte. Mit dem Kauf des Schlosses Freienwalde begann in Berlin der neue Rathenau zu strahlen. Es war nun immer öfter die Rede vom erfolgreichen Wirtschaftsmann, der sich bisweilen, des Geldverdienens und Machtausübens überdrüssig, in die Einsamkeit der Mark zurückziehe, um auf seinem Schloßgut versunken seine Arbeit als Autor zu tun. Das paßte vorzüglich in das vielseitige Bild, das Rathenau von sich selbst hatte.

Die Architekturhistoriker sehen weniger die psychologische Komponente des Kaufes, der in der Hauptstadt als eine typische Überspanntheit des Rathenau-Sohnes belächelt wurde. Sie honorieren einhellig, daß der neue Besitzer das kunsthistorisch wertvolle Zeugnis des preußischen Klassizismus vor dem sicheren Verfall gerettet hat. Das Schloß war 1798/99 von dem Architekten Gilly, dessen Arbeiten auch den Entwurf der Grunewalder Villa inspiriert hatten, im Auftrag der Witwe von König Friedrich Wilhelm II. erbaut worden. Friederike Luise hatte in Freienwalde ihren Sommersitz eingerichtet. Als sie starb, nutzte die Familie das Schloß nicht mehr, und es verfiel.

Rathenau stellte den alten Zustand weitgehend wieder her. Nur einen Balkon mit dorischen Säulen, den Gilly nicht vorgesehen hatte, ließ er anbringen – als Ausdruck seiner tiefen Liebe zur griechischen Antike. Er verbrachte in den Jahren vor dem Krieg viel Zeit in Freienwalde, war fast jedes Wochenende dort und arbeitete in den Gärten, die er mit besonderer Sorgfalt pflegte. Rathenau bemühte sich sogar erfolgreich darum, das Schloß wieder mit dem teilweise schon ausgemusterten Originalmobiliar von Friederike Luise auszustatten.

In Freienwalde arbeitete er an den großen Texten der Vorkriegs- und Kriegsjahre. Dort, in der Abgeschiedenheit der Mark, gelang es dem Zeitungspublizisten, sich von der essayistischen und oft für den Tag geschriebenen Form zu lösen und zu dem langen Atem zu kommen, den breiter angelegte Betrachtungen aus einem Guß brauchen.

Ab und an lud Walther sich Gäste in die Mark ein. Gerhart Hauptmann zum Beispiel, der in diesen Jahren ein enger Freund wurde und mit dem er viel über seine schriftstellerischen Ambitionen sprach, war oft auf Schloß Freienwalde zu Gast.

Rathenau hat das Schloß später der Öffentlichkeit zugänglich gemacht und es nach dem Krieg in eine Stiftung umgewandelt. Nach seinem Tod schenkte die Familie das Anwesen dem Kreis Ober-Barnim – mit der Auflage, daß der Kreis das Schloß niemals verkaufen dürfe und es als Zeugnis altpreußischer Landbaukunst erhalten müsse.

Die Nazis taten alles, um dieses Vermächtnis zu zerstören. Sie unterbanden die denkmalschützerische Pflege und lösten die Stiftung auf. In den Kriegswirren fielen russische Soldaten in das Schloß ein und verwüsteten es. In der DDR diente es als »Puschkinhaus« der Kulturarbeit und beherbergte die Kreisbibliothek. Nach der Wende wurde Freienwalde jedoch wieder dem von Rathenau bestimmten Zweck zugeführt. Heute beherbergt es eine Rathenau-Ausstellung und soll, sobald Rußland den als Beutegut beschlagnahmten Rathenau-Nachlaß freigibt, diesen aufnehmen.

Die Industrie hatte Rathenau kaum noch Erfolgserlebnisse zu bieten; die AEG verhielt sich nach der Gesundung des Vaters wieder so zögerlich und kränkend wie früher. Die Politik hatte alle seine Leistungen geflissentlich übersehen und ihn mit beschämend subalternen Positionen abspeisen wollen. Was blieb ihm also, dem verkannten Einzelgänger?

Die Kunst. Und zur Kunst, wie Rathenau sie verstand, gehörte ein standesgemäßes Domizil. Seine Kunst war nicht die staubige und rastlose Zeitungsschreiberei seines Freundes Maximilian Harden. Die Kunst, der sich Rathenau nach den Enttäuschungen der letzten Jahre widmen wollte, war etwas anderes. Sie war ein Gesamtkunstwerk: ein Lebensstil, ein Werk, ein Gedankengebäude, eine Schöpfung.

So etwas vollbrachte man nicht im Studierzimmer am Tiergarten, wo unablässig Besucher hereinkamen und sich die Verwandtschaft im Hintergrund bemerkbar machte. Mochten die Lästermäuler Schloß Freienwalde doch als ein Schnäppchen für Emporkömmlinge ansehen, für Rathenau war es das ideale Domizil – eine repräsentative Immobilie, die ihm aristokratischen Glanz und das Ansehen einer geachteten Geistesgröße verlieh.

Machte das frisch erworbene Landschloß äußerlich einen eher gesetzten, großbürgerlichen Eindruck, so orientierte sich Rathenau bei der Inneneinrichtung von Freienwalde an einer kühlen, sehr intellektuellen Ästhetik. Die großen Räume wurden nur sparsam mit Friederike Luises Möbeln bestückt. Rathenaus Schloßräume strahlten Gediegenheit aus, aber sie atmeten die gleiche unpersönliche Atmosphäre, die selbst wohlmeinende Besucher später bei seiner Stadtvilla im Grunewald monierten.

Zu Beginn des Jahres 1911 war auch die Villa endlich bezugsfertig. Am 17. Januar verbrachte Walther dort seine erste Nacht. Am gleichen Tag erreichte ihn eine ernüchternde Nachricht. Sie betraf das knapp zwei Jahre zuvor erworbene Schloß Freienwalde, sein Refugium, den einzigen Ort, an dem er wirklich arbeiten konnte.

Der Gesandte der Niederlande wandte sich an Rathenau. Königin Wilhelmine bat darum, die Gebeine der Prinzessin Pauline von Oranien-Nassau, die 1806 als sechsjähriges Kind in Freienwalde verstorben war und im Garten des Schlosses ruhte, nach Delft überführen zu lassen.

Rathenau dachte nicht daran, dieser Bitte Folge zu leisten. Das über 100 Jahre alte Grab der kleinen Prinzessin war die Attraktion seines Parks. Und hatte er nicht für das gesamte Ensemble bezahlt? Also gehörte das Grab doch ihm.

Der holländische Hof wandte sich in der leidigen Sache an die kaiserliche Verwaltung in Berlin. Der als Oberhofmarschall und Minister des königlichen Hauses zuständige August Graf zu Eulenburg (nicht identisch mit dem damals längst abgetauchten Philipp Fürst zu Eulenburg und Hertefeld), der Rathenau den Besitz verkauft hatte, vertrat die Ansicht, daß der neue Besitzer zu der Überführung der Gebeine verpflichtet sei: Schließlich habe er mit dem Kauf der Perle aus der kaiserlichen Schatulle nicht nur Rechte, sondern auch aristokratische Pflichten geerbt – auch wenn er kein Aristokrat war.

Für Rathenau handelte es sich um eine Frage seines neuen Status. Er weigerte sich aus rechtlichen Gründen, dem Ansinnen der Niederländer nachzukommen, pflegte aber, seit er das Schloß bezogen hatte, das Grab der kleinen Prinzessin wie eine Grabstätte seiner Familie.

Als die Holländer immer nachdrücklicher auf ihrem Recht auf die Gebeine beharrten, gab er nach. Er wollte nicht einem großen europäischen Adelshaus gegenüber kleinlich erscheinen und befürchtete zu Recht, die Sache könne groteske Züge annehmen. Zudem wurde ihm aus Holland signalisiert, die Gebeine der kleinen Prinzessin seien den Oraniern so wichtig, daß sie bereit seien, dafür auch einen hochrangigen Orden zu spendieren.

Eulenburg hatte dennoch eine Demütigung parat: Rathenau durfte die Gebeine der Prinzessin nicht ohne persönliche Genehmigung des Kaisers ausführen. Und die mußte er formell erbitten. Rathenau war entnervt – und er spürte wohl, daß es Eulenburg nur darauf anlegte, ihm zu zeigen, daß er trotz des Schlosses in seinen Augen ein stilloser Berliner Emporkömmling blieb.

Auch wenn er sonst vor keiner handfesten Auseinandersetzung zurückschreckte – auf solche Kämpfe ließ Rathenau sich nicht ein. Er beantragte untertänigst die Genehmigung, bekam sie prompt und erhielt als Dank des niederländischen Hofes für seine Kooperation einen weiteren begehrten Orden, den Stern zum Hausorden von Oranien.

Die Sache sprach sich natürlich herum. Bald traute man in den interessierten Kreisen Rathenau schon so viel Routine in Ordensangelegenheiten zu, daß sich andere Prominente mit ihren diesbezüglichen Sorgen an ihn wandten.

Auch in prekären Gesellschaftsangelegenheiten hielt man sich in Berlin mittlerweile an den »Elektrikerjungen« aus der Chausseestraße. So wurde er vom Kunsthändler und Verleger Paul Cassirer hinzugezogen, als der als Trampel bekannte Berliner Polizeipräsident Traugott von Jagow (nicht zu verwechseln mit dem Außenstaatssekretär Gottlieb von Jagow) wieder einmal in ein Fettnäpfchen getreten war.

Jagow war eine schillernde Gestalt der Berliner Politik. In den Jahren 1911 und 1912 machte er durch eine rigorose Theaterzensur und Erlasse von sich reden, die Damen das Tragen großer Hüte verboten. Jagow pflegte in Begleitung seiner Beamten auch Proben zu besuchen. Bei einer solchen Gelegenheit lernte er auf einer Probe des Skandalstücks *Die Hose* von Carl Sternheim die junge und äußerst attraktive Tilla Durieux kennen, den Liebling der Berliner Theaterwelt. Angetan von der Schauspielerin, versuchte er, ihr zu imponieren, indem er sich kurzerhand zu weiteren Vernehmungen bei ihr zu Hause einlud. Die Durieux empfand das als eine grobe Belästigung und beschwerte sich bei ihrem Gatten – dem Kunsthändler Cassirer.

Damit die Sache nicht allzusehr hochkochte, nahm sich Rathenau ihrer an. Er stand mit dem allseits verhaßten Jagow auf vertrautem Fuß, der Polizeipräsident war später sogar Gast bei ihm im Grunewald. So gelang es ihm, die Durieux-Affäre durch einen diplomatischen Eingriff zu entschärfen, was ihm den Dank Cassirers und den Ruf eines »elder statesman« der Berliner Gesellschaft einbrachte.

In der Weihnachtsnummer der Wiener *Neuen Freien Presse* von 1909 erschien ein Artikel von Rathenau, Titel: »Unser Nachwuchs«. Vor allem ein Satz löste einen Aufschrei in Deutschland aus. »Dreihundert Männer, von denen jeder jeden kennt, leiten die wirtschaftlichen Geschicke des Kontinents und suchen sich Nachfolger aus ihrer Umgebung.«

Viele Leute, die das lasen und die wußten, wer der Mann war, der diesen Satz geschrieben hatte, fühlten sich in ihren dunklen Ahnungen bestätigt. Zu dieser Zeit war allgemein bekannt, daß der Sohn des AEG-Gründers zwar nicht unbedingt das Sagen im Konzern seines Vaters hatte, daß er aber über zahlreiche Aufsichtsrats- und Vorstandspositionen einen immensen Einfluß in der europäischen Wirtschaft ausübte. Man konnte getrost davon ausgehen, daß der kryptische Satz nicht das Produkt eines verblendeten Sozialisten war, sondern daß hier jemand aus dem innersten Zirkel der Macht aus dem Nähkästchen plauderte. Und da Rathenau bekanntermaßen Jude war, fühlten sich viele dazu aufgerufen, sein Geständnis zu differenzieren: Es seien 300 Juden, die das Land, ja den Kontinent, vielleicht sogar die Welt beherrschten – die geheimnisvollen Weisen von Zion vielleicht. Endlich hatte einer dieser mächtigen Hintermänner ausgepackt. Rathenau wurde zum »Kronzeugen«[3] der jüdischen Weltverschwörung.

Natürlich hatte Rathenau den Mund wieder sehr voll genommen. Aber man maß ihn mit dieser Elle, und man schaute – vielleicht zum ersten Mal – kritisch auf die Fäden, die er in den Händen hielt, seit er sich aus der AEG entfernt hatte, um über Banken und in Aufsichtsräten fremder Konzerne Einfluß auf die Wirtschaft zu nehmen.

Selbst der ihm wohlgesinnte und nicht minder an Macht und großes Geld gewöhnte Harry Graf Kessler staunte nicht schlecht, als ihm Rathenaus Sekretär Hugo Geitner eine Aufstellung aller Aufsichtsrats- und Vorstandstätigkeiten aushändigte.[4] Neben der AEG wirkte Rathenau vor allem in den von ihm gegründeten, ja erfundenen Elektrochemischen Werken, die er zwar nicht mehr direkt führte, aber immer noch besaß. Dazu kamen Kontroll- und Beratungsfunktionen in großen Verkehrsunternehmen, in Automobilwerken, Baumwollspinnereien, den Gruben und Hütten des Fürsten Guido Henckel von Donnersmarck, der ihn in seinen Traditionskonzern geholt hatte. Neben den weit über 80 deutschen Unternehmen, in denen Rathenau auf irgendeine Art mitregierte, übte er auch in sechs italienischen, sechs schweizerischen, zwei südamerikanischen, zwei spanischen, einem afrikanischen, einem finnischen, einem französischen, einem österreichischen und sogar einem russischen Unternehmen Einfluß aus.

In Rathenaus illustrer Liste sind Branchen zu finden, zu denen er auf den ersten Blick kaum Zugang haben konnte: Spinnereien und Webereien, Glasindustrie, Kaliwerke, Werften, Papierfabriken, keramische Industrie und die Edelsteinproduktion. Doch bei näherem Hinsehen erschließen sich viele Querverbindungen aus biographischen Zusammenhängen: so die Luftschiffahrt – er war an der Deutschen Luftreederei in Berlin beteiligt – durch seine elektrochemischen Geschäfte mit den Bitterfelder Luftpionieren, denen er sein Abfallprodukt Wasserstoff für ihre Ballons lieferte. Zugang zur Werftindustrie fand Rathenau durch seine Bekanntschaft mit Albert Ballin, der die Reederei Hapag-Lloyd gegründet hatte, um seinen Glaubensgenossen aus Osteuropa die Überfahrt in die Neue Welt zu ermöglichen.

Rathenau war nicht wirklich aus der Industrie ausgestiegen – auch wenn er sich vor seiner ersten Afrikareise gern diesen Anschein gegeben hatte, um den Ernst seiner politischen Ambitionen zu unterstreichen und der AEG seinen Unmut darüber zu signalisieren, daß man ihn nicht an der Lenkung des Konzerns beteiligen wollte. Als sich abzeichnete, daß die kaiserliche Administration keine Anstalten machen würde, ihm die erhoffte Belohnung für sein Engagement zukommen zu lassen, die er verdient zu haben glaubte, begann Rathenau sofort, sich wieder stärker in der Industrie zu engagieren.

Die AEG hatte trotz aller Querelen nicht vergessen, was sie an dem Junior hatte. So wurde er schon kurz nach seiner Heimkehr aus Deutsch-Südwest mit einer prekären Aufgabe betraut. Rathenau sollte Bankhäuser zusammenführen, mit denen die AEG eng zusammenarbeitete: die Banken Delbrück, Leo & Co. und Gebrüder Schickler. Trotz seiner Auszeit scheint ihm diese Operation in kurzer Zeit gelungen zu sein. Jedenfalls erschienen am 11. Januar 1911 die Bankiers bei ihm und überreichten ihm feierlich eine kostbare französische Empireuhr als Dank für seine Unterstützung bei ihrer Fusion.[5]

Kessler weist im Zusammenhang mit dem vielbeachteten Artikel in der österreichischen *Neuen Freien Presse* auch auf seine Aktivitäten bei der Abwicklung bedeutender Fusionen der AEG hin. Dies betraf vor allem die Verschmelzung des Konzerns mit Felten & Guillaume und mit Lahmeyer. Die Regie der komplizierten Vorgänge wurde ihm vom Vater und dem übrigen Vorstand wohl deshalb überlassen, weil man in der Brunnenstraße wußte, daß Walther durch seine Bankentätigkeit den Ruf hatte, souveräner und weniger parteiisch zu agieren als die stromlinienförmigen Macher aus der AEG-Konzernspitze.

Die organisatorisch wie juristisch schwierigen Fusionen erledigte Rathenau äußerst gewissenhaft und gar nicht so en passant, wie man ihm das oft unterstellt hat. In den Archiven der AEG lagern Unmengen von Akten, die belegen, wie engagiert und detailbesessen Rathenau derartige Geschäfte behandelte. So pflegte er Firmen, die in den Konzern eingegliedert werden sollten, unangemeldet zu besuchen und dabei nicht eher Ruhe zu geben, bis er »intimen Einblick in die technischen und kaufmännischen Vorgänge«[6] erhalten hatte.

Die Annahme, in der Wiener Zeitung spreche einer von den Machtverhältnissen in Europa, der wirklich wußte, was er sagte, war also gar nicht so falsch. Warum aber hat Rathenau diesen Artikel geschrieben? Warum hat er eine überspitzte Behauptung in die Welt gesetzt, die Anlaß zu Fehlinterpretationen und gehässigen Angriffen geben mußte? Jeder andere hätte diese Sätze von den 300 Mächtigen, die den Kontinent beherrschten, schreiben können, ohne daß sich jemand darüber aufgeregt hätte. Aber wenn Rathenau so etwas äußerte, dann mußte er damit rechnen, daß man es anders las – als eine geheime Offenbarung, als ein Geständnis, ja als einen Verrat. Warum ging er dieses Risiko ein?

Rathenau wollte nach der ernüchternden afrikanischen Erfahrung wieder dort publizistisch anknüpfen, wo er aufgehört hatte – bei Artikeln wie »Höre Israel!« etwa. Zwar hatte man ihm diese Texte um die Ohren gehauen, und der Vater hatte sich die Haare gerauft. Aber er war damit zu einer Institution geworden – fast so gefürchtet und bejubelt wie sein Freund Harden. Doch im politischen Journalismus gelten alte Sporen wenig. Man muß jederzeit nachlegen können, wenn man will, daß die Leser nicht aufhören sich zu empören. Das ist das einzige Rezept für den Erfolg. Früher war das nicht anders als heute.

Rathenau schlug also wieder die Trommel. Was er in der drögen Phase des sich nervös abstrampelnden Imperialismus zu sagen hatte, war nicht neu. Die Spatzen pfiffen es von den Dächern, auch wenn nur wenige es hören wollten: Der Kaiser und seine Trabanten brachten mit ihrer Politik des Ausreizens Deutschland nicht etwa an einen Platz an der Sonne, sondern an den Rand eines Krieges. Damit konnte er niemanden mehr hinter dem Ofen hervorlokken. Im übrigen wäre es auch nicht klug gewesen, sich nach den aktuellen Zurückweisungen durch die politische Klasse so frontal gegen sie zu stellen. Das hätte zu sehr nach einem billigen Rachefeldzug ausgesehen.

Also blieb ihm ein Ausweg: Er mußte publizistisch von seinem Ruf als mächtiger Sproß einer Konzerndynastie profitieren. Rathenau schrieb auf einen Effekt hin, der sich sicher ergab, wenn er als Insider der Macht deren geheimste Mechanismen ausplauderte.

Das, was Rathenau in seinem Wiener Artikel sagte, war nicht ganz falsch. Aber es bekam eine übertriebene Bedeutung durch den, der es aussprach. Die Leser standen kopf. Endlich trat das zutage, was jedermann zu wissen glaubte: Daß es eine Machtelite gab, die tun und lassen konnte, was sie wollte, weil sie völlig unter sich war und niemand sie kontrollierte.

Im Deutschland des Jahres 1910 bedurfte es nur wenig, um diesem Gären eine antisemitische Färbung zu geben. Waren es nicht die Juden, die Rathenaus, Ballins, Dernburgs, die allenthalben am großen Rad drehten? Hatten diese Magnaten das Wohl des deutschen Volkes im Sinn? Waren der Kaiser und die alte Klasse nicht machtlos gegen die Wirtschaftsloge, die die Politik finanzierte und die auch die Früchte der weithin unverdauten industriellen Revolution erntete?

Rathenaus Artikel »Unser Nachwuchs« hatte längst nicht die Schärfe und Bitterkeit von »Höre Israel!«. Es handelte sich bei dem Text in der *Neuen Freien Presse* um eine Koketterie. Rathenau brüstete sich mit einem Wissen, das ihn angeblich befähigte, die innersten Mechanismen der Macht zu durchschauen.

Es war diese Attitüde des Machers und Mitmachers, die die Leute so aufbrachte. Allein die Haltung des Renegaten, der auch noch einen gewissen Schauder der Arroganz den Unwissenden und Machtlosen gegenüber spüren ließ, rief die erdbebenhafte Reaktion hervor, die einige Beobachter später vollmundig tönen ließ, Rathenau habe sich mit diesem Artikel sein Grab geschaufelt.

Doch es gab nicht nur negative Reaktionen. Der Schriftsteller Frank Wedekind, mit dem Rathenau schon seit einigen Jahren freundschaftlich verkehrte, versuchte ihn dazu zu ermutigen, eine Art »Gotha der Wirtschaft« zu verfassen, ein Werk, das diese 300 Mächtigen Mann für Mann porträtieren und damit entzaubern sollte.

Rathenaus Entgegnung vom 4. November 1912, so geschickt sie verfaßt war, zeigte deutlich, was es mit seiner nebulösen Rede von den 300 Mächtigen wirklich auf sich hatte: »... mein Ausspruch war eine Art Indiskretion. Die wirklichen ›300‹ haben die Gewohnheit und Vorsicht, ihre Macht abzuleugnen [...] Dagegen werden nicht 300, sondern 3000 Kommerzienräte sich melden, die Strümpfe oder Kunstbutter wirken, und sagen: wir sind es. Die Macht liegt in der Anonymität; ich kenne unter den Bekanntesten – nicht unter den Bedeutendsten – einen, den überhaupt niemand zu sehen bekommt, außer seinem Barbier. Ich kenne einen, der fast arm ist und die gewaltigsten Unternehmen beherrscht. Ich kenne einen, der vielleicht der reichste ist und dessen Vermögen seinen Kindern gehört, die er haßt. Einer arbeitet für das Vermögen der Jesuiten, ein anderer ist Agent der Kurie.«[7]

Auch wenn Rathenau auf diesem Weg versucht, den antisemitischen Zungenschlag in der Kritik zu neutralisieren – er betreibt weiter eine Mystifizierung. Da, wo Wedekind sich Transparenz und Aufklärung wünscht, webt er an der Legende der unnahbaren, anonymen Macht.

Doch Rathenau hat in diesen Jahren auch noch anderes geschrieben. Zeilen, die wahrhaftiger waren als die vollmundige angebliche Innenansicht der Macht, die er Weihnachten 1909 in Wien zum besten gegeben hatte. Ein gutes Jahr später findet er zu seiner alten Klarheit und einer politischen Diktion zurück. In »Staat und Judentum« heißt es: »Ich sehe Schatten aufsteigen, wohin ich mich wende. Ich sehe sie, wenn ich abends durch die gellenden Straßen von Berlin gehe; wenn ich die Insolenz unseres wahnsinnig gewordenen Reichtums erblicke; wenn ich die Nichtigkeit kraftstrotzender Worte vernehme oder von pseudogermanischer Ausschließlichkeit berichten höre, die vor Zeitungsartikeln und Hofdamenbemerkungen zusammenzuckt. Eine Zeit ist nicht deshalb sorgenlos, weil der Leutnant strahlt und der Attaché voll Hoffnung ist. Seit Jahrzehnten hat Deutschland keine ernstere Periode durchlebt als diese.«[8]

»Staat und Judentum« fand weithin Beachtung. Rathenau nahm in dem Text Stellung zu einem Reizthema des wilhelminischen Staates: zum Verhältnis zwischen Christen und Juden. Doch diesmal verzichtete er völlig auf jene autoaggressive Zuspitzung von »Höre Israel!«, die ihn die Aufmerksamkeit seriöser Leser gekostet hatte.

Noch einmal unterstrich er seine Abneigung gegen die Taufe aus Kalkül. Aber er setzte sich auch hart von seiner Polemik »Höre Israel!« ab: Der deutsche Jude ist nicht schlechter als sein christlicher Landsmann. Rathenau verwahrt sich nun gegen eine Haltung, die er früher selbst kultiviert hat: Nämlich die Unart, die Minderheit der ländlichen und orthodoxen Ostjuden als Maßstab für die Judenheit als Ganzes zu nehmen. Auch verteidigt er die manchmal etwas exaltierten Rechtfertigungsversuche der Juden gegen die schlechte Behandlung, die sie durch Nichtjuden erfuhren. Mit den Feinden der Juden hingegen geht der Autor hart ins Gericht: Er entlarvt die antisemitischen Ausfälle des preußischen Adels als eine besonders plumpe Art von Konkurrenzverhalten gegenüber den innovativen und wendigen Emporkömmlingen aus der Wirtschaft.

Obwohl Rathenau sich zeitweilig von der Politik abgewandt hatte, hatte er dennoch nicht sein Gespür für die politische Kultur verloren, und er konnte diesem weiterhin Ausdruck verleihen. Es gibt nur wenige Schlaglichter, die drei Jahre vor der Katastrophe so seismographisch genau die wahre Stimmung der Zeit vermitteln wie »Staat und Judentum«.

Rathenaus Rückkehr in die Wirtschaft verlief nahezu übergangslos – vielleicht auch, weil sein Abschied nur aus politischen Gründen behauptet worden war, er seine ökonomischen Kontakte aber weiter gepflegt hatte. Bereits im Mai 1910 befand sich Rathenau in Paris. Er hatte einen prekären Auftrag übernommen.

In Nordafrika hatte traditionsgemäß Frankreich das Sagen. Doch das Deutsche Reich unterstützte, auch wenn es nicht im gleichen Maße wie Paris als Kolonialmacht präsent war, die Interessen seiner Geschäftsleute in der Region. So gerieten die beiden mächtigen europäischen Staaten dort immer wieder aneinander.

Die Gebrüder Mannesmann hatten Ambitionen, sich an Minen in Marokko zu beteiligen. Sie überwarfen sich deshalb mit der von der französischen Firma Schneider-Creusot kontrollierten »Union des mines«. Obwohl es bei der Angelegenheit nicht um riesige Profite ging, waren auf beiden Seiten heftige Emotionen im Spiel. Mannesmann wußte sehr wohl, daß die Franzosen in Nordafrika die stärkere Position hatten und die Deutschen sich auf gefährlichem Terrain bewegten, solange sie gegen deren Interessen handelten. Also verließen sie sich nicht mehr nur auf die vollmundigen Versprechungen ihrer heimischen Kolonialpolitiker, die im Reichstag unnachgiebig für die Rechte der deutschen Wirtschaft in Afrika eintraten, vor Ort jedoch nichts ausrichten konnten.

Sie beschlossen, einen Mann nach Paris zu schicken, um mit Schneider-Creusot zu verhandeln und den Konflikt ohne noch größeren politischen Theaterdonner zu beenden. Rathenau schien den Brüdern aus dem Ruhrgebiet der Richtige für diese brisante Aufgabe zu sein.

Sogar der Kaiser war damit einverstanden, daß ein Wirtschaftsmann versuchte, abseits der großen Bühne, wo nationalistische Phrasen gedroschen wurden, eine vernünftige Lösung zu finden. Wilhelm II. ließ sich sogar dazu hinreißen, Rathenau in Paris als seinen Freund anzukündigen – natürlich auch, damit man dort nicht auf die Idee kam, daß man mit dem Banker aus Berlin anders verfahren könne als mit den knochenharten Staatssekretären.

Die Situation war verfahren. Die Mannesmann-Emissäre hatten in Marokko mit dem Sultan Vereinbarungen getroffen, die ihnen gewisse Abbaurechte zusicherten. Nun glaubten sie, diese Vereinbarungen, die nicht ohne weiteres mit dem internationalen Minengesetz in Einklang zu bringen waren, auch auf die Gebiete ausdehnen zu können, die bereits von französischen Gesellschaften beherrscht wurden.

Rathenau ging sehr behutsam vor. Er sicherte den Leuten von der »Union des mines« zu, daß man nicht beabsichtige, mit juristisch fragwürdigen Mitteln oder gar mit Brachialgewalt in ihre Domäne einzudringen. Er warb aber auch um Verständnis dafür, daß die Brüder Richard und Max Mannesmann schon einiges in Marokko investiert und deshalb auch ein Recht darauf hätten, außerhalb der französischen Interessensphäre Minen zu betreiben. Und er erreichte mit dieser allseits ausbalancierten Strategie das Unmögliche: In der überhitzten Atmosphäre der Furcht vor dem Expansionsdrang der »verrückten Deutschen« schien man bei Schneider-Creusot Mannesmann gewisse Abbaurechte zugestehen zu wollen.

Während der schwierigen Verhandlungen fand Rathenau kaum Ruhe: Die Mannesmann-Brüder übertrumpften sich gegenseitig mit neuen Einfällen, die die Atmosphäre in Paris vergifteten. Rathenau wurde mit Telegrammen und widersprüchlichen

Telephonanweisungen der untereinander nicht einigen Brüder terrorisiert. Er schrieb entnervt an Harden, die Mannesmann-Brüder betrieben »mit Leib und Seele eine Hintertreppenpolitik, halb Sherlock Holmes, halb Monte Christo«[9].

Rathenau erreichte es dennoch, daß die »Union des mines« bereit war, seinen Vorschlägen zu folgen. Aber Mannesmann dachte nicht daran, sich so schnell zufriedenzugeben. Nun ließen die tollen Brüder es sich einfallen, ihre ohnehin strittigen Ansprüche auch noch auf französische Gesellschaften auszudehnen, die bisher gar nicht Gegenstand der Verhandlungen gewesen waren.

Nun reichte es. Rathenau warf den Mannesmanns die Mission vor die Füße und kehrte auf der Stelle nach Berlin zurück. Auch wenn später behauptet wurde, die Pariser Verhandlungen seien an ihm gescheitert: Gerade bei diesem Unternehmen hatte sich gezeigt, wie ausdauernd und überlegt er handelte, wenn er sich auf seinem ureigensten Gebiet bewegte, nämlich der Wirtschaft. Da war er ganz anders als in seinen hitzigen Schriften, in denen er keine Gelegenheit ausließ, zu provozieren und durch schrille Töne um Aufmerksamkeit zu werben. Als Wirtschaftsmann bewies er Objektivität, Sachverstand und eine katzenhafte Geschicklichkeit.

Auch bei einer aufsehenerregenden Elefantenhochzeit stand Rathenau Pate. Die AEG schloß sich 1911 mit der metallverarbeitenden Firma Felten & Guillaume zusammen, eine Fusion, die vor allem wegen der Konkurrenzsituation mit Siemens, dem zweiten Elektrogiganten, sehr viel Beachtung erfuhr.

Felten & Guillaume existierten bereits sei 1829 in Mülheim und galten als ein hochsolides Unternehmen. Zusammen mit Siemens-Schuckert und der AEG hatten Felten & Guillaume die Hamburger Stadt- und Vorortbahn gebaut und bei zahlreichen ähnlichen Projekten im Ausland kooperiert.

Felten & Guillaume produzierten seit jeher Eisen- und Stahldraht, hatten sich aber mit der wachsenden Elektrowirtschaft auf Kupferdraht, Kabel und verschiedene Gummiwaren kapriziert. Zusammen mit der Frankfurter Firma Lahmeyer belieferten Felten & Guillaume Zentralstationen und große Elektrounternehmen. Doch die gemeinsame Betriebsführung mit den Frankfurtern rechnete sich nicht, da es keine einheitliche Linie in der

Firmenpolitik gab. Also schielte man in Mülheim auf einen der großen Konzerne als Partner.

Rathenau war schon im Vorfeld an der Transaktion beteiligt: Er fädelte den Tausch von zehn Millionen AEG-Aktien gegen Felten-&-Guillaume-Aktien im Wert von 16 Millionen Mark ein. Das Aktienkapital der Firma betrug zum Zeitpunkt der Fusion 55 Millionen Mark. Nun war die AEG an Felten & Guillaume beteiligt und führte die Frankfurter Firma Lahmeyer. Über die Verbindungen der beiden Firmen nach Süddeutschland und ins Ausland gelang es den Berlinern, sich neue Geschäftsbereiche zu erschließen.[10]

1910, als der große Konzentrationsprozeß im Elektrobereich abgeschlossen war, verfügte die AEG damit über ein Aktienkapital von 100 Millionen Mark; ein Finanzstock, mit dem sich selbst in schwierigen Zeiten großzügige Investitionen tätigen ließen. So kauften die Manager in der Brunnenstraße die Automobil AG Kühlstein in Charlottenburg und eröffneten gleich neben ihrem riesigen Kabelwerk an der Oberspree eine eigene Automobilfabrikation. In diesem Werk wurden sowohl elektrisch betriebene Automobile als auch solche mit Verbrennungsmotoren hergestellt. Um das Autowerk mitversorgen zu können, vergrößerte das Kabelwerk noch einmal seine für Berlin ohnehin schon gigantischen Anlagen: Eine eigene Eisen- und Stahlfabrik und ein Messingwalzwerk entstanden.

Die anspruchsvoll vom AEG-Hausdesigner Peter Behrens gestalteten, leichten und gedrängten, aber leistungsstarken Dieselmotoren der AEG wurden ein Verkaufsschlager. Sie fanden im Schiffsbau ebenso Verwendung wie bei Straßenbahnen und Flugzeugen.

Um diese Zeit beschäftigte die AEG 60 000 Arbeiter und Angestellte.[11]

Aber nicht nur dem Konzern ging es am Ende der Krisenjahre wirtschaftlich gut. Rathenaus ökonomische Routine und sein – für einen Künstler selbstverständliches – Talent, sich in die Gemütsverfassung seines Gegenübers einfühlen zu können, zahlten sich mittlerweile in astronomischen Profiten aus. Im Spätsommer 1908, als er sich in der Geschäftswelt vom Ausflug in die Politik zurückmeldete, betrug sein Jahreseinkommen etwa 205 000

Reichsmark. Zwei Jahre später, nach der leidigen Mannesmann-Mission in Paris und der gelungenen Fusion der Bankhäuser Delbrück und Schickler in Berlin, verdiente Rathenau jährlich schon 295 000 Reichmark. Im Laufe der Jahre war sein persönliches Vermögen durch die Erlöse aus den Patenten, die er hielt, und die zahlreichen Aufsichtsrats- und Vorstandsposten auf zwei Millionen Reichsmark angewachsen.[12]

Und trotz seiner vielfältigen wirtschaftlichen Aktivitäten ließ ihn die Politik nicht los. So bemühte ihn das Reichsschatzamt als Berater in einer heiklen Angelegenheit: Man wollte den Wildwuchs der lokal tätigen und sich gegenseitig oft paralysierenden Elektrizitätsunternehmen kontrollieren. Deutschland sollte nach dem Willen der Politiker ein Elektrizitätsmonopol erhalten.

Rathenau, der für einen der größten Elektrokonzerne tätig war, zeigte sich überraschenderweise sehr interessiert an diesem Plan. Er glaubte am Beispiel der Kooperation von Hugo Stinnes' RWE mit der Berliner AEG eine staatlich kontrollierte Elektrizitätsindustrie und -versorgung aufbauen zu können. Rathenau ging dabei von einem Einnahmeaufkommen von 25 Millionen Reichsmark aus. Die privaten Interessenten sollten vom Staat Konzessionen pachten und sich die Einnahmen teilen. Mit dieser Regelung wollte Rathenau die Organisation der Stromerzeugung vereinheitlichen und produktiver gestalten.

Es wurde jedoch nichts aus dem Plan des Reichsschatzamts. Erstens war er politisch nicht ohne weiteres durchzusetzen, und zweitens glaubte man nicht, daß ausgerechnet der AEG-Mann Rathenau die Interessen der Allgemeinheit über die seines Konzerns und seiner Branche stellen würde. Den drögen Finanzpolitikern im Schatzamt war die Vorstellung fremd, daß ein Mensch sich zwei einander widerstrebenden Prinzipien verbunden fühlen könnte.

Neben solchen Unternehmungen an der Nahtstelle zwischen Wirtschaft und Politik fand Rathenau Zeit für musische und gesellschaftliche Ambitionen. So pflegte er sehr engagiert seine Mitgliedschaft im Berliner Kaiserlichen Automobilclub von 1899. Er speiste fast täglich in den Räumen des Clubs am Leipziger Platz und liebte es auch, in dem britisch angehauchten Ambiente der Automobilisten-Vereinigung seine privaten Gäste zu empfangen –

wie zum Beispiel Hauptmann samt Gattin Margarete, mit denen Rathenau in diesen Jahren einen fast herzlichem Umgang pflegte.

Der exklusive Automobil-Club war nicht der einzige avancierte Klub der Kaiserzeit, dem Rathenau mit Leidenschaft angehörte. Als begeisterter Anhänger der neuen Technik trat er auch dem von August Scherl gegründeten Aero-Klub bei, in dem er am 27. Januar 1911 sogar in Anwesenheit des Kaisers die Tafel präsidierte[13].

Doch nicht nur Vereinigungen des gehobenen Lebensstil interessierten Rathenau, er setzte sich auch im sogenannten »Lyceumklub« für eine Neuerung ein, die im Preußen der Jahre 1910 und 1911 beträchtlichen Staub aufwirbelte: Die Mitglieder dieses Vereins kämpften engagiert für die Einführung höherer Mädchenschulen.

Mit Max Reinhardt führte er Gespräche über die Aufbauarbeit an dessen Berliner Volksbühne. Von Hauptmann wurde er zur Hauptprobe seines Dramas *Die Ratten* eingeladen und durfte sich ausgiebig über den Bau des Erfolgsstücks äußern – den zweiten Akt fand er schon bei der Hauptprobe besonders gelungen, und er sah sich bestätigt, als das Publikum diesen bei der Premiere ausgiebig beklatschte. Natürlich feierte er zusammen mit Hauptmann den überwältigenden Erfolg der *Ratten* im Hotel Adlon. Und er ließ es sich trotz seiner Arbeitsbelastung nicht nehmen, alle paar Tage mit der ewig schlechtgelaunten Mutter Mathilde vierhändig Klavier zu spielen.

Er fand sogar noch Zeit, an einer der grotesken Haupt- und Staatsaktionen dieser Jahre teilzunehmen. 1911 wurde der Plan, in Bingerbrück am Rhein ein Bismarck-Nationaldenkmal zu errichten, aufs heftigste in der politischen und künstlerischen Öffentlichkeit diskutiert. 1910 war ein Wettbewerb ausgeschrieben worden. Dabei hatte sich die Jury für einen Siegfried entschieden, der sich sinnend auf ein Schwert lehnte: Dies sollte Bismarcks politische Grundhaltung symbolisieren.

Der Hauptausschuß des Unternehmens besetzte daraufhin die Jury um und verlangte eine neue Entscheidung. Im neuen Gremium war auch Rathenau tätig. Am 21. Januar 1911 reiste er extra nach Bingen und Düsseldorf, wo die Jury tagte. Drei Tage lang beriet man, um die Spreu vom Weizen zu trennen. Abends begab man sich gemeinsam in die Düsseldorfer Oper, um Richard Wagners *Götterdämmerung* zu sehen und sich damit in die rechte Stimmung zu bringen. Rathenau hielt zwei kernige Reden, in denen er sich für den Entwurf »Siegfried Dolmen« aussprach. In sein Tagebuch notierte er am 26. Januar stolz: »Wurde daraufhin fast einstimmig angenommen.« Die Auseinandersetzung um das Denkmal ging trotz (oder gerade wegen) Rathenaus beherztem Eingriff weiter. Noch kurz vor dem Zweiten Weltkrieg wurde über das große Nationaldenkmal gestritten. Gebaut wurde es niemals.

Neuerdings verkehrte Rathenau auch bei Bernhard von Bülows Nachfolger, der in Freienwalde sein Nachbar war. Der – ebenso wie er selbst – hünenhafte Theobald von Bethmann Hollweg residierte, wenn ihm sein Amt das erlaubte, in seinem Heimatort Hohenfinow. Auch am 6. Februar 1911 ist Rathenau beim Kanzler zu einer künstlerischen Soiree geladen. Der Vorsitzende der Nationalliberalen Partei, Ernst Bassermann, nimmt Rathenau bei dieser Gelegenheit beiseite und fragt ihn, ob er sich vorstellen könne, bei der nächsten Reichstagswahl im Jahr 1912 für seine Partei zu kandidieren.

Rathenau läßt sich – trotz der schlechten Erfahrung der letzten Jahre – sofort wieder vom Virus der Politik anstecken. Zwar zeigt er sich am Abend noch kühl und überlegt, doch seine Entscheidung steht schnell fest: Er will die Chance ergreifen und ein weiteres Mal den Einstieg in die Politik versuchen.

Auch wenn er nie viel vom Reichstag gehalten hatte und die Politik tatsächlich anderswo gemacht wurde: Eine Kandidatur, die ihm einen sicheren Platz in der nationalliberalen Fraktion einbringen würde, war eigentlich die eleganteste Art, sich zurückzumelden, dachte Rathenau. Diesmal würde er nicht auf die Fürsprache von Angehörigen der aristokratischen Nomenklatura angewiesen sein. Die Wahl sollte ihn mit dem ausstatten, was sich mehr und mehr als moderne Insignie der politischen Macht erwies: mit einem Mandat der Wähler.

Vielleicht waren die Tage der alten Ordnung längst gezählt. Vielleicht würde ihr Ende schneller nahen, als Rathenau sich das in seinen Phantasien bisher ausgemalt hatte. Vielleicht hatte die

Oligarchie schon ausgedient. Vielleicht würden bald neue, demokratische Kräfte das Land regieren. Das war doch schon lange sein Traum gewesen: Die Herrschaft der Besten, nicht die Herrschaft der Grafen und ihrer unfähigen Nachkommen.

Rathenau war hellauf begeistert – und fühlte sich durch die Anfrage Bassermanns mehr als geschmeichelt. Bisher hatte sich noch keine Partei so offensiv um ihn bemüht und ihm unumwunden eine Kandidatur für die nächste Reichstagswahl angeboten. Für Rathenau muß diese denkwürdige Soiree bei Bethmann Hollweg ein himmlisches Zeichen gewesen sein: Er sollte in die Politik zurückkehren, es hatte sich unversehens ein Königsweg eröffnet.

Im Mai nimmt die Sache konkrete Formen an. Bassermann hat einen Wahlkreis für den Neuzugang gefunden: Er spricht eine förmliche Einladung aus, in Frankfurt (Oder) für die nationalliberale Partei zu kandidieren.

Rathenau aber bekommt plötzlich Bedenken. Nicht wegen der Kandidatur – wegen der Partei. Er möchte nicht auf dem Ticket einer Splitterpartei in den Reichstag einziehen, der sowohl innovativ-industriefreundliche als auch konservativ-nationale Kräfte angehören. Wenn er kandidiere, so teilt er Bassermann mit, wolle er zugleich auch Kandidat der Freisinnigen sein. Rathenau schwebt die Doppelkandidatur für einen liberalen Block vor, der dem Wähler sowohl wirtschaftliche Fachkompetenz und Offenheit für Reformen als auch eine solide außenpolitische Linie anbieten konnte. Abgesehen davon erhöhte es die Macht seines Wortes im Parlament, wenn er nicht nur für eine, sondern gleich für zwei Parteien sprach.

Bassermann und seine Freunde sind düpiert. Einen Kandidaten, der sich nur zur Wahl stellt, wenn eine andere Partei ihn ebenfalls ins Rennen schickt, hatten sie noch nie erlebt. Es kommen Zweifel an der Eignung Rathenaus für den harten Wahlkampf auf. Dennoch hält Bassermann, der die Partei seit 1897 anführt, an seiner Wahl fest.

Die Nationalliberalen, die »Reichsgründungspartei par excellence«[14], hatten im Zuge der turbulenten Entwicklung der vergangenen Jahrzehnte und vor allem seit Otto von Bismarcks

Abschied sehr an Einfluß verloren. Sie besaßen im Reichstag nur noch die Stärke einer Fraktion mittlerer Größe. Ihre besondere Bestimmung sahen sie in den Jahren vor dem Krieg darin, die imperialistischen Ziele des Kaisers, vor allem seine Kolonialpolitik, für eine breite, aufgeklärte Schicht mit liberalen Grundanschauungen akzeptabel zu machen. So hatte Bassermann während der Marokkokrise stramm getönt, das Deutsche Reich habe sich durch sein Nachgeben aus dem Kreis der Großmächte verabschiedet.[15]

Die ursprüngliche Deutsche Freisinnige Partei war 1884 aus Fortschrittspartei und nationalliberalen Sezessionisten entstanden. Die Freisinnigen hatten 1893 einen harten Richtungskampf wegen Georg Graf von Caprivis Militärvorlage nur mit schweren Blessuren überstanden und waren in der Wählergunst nach hinten gerutscht.

Ihren Platz nahm Eugen Richters Freisinnige Volkspartei ein – eine linksliberale Gruppierung, zu der auch noch eine Freisinnige Vereinigung hinzukam, die aber stärker rechts ausgerichtet war. Der Vereinigung gehörten viele Intellektuelle und Finanzleute an, es fehlte ihr aber an einer organisierten Führung; sie war mehr ein anspruchsvoller Debattierklub als eine Partei, die einen harten Wahlkampf durchstehen konnte.

Das Problem aller Liberalen, die im 19. Jahrhundert bedeutende Machtpositionen besetzt hatten, war ihre Kopflastigkeit. Ihnen fehlte die sozial gebundene Anhängerschaft. Sie griffen Wähler aus allen Lagern ab, hatten aber kein wirkliches Zuhause im Wahlvolk, auf das sie sich immer verlassen konnten. Auf dem flachen Land herrschten die Konservativen, in den Städten die Sozialdemokraten.

Ein weiteres Manko der Liberalen war das Fehlen einer durchgängigen Weltanschauung. Sie hatten zu viele Strömungen und soziale Charaktere unter ihrem Dach zu vereinigen, als daß sie eine gemeinsame Ideologie hätten herausbilden können. Da war der Kandidat Rathenau durchaus auch eine Chance für die heterogenen Freisinnigen. Er neigte zu liberalen Überzeugungen, ohne allerdings einem klassischen Liberalismus anzuhängen. Er stand für eine innovative Wirtschaft und einen Umbau des Gesellschaftssystems – wollte allerdings weder eine sozialistische Revolution noch eine völlige Freigabe der kapitalistischen Marktkräfte. Er war durch seine Ausstrahlung und seine Neigung, politisch und zugleich bildhaft zu formulieren, der ideale Mann für eine neue liberale Partei, in der sich alle hätten wiederfinden können, die nicht konservativ, aber auch nicht sozialdemokratisch dachten.

Doch dazu sollte es nicht kommen.

Die Gespräche mit Bassermann und seinem Bevollmächtigten zogen sich bis Juni 1912 hin. Es ist schwierig auszumachen, was genau der Grund für das Scheitern der Kandidatur war. Ein wichtiges Motiv mag Rathenaus radikales Eintreten für einen liberalen Block gewesen sein, der nationalliberale Rechte ebenso hätte aufnehmen können wie Sozialdemokraten. Das war nicht unbedingt das, was man von einem Kandidaten in Bassermanns Partei erwartete, der es um ein unverwechselbares Profil ging, nicht um die Öffnung nach allen Seiten.

Andererseits deutete sich schon 1912 an, daß Rathenau von der orthodoxen Auffassung des Liberalismus wenig hielt. Während er mit Bassermann und dessen Emissär Paul Fuhrmann über die Modalitäten der Kandidatur verhandelte, beriet er den Reichsfinanzminister weiter bei der Bildung des nationalen Elektromonopols – ein Vorhaben, dem die Liberalen naturgemäß skeptisch gegenüberstanden. Nicht nur der Vater war von den Monopolplänen alles andere als erbaut, Walthers neue Parteifreunde waren es noch weniger.

Auf Rathenaus Seite gab jedoch – wie so oft – ein Schlüsselerlebnis den Ausschlag für seinen Rückzug. Kurz vor der Entscheidung, unter welchen Bedingungen er die Kandidatur würde antreten können, kam ihm zu Ohren, daß es in »seinem Wahlkreis« Frankfurt (Oder) auf einer örtlichen Parteiversammlung zu Tumulten gekommen war.

Einige Parteimitglieder hatten empört protestiert, als ihnen mitgeteilt worden war, wen die Berliner Parteileitung ihnen als Kandidaten schicken wollte. Der Name Rathenau wirke wie »ein rotes Tuch« auf die Leute, hieß es.[16] Seine »verqueren« Ansichten waren bekannt, seine Herkunft auch. Es scheint hoch hergegangen zu sein in Frankfurt, und jemand hatte wohl, weil er sich nicht anders zu helfen wußte, das Argument vorgebracht, Rathenau könne nicht kandidieren, weil er Jude sei.

Das gab den Ausschlag. Rathenau zog seine Kandidatur, die er niemals offiziell angemeldet hatte, Bassermann und Fuhrmann gegenüber zurück. Er zeigte sich tief gekränkt. Die Angelegenheit war damit für ihn beendet. Er sprach nie wieder darüber.

So verständlich Rathenaus Reaktion nach seinen speziellen Erfahrungen mit dem Antisemitismus des Kaiserreichs sein mochte – sie war nicht wirklich adäquat. Die Wahlen von 1912 wurden allgemein – nicht nur wegen der Kriegsgefahr – als Schicksalswahlen angesehen. Viele Parteien kämpften um die Macht im Staate, einige auch ums Überleben. Da war es üblich, daß den Wahlkreisen von der Parteileitung prominente Kandidaten diktiert wurden, es ging schließlich um jeden Sitz im Reichstag. Viele dieser Kandidaten waren Juden, so wie bereits viele Juden im alten Reichstag saßen – sogar bei den konservativen Fraktionen.

Es wäre für Bassermann und Fuhrmann ein leichtes gewesen, die unangenehmen Schreihälse aus Frankfurt zum Schweigen zu bringen und die Partei vor Ort auf Rathenau einzuschwören – dazu war ihnen dessen Kandidatur auch zu wichtig, als daß sie sie an solchen Kleinigkeiten hätten scheitern lassen.

Doch Rathenaus wunder Punkt war getroffen worden. Und er sah sich nach all den Jahren des Kampfes und des Erfolgs plötzlich wieder in der Rolle des Verlierers, des Einzelkämpfers, des Außenseiters, der demütig um Einlaß bittet und weggeschickt wird.

Das alte Trauma war wieder aufgebrochen. Rathenau sah sich 1912 nicht in der Lage, mit einem solchen Phantomschmerz im Rücken in den schwierigen Wahlkampf zu ziehen. Deshalb gab er auf.

Er hat übrigens nicht viel verloren. Die Liberalen schnitten schlecht ab. Bassermanns Partei kam über Stichwahlen gerade einmal auf 44 Sitze. Die SPD, die Rathenau mit ins Boot hatte nehmen wollen, errang einen überwältigenden Erfolg. Im ersten Wahlgang eroberte sie bereits 397 Sitze. Diesen Erdrutsch hätte auch ein strahlender Freisinnigen-Kandidat Rathenau nicht aufhalten können.

Nach dieser bitteren Erfahrung stürzte sich Rathenau um so intensiver in seine Geschäftstätigkeit. Schon im Februar 1912 war er in Zürich gewesen, um sich mit der dortigen Kreditanstalt zu beraten. Anschließend war er nach Genua weitergereist, wo er sich nur am Rande mit den Geschäften der AEG beschäftigte, und gleich im offenen Wagen weiter nach Portofino raste, um die Familie Hauptmann in ihrer Villa San Martino aufzusuchen.

Er verbrachte dort einen entspannten Tag mit Gesprächen über Hauptmanns Arbeit an *Atlantis* und *Der Ketzer von Soana*. Der damals schon renommierte Schriftsteller mochte Rathenau. Bei dessen Besuch in Portofino bedrängte er den Industriellen, die offenbar lästige Arbeit für die AEG doch aufzugeben und sich ganz und gar dem Schreiben zu widmen.

Das war ein wohlfeiler Rat, denn Hauptmann wußte, daß sein Freund Rathenau nie in die Verlegenheit kommen würde, seinen Lebensunterhalt mit Veröffentlichungen verdienen zu müssen. Der Schriftsteller hörte, daß Rathenau darunter litt, in die Industriemühle eingespannt zu sein, und riet ihm das Naheliegende: damit aufzuhören, durch die Welt zu eilen und Geschäfte zu machen, sich auf sein Schloß in der Mark zurückzuziehen und als Autor das zu tun, was ihm lag. Ein Urteil über die Überlebensfähigkeit Rathenaus auf dem Buchmarkt stellte dieser Rat nicht dar – ebensowenig eine Anerkenntnis seines Könnens als Autor.

Nichtsdestotrotz fühlte Rathenau sich geschmeichelt. Hatte er doch schon so oft darüber nachgedacht, ganz und gar in eine erfüllende Künstlerexistenz hinüberzuwechseln – zuletzt bei seiner Rückkehr aus Bitterfeld. Hauptmann schien ihm nur zu bestätigen, daß er das Zeug dazu hatte. Dennoch zögerte er immer noch. In einem Brief an Stefan Zweig vom 28. November 1911 wies Rathenau als sein eigener Advocatus diaboli darauf hin, daß er die letzten Veröffentlichungen nicht hätte machen können, wenn er nicht so tief in den Geschäften steckte. Das war bei aller Koketterie eine zutreffende Einschätzung – nicht nur, was die Prominenz seiner Person und damit die Chancen etwaiger Veröffentlichungen anging. Als Privatier hätte Rathenau keinen Kontakt mehr zum Wirtschaftsleben gehabt. Damit wäre die Inspiration weggefallen, die ihm dazu verhalf, Einsichten in das Funktionieren der Gesellschaft zu formulieren – Einsichten, die heute noch gültig sind. Alles andere – seine verschrobene Metaphysik und die damals schon abgestandene Rassentheorie – war Bücherwissen und unergiebig für die meisten Leser.

So endet der Italienaufenthalt auch nicht mit Dichtergesprächen, sondern mit tagelangen Sitzungen (»Vormittags Offizine. Nachmittags Unione«[17]). Emil Rathenau und das AEG-Vorstandsmitglied Felix Deutsch treffen in Genua auf die Vertreter der Mailänder Elektrizitätsgesellschaften und der autonomen Kommune Sampierdarena Centrale, für die die AEG in der Region Genua ein Kraftwerk bauen sollte. Walther muß sich beeilen, wenn er das Wichtigste nicht verpassen will. So schnell hatte ihn das Geschäft wieder im Griff.

Anfang März ist Rathenau wohlbehalten zurück in Berlin. Am 3. März, einem Freitag, ist es endlich soweit. Zum ersten Mal kann er Gäste in seiner neuen Grunewaldvilla empfangen. Zum Mittagessen erscheinen die Familie Fürstenberg, der umtriebige Krupp-Vorstand und Kunstmäzen Eberhard Freiherr von Bodenhausen samt Gattin Dora, Ernst Freiherr Langwerth von Simmern aus dem Auswärtigen Amt und natürlich Rathenaus Schatten, Freund und kritischer Beobachter Harry Graf Kessler.[18]

Sieht man Rathenaus Terminkalender aus diesen Tagen, so kommen einem Zweifel daran, ob er wirklich dazu in der Lage gewesen wäre, sich vom geschäftlichen und gesellschaftlichen Leben zurückzuziehen, um in der Einsamkeit nur noch für das Schreiben zu leben.

Eine Sitzung jagt die nächste. Rathenau befindet sich wöchentlich auf Reisen zwischen Berlin, der Schweiz, wo die Geschäfte mit der Elektrobank zu klären sind, und Baden-Baden, wo er mittlerweile die Aufsicht über Brown & Boveri führt. Dazwischen immer wieder Kulturtermine: Entweder tagt das Komitee für das Nietzsche-Denkmal, in dem er zusammen mit Kessler sitzt, oder er besucht zusammen mit der Kanzlerfamilie Bethmann Hollweg am Nachmittag eine Prominentenaufführung von Goethes *Faust II* im Deutschen Theater, die bis Mitternacht dauert. Daneben, ab und zu, ein Gespräch mit dem Kaiser (»Sprach mit mir über Mannesmann, Freienwalde, Prinzessin, England, Tod Eduards VII., Edelsteine, Baumwolle, Baustile (gegen Schinkel))«[19]. Dazwischen immer wieder opulente Frühstücke mit bis zu 20 Gästen in der neuen Grunewaldvilla, die selbst der permanent anwesende Kessler, ein Salonlöwe in Paris und London, etwas überbesetzt und unkommunikativ findet.

Am 23. März 1911 unternimmt Rathenau mit dem Polizeiverein in Johannestal einen Ballonflug über Köpenick. Abends ist er häufig im Automobil-Club zu finden, wo er mit Kessler die Lage sondiert und neue Denkmalpläne schmiedet. Anschließend gehen beide meist zu Gesellschaften, zum Beispiel bei den Cassirers oder bei den Deutschs, wo Vorstandskollege Felix Deutsch ihn mit Geistesgrößen wie Werner Sombart bekannt macht, bei der Schwester Edith Andreae, bei den Bodenhausens oder bei der Bankiersfamilie Fürstenberg.

Der Berliner Alltag, in dem Kultur, Politik, Geschäft und Gesellschaft Hand in Hand gehen, wird immer wieder von Reisen unterbrochen. Am Himmelfahrtstag 1911 bricht Walther zu einer längeren Tour auf: Er fährt mit dem eigenen Automobil über Zwickau, Hof, Regensburg, München und Innsbruck nach Italien. In Trient hat er seine erste Reifenpanne, in Verona kann er einen Ersatzreifen auftreiben. Über Modena rast er nach Bologna. Dann Florenz, Perugia, Rom. In einem Tempo, das man heutzutage mit Autobahnen kaum schaffen würde. Nach einer turbulenten Woche mit zahlreichen politischen Gesprächen mit dem Exkanzler Bülow und einer Tour durch die deutsche Gemeinde fährt er über Orvieto in Richtung Siena zurück, wo er beim Frühstück im »Aquila Nera« zufällig Rudolf Borchardt über den Weg läuft. Natürlich wird daraus ein Ausflug ins Landhaus des Dichters.[20]

In Florenz erwarten ihn schlechte Nachrichten von seinem Sekretär Geitner aus Berlin: Im Wahlkreis Frankfurt (Oder), wo Rathenau für die Nationalliberalen bei der nächsten Reichstagswahl kandidieren soll, brodelt es. Rathenau beschließt, sein Tempo zu beschleunigen, um schneller zu Hause sein zu können. Nach einem weiteren Reifendefekt in Parma geht es nach Mailand, wo Rathenau en passant an einer großen Sitzung im Politecnico teilnimmt: Ein italienisches Konsortium trifft sich mit den deutschen Partnern, um den Bau eines Wasserkraftwerks zu beraten. Danach packt Rathenau die Koffer, noch am Abend rast er nach Berlin zurück – die Probleme mit seiner Kandidatur liegen ihm im Magen.

Er arbeitete gerne und viel – auch mangels privater Ablenkung. Offensichtlich fühlte er sich wohl in diesem Trubel der Besprechungen. Aber es ist unübersehbar, daß Walther sich nach den letzten Fehlschlägen auch selbst in ein Laufrad zwang. Er arbeitete sich ab, um nicht zum Luftholen zu kommen. Dahinter stand ein Unbehagen, das Walther durch Emsigkeit zwar dämpfen, aber nicht beheben konnte. Es war das Unbehagen eines Menschen, der sich fragte, ob er das Richtige tat – und der darauf noch keine Antwort hatte.

Ein Mensch an meiner Seite

Die letzten fünf, sechs Jahre vor dem großen Krieg waren für Walther Rathenau äußerlich ruhige Jahre. Das kaiserliche Regime hatte ihn nicht haben wollen. Die Nationalliberalen hatten sich seiner Mitarbeit in ihrem Wahlkampf als nicht würdig erwiesen. Das war schmerzhaft, aber in den zwei Jahrzehnten zuvor hatte er als Industrieller und als Publizist schon viel zuviel erreicht, um deshalb zu resignieren.

Also konzentrierte er sich wieder auf seine Tätigkeit für die AEG und auf das Schreiben, das ihm immer mehr zur Lebensstütze wurde. Rathenau hatte sich vom Druck des Schnellstens-alles-erreichen-Wollens gelöst, war erfahrener im Umgang mit Erfolg und mit Rückschlägen geworden und hatte gelernt, daß auch kleine Ziele Befriedigung verschaffen können.

Er schrieb viel in dieser Zeit. Vieles und anderes als früher. Er wollte nicht mehr bloß Aphorismen und Essays verfassen, er wollte endlich systematisch arbeiten. Er wollte ein großes Werk zu den Problemen herausbringen, die die Zeitgenossen umtrieben. Die Zeit war reif dafür.

Das, was er für den Konzern leistete, war mehr als der übliche Beitrag eines Sohnes des Chefs: Er wuchs, obwohl er nominell gar nicht mehr zur Konzernspitze gehörte, mehr und mehr in das Machtzentrum an der Brunnenstraße hinein. Er emanzipierte sich mit jeder Fusion, die er einfädelte, von den Managern an der Seite seines Vaters, vor allem von dem allmächtigen und allgegenwärtigen Felix Deutsch, dem »Außenminister« des Konzerns.

Zwar wurde er nicht gefragt, wenn es um interne Abstimmungen ging, doch sein Sachverstand, seine weitreichenden Beziehungen und vor allem sein souveräner Umgang mit Menschen in Konfliktsituationen machten ihn für die AEG unentbehrlich.

Zwar hatte Emil Rathenau, der wieder genesen war und mit dem Tod des Lieblingssohns nach Jahren endlich leben zu können schien, immer noch ein Auge auf alles, was Walther innerhalb des Konzerns tat, er begleitete ihn sogar auf wichtigen Geschäftsreisen wie nach Mailand und Genua im März 1912. Aber das Verhältnis der beiden hatte sich deutlich entkrampft. Nicht nur Walthers Fürsorge und seine Hilfestellung in der Zeit des nervlichen Zusammenbruchs nach Erichs Tod hatten dazu beigetragen. Auch die Reife, die Walther in den Augen des strengen und noch nach der Geschäftsethik des 19. Jahrhunderts urteilenden Vaters erworben hatte, spielte eine Rolle. Walther, der sich früher mit jeder Unternehmung neu hatte bewähren müssen, hatte den Konzern verlassen, um das zu werden, wozu er bestimmt war – der Nachfolger.

Trotz aller Anspannung knüpft Rathenau in den ruhigen und konfliktarmen Jahren vor dem Krieg neue Bindungen zu Menschen, die sein Leben privat bestimmen sollten. Der wichtigste Mensch sollte für ihn eine Frau werden.

In dem Maße, in dem seine übellaunige und besitzergreifende Mutter in den Hintergrund trat (obwohl sie das nie ganz und gar tat; er eilte immer noch häufig in die Viktoriastraße, um ihr Gesellschaft zu leisten), konnte eine andere Frau diesen Platz besetzen. Ein Platz, der eigentlich einem Mann zustand. Aber diesen Schritt wagte Rathenau noch nicht zu gehen. Im übrigen scheint er sich seiner Sache auch nicht so ganz sicher gewesen zu sein. Er flirtete gerne. Und in diesem Fall war es weit mehr als ein Flirt. Es war sogar mehr als die übliche kalkulierte Liaison, die ein Homosexueller mit einer Dame seines Herzens eingeht, weil ihm ihre Gefühlswelt nicht fremd ist und weil sie ihm hilft, in der Gesellschaft nicht als jemand dazustehen, der besser mit Männern klarkommt.

Es war eine richtige Liebe – so ungewöhnlich das für Rathenau auch klingen mag. Daß es das war, zeigt die Leidenschaft, mit der die Beziehung auf beiden Seiten belastet war: sowohl im guten wie im schlechten.

Die Frau, die Rathenau über Jahre betörte, der er alles anvertraute, nach der er sich sehnte wie nach keinem anderen Menschen (zumindest in den glücklichen Jahren, um die es hier geht), die ihn verstand und ihn auch begehrte, war verheiratet. Sie war nicht nur verheiratet, sie war auch noch die Gattin eines Kollegen aus der AEG. Sie hieß Lili Deutsch, ihr Mann war der mächtige, unentbehrliche, kluge und Rathenau immer einen Schritt vorauseilende Felix Deutsch. Der Mann, auf den Emil Rathenau so große Stücke hielt, daß er ihn im Konzern seinem ältesten Sohn gegenüber lange vorgezogen hatte.

Die Rathenaus und die Deutschs waren aufs engste miteinander verbunden. Felix Deutsch war in der AEG ein Mitarbeiter der ersten Stunde. Doch seit 1906 schrieben sich der Sohn des Chefs und die Frau des Vorstandsmitglieds Briefe. Briefe, die schnell sehr innig wurden. War es in der ersten Zeit noch ein freundliches, etwas gönnerhaftes Verhältnis, das die Grande dame der AEG-Gesellschaft zu dem jungen Heißsporn entwickelte, so zeigte sich bald, daß die Angelegenheit eine eigene Dynamik besaß, mit der keiner von beiden gerechnet hatte – am wenigsten die attraktive Frau, die lange geglaubt hatte, das Heft in der Hand zu haben.

Lili Deutsch spürte irgendwann, daß sie sich auf eine Art zu Walther hingezogen fühlte, die nichts mehr zu tun hatte mit den üblichen harmlosen Salonaffären. Der Umbruch geschah in dem Moment, in dem Walther sich ihr offenbarte. Sie wurde über Nacht seine Vertraute. Ausgerechnet der so verschlossene, so peinlich auf eine akkurate Selbstdarstellung bedachte Rathenau, dieser schwierige, kopflastige, konfliktbeladene Charakter hatte ihr sein Herz ganz und gar geöffnet. So etwas machte selbst auf eine ausgefuchste Gesellschaftsdame Eindruck.

Bald gibt es nichts mehr, was er nicht mit ihr teilt. Vor allem seine Probleme beim Schreiben, seine Sehnsucht nach der wahren Kunst, nach einer Existenz als Künstler vertraut er ihr an. Das rührt die sonst so kühle Direktorsgattin. Zwischen den beiden entwickelt sich jenseits der üblichen Familienanlässe hinaus ein reger Austausch. Walther verkehrt immer häufiger abends im Hause der Deutschs. Er kommt als Angehöriger einer eng befreundeten Familie, und niemand nimmt Anstoß daran.

Der Hausherr, traditionell zuständig für die ausländischen Belange der AEG, ist oft unterwegs. Lili Deutsch ist allein, Rathenau ist ihr ein willkommener Gesprächspartner. Er hat etwas, was sie bei dem gebildeten und weltläufigen Geheimrat Deutsch vermißt: Er ist unbedingt, er will mehr als nur solide Geschäfte tätigen und ein kultiviertes Haus führen. Rathenau hat Ambitionen, die sie betören. Und was die beiden in dieser ungewöhnlichen Beziehung von Anfang bis zum bitteren Ende geradezu eisern aneinanderkettet: Er leidet am Dasein und an der Beziehung zu ihr. Und er zögert nicht, ihr dieses Leid, an dem sie nie ganz unschuldig ist, zu Füßen zu legen.

Walther ist der Troubadour, der Abend für Abend unter ihrem Fenster erscheint und ihr von seinem Schmerz singt, dem Schmerz, der ihn quält, weil er sie nicht besitzen kann, sie, die ihn doch so gut versteht.

Das war beileibe nicht nur die Einbildung eines von dem Charme und der Schönheit einer Berliner Gesellschaftsdame erfüllten, in diesen Dingen weitgehend unerfahrenen Mannes. Rathenau hatte in Lili Deutsch einen Menschen gefunden, der ihm wirklich wesensverwandt war. Nicht, daß sie ähnlichen Zwängen und Qualen unterworfen gewesen wäre wie er – sie war eine bodenständige, mit ihrem Leben nicht unbedingt unzufriedene Frau. Aber sie hatte eine seltene Gabe: Sie konnte sich in einen schwierigen und verschlossenen Charakter wie Walther einfühlen. Sie litt mit ihm, und sie hatte wie er auch Freude am Leiden. Das war es, was ihn, den verschlossenen Einzelgänger, dazu bewegte, sich ihr (fast) ganz und gar hinzugeben. Damit hatte sie ihn gewonnen.

Lili Deutsch hätte für Walther alles hinter sich gelassen. Sie wäre ihm gefolgt, hätte ihre Familie aufgegeben. Das Problem war nur, daß Walther eben das nicht von ihr wollte. Und als sie das verstand, war ihr Furor fürchterlich. Sie fiel über ihn her, wie nur Menschen über ihn herfielen, die ihn liebten: wie Maximilian Harden etwa.

Mit Harden hatten Walther und Lili Kontakt. Es bestand keine Menage à trois, aber eine enge freundschaftliche Beziehung, und dieses Dreiecksverhältnis instrumentalisierte Lili irgendwann aus gekränkter Eitelkeit, oder schlimmer: aus enttäuschter Liebe, gegen Walther.

Doch am Anfang war er für Lili ein Mysterium – und die reife Frau verfiel ihm wie ein Backfisch. Dafür tat er auch einiges. Vielleicht ein bißchen zuviel, wenn er sich selbst gegenüber ehrlich gewesen wäre. Seine Qualen an dieser Liaison dangereuse aber lassen darauf schließen, daß er mit Lili nicht spielte. Er wollte nicht bloß herausfinden, wie weit eine Frau zu gehen bereit war, wenn sie für einen Mann entflammt war. Er wollte sehen, wie weit er selbst zu gehen bereit war, wenn er sich ganz auf eine Frau einließ.

Lili Deutsch war Rathenaus einziger ernsthafter Versuch, ein anderes Leben zu führen als das, das er zu führen gezwungen war: ein Leben an der Seite einer liebenden und geliebten Frau.

Das Mysterium, das er für sie aufscheinen ließ, klang so: »Das erste ist, daß ich keinem Menschen ganz gehören kann. Ich bin in Besitz von Mächten, die, gleichviel, ob sie mich zum Guten oder zum Bösen führen, ob sie mich im Spiel oder Ernst beherrschen, mein Leben bestimmen.«

Das war ein Klang, der eine Frau mit anderen Ambitionen, als sie die Berliner Gesellschaft zuließ, einnehmen konnte. Man sollte bei aller Raffinesse, die Lili Deutsch in den folgenden Jahren aufwandte, wenn es um Rathenau ging, und die in einem unschönen Kontrast zum Anfang ihrer Beziehung steht, nicht vergessen, was er in ihr mit solchen Worten geweckt hat. Was waren das für Mächte? Wovon sprach dieser Mann? Gab es vielleicht noch etwas anderes als das, was Lili, immerhin eine Ehefrau und Mutter, schon kannte, wenn es um Herzensangelegenheiten ging?

»Was wollen Sie denn eigentlich von mir? ... Was hab' ich da mit den Menschen zu schaffen? Soll ich Ihnen eine Fensterscheibe in meinen Brustkasten setzen, damit Sie mir hinterher für die ›Anregung‹ quittieren?«

Schwer zu glauben, daß diese Sätze aus der Feder eines Mannes stammen, der kaum Erfahrung hat im intimen Umgang mit Frauen. Was Rathenau hier praktiziert, ist perfekt dosiert: mit Zuckerbrot und Peitsche. »Mit zwei Sachen tun Sie mir unrecht. Selbstüberschätzung! Ich kenne meine Grenzen sehr genau und habe sie immer respektiert. Aber Sie kennen sie nicht, denn einen Menschen erschöpft man nicht im Gespräch ... Aber daß Sie mir gerade Kälte und Empfindungslosigkeit vorwerfen, das empört mich. Das tut Ihr Egoismus, der über alle Reflexionen hinausgeht … Gottlob. Jetzt dürfen Sie zanken, was Sie wollen. Denn schließlich laß ich mich doch lieber von Ihnen schelten, als von anderen loben.«[21]

Kaltschnäuziger und gleichzeitig treffender kann man eine Frau nicht umwerben, die bereits gebunden und alles andere als unerfahren ist.

Die Zitate stammen aus der Korrespondenz von 1906. Damals war die Bekanntschaft der beiden noch jung. Aber welche leidenschaftlichen Vorstöße von beiden Seiten müssen diesen Zeilen vorausgegangen sein? Offensichtlich war Lili früh entbrannt und verlangte mehr. Und Rathenau reagierte noch wie ein aufgewühltes Fräulein, das überglücklich ist vor Freude über die Avancen seines Liebsten, aber um Gottes Willen doch noch nicht auf die Zielgerade einbiegen will. So rührend und ungestüm in dieser Phase das Wechselspiel zwischen der Gesellschaftsdame und dem erotischen Außenseiter noch gewesen sein mag, die Grundsteine für das spätere Zerwürfnis wurden mit solchen emotionalen Stellungskriegen schon gelegt: Lili mußte glauben, seine Sensibilität und sein Künstlertum stünden dem noch im Wege, was sie sich ersehnte.

Walther haderte wie immer mit sich selbst. Aber man spürt schon, daß es auf ein Unglück hinausläuft, denn er hat nichts, was er noch hinauszögern könnte. Er kann den letzten Einsatz, an den Lili damals noch leidenschaftlich glaubte, niemals einlösen.

Nichtdestotrotz: Lili Deutsch blieb ihm durch endlose Irritationen hindurch seine einzige und beste Gefährtin, der Mensch, dem er sein Herz ausschütten konnte, ohne mißverstanden oder verraten zu werden. Und das mag sie ein wenig dafür entschädigt haben, daß er das letzte nicht zu geben in der Lage war. Ohne Mühe und ohne Kampf überstand sie die anderen kleinen Fluchten, die Walther später noch ins Reich der Frauen unternahm: 1917, als ihm die Schriftstellerin Fanny Künstler ihr Buch *Die Kulturtat der Frau* schickte und er kurz für die nicht mehr ganz junge Dame entbrannte – sie war im gleichen Jahr geboren wie er. Dann 1918/19, als Walther sich aus sehr undurchsichtigen Gründen der unter einer Rückgratverkrümmung leidenden *Vorwärts*-Redakteurin Lore Karrenbrock näherte, die damals erst 23 Jahre jung war.

Diese Episoden, die um so mehr aufgebauscht wurden, je mehr Rathenau ins Licht der Öffentlichkeit rückte, waren für Lili nie eine Konkurrenz, denn sie wußte, daß Walther sie brauchte, daß nur sie ihn verstand, daß nur sie seine Qualen nachvollziehen konnte, daß nur sie spürte, wann er glücklich war. Weder Lore Karrenbrock – eine bei aller Klarsicht schwärmerische Existenz, gescheit und tragisch vereinzelt, die es zuließ, daß seine Briefe an sie unter dem nicht ganz korrekten Etikett »Briefe an eine Liebende« veröffentlicht wurden; noch Fanny Künstler, die Walther schon deshalb nicht geheuer war, weil sie allzuviel wußte über das Handwerk des Schreibens und Veröffentlichens, als daß er ihr seine Arbeit als Mysterium hätte verkaufen können.

Um so unverständlicher ist es, daß Lili, die wirklich alles über ihn wußte, nicht verstand, was hinter seiner Reserve steckte. Daß sie nie auf die naheliegende Erklärung für seine Liebesqualen kam, nämlich auf die, daß er sich ihr nicht hingeben konnte, weil sie eine Frau und kein Mann war.

Lili Deutsch war eine geborene Kahn aus Mannheim, eine badische Frohnatur, sehr direkt und als junge Frau außergewöhnlich einnehmend. Sie kannte keine Scheu, weder in der Berliner Gesellschaft noch im Umgang mit berühmten Männern. Schon früh führte sie in Berlin ein offenes Haus, in dem Künstler wie Gerhart Hauptmann und Richard Strauss verkehrten.

Lili Franziska Elisabeth war nur zwei Jahre jünger als Rathenau, also zu der Zeit, als ihre Verbindung intensiver wurde, schon fast 40 Jahre alt; zur damaligen Zeit für eine Frau ein reifes Alter. Lili war seit 1893 mit Felix Deutsch verheiratet und hatte zwei Kinder: Georg und Regine.

Harry Graf Kessler hat 1927 mit Lili Deutsch gesprochen und ein äußerst hartes Urteil über Rathenau zu hören bekommen. Er durfte dennoch aus seinen Briefen an sie zitieren. Ihren Namen aber durfte er in seiner Biographie nicht nennen. Ihr Gatte Felix Deutsch hatte ihm mit harten juristischen Mitteln gedroht, falls er die Identität der Frau aufdecken sollte, an die Rathenaus leidenschaftliche Briefe gerichtet waren. So souverän, wie er immer tat, war der Umgang des AEG-Außenministers mit dem Hausfreund seiner Frau also nicht. Welcher Gatte hätte auch gerne solche Geständnisse an seine Frau veröffentlicht gesehen – vor allem wenn sie vom Sohn seines Chefs stammten: »Sie sind um Ihrer Schönheit und um Ihres Griechentums willen geschaffen worden, und meinem Nordseegeblüt konnte nur dies eine Licht geschenkt werden.«[22]

Zwischen Deutsch und Rathenau hatte schon lange ein gespanntes Verhältnis geherrscht. Spätestens in dem Moment, als Deutsch erkannt hatte, daß Emil Rathenau nach Erichs Tod seinen Ältesten als Nachfolger in der AEG aufbauen wollte, hatte Walther – wie fast alle anderen Manager des Hauses – zu mauern begonnen. Den Herren war er nicht grün, sie verachteten ihn wegen seiner journalistischen Ausfälle und seines bohemienhaften Lebenswandels, vor allem aber trauten sie ihm lange nicht das geschäftliche Format des Vaters zu.

Deutsch hingegen war wie für die AEG geschaffen, er dachte wie Emil, er hatte Gespür für das Geschäft und für neue Märkte. Er war unbedingt loyal der AEG gegenüber – was man von Walther nicht immer sagen konnte. Deutsch war nicht gewillt, es hinzunehmen, daß der Filius seines Chefs ohne Mühe an ihm vorbeizog, während er sich jahrzehntelang für den Konzern krumm gelegt hatte. So wurden die beiden zu Rivalen – um die Macht in der AEG, um die Gunst Emils und um Lilis Liebe.

Als es zum Krach mit Harden kam, war auch Deutsch darin verwickelt. Es scheint im Vorfeld in der AEG-Spitze wüste Auseinandersetzungen gegeben zu haben, die dann im Salon Lilis fortgesetzt wurden. Eigenartigerweise wußte Harden über die internen Streitereien an der Spitze des Konzerns bestens Bescheid und hatte ein bübisches Vergnügen, Rathenau mit seinem Wissen zu konfrontieren und ihm dunkle Ratschläge für die Auseinandersetzung mit Deutsch zu geben. Walther wußte natürlich sofort, wem Harden seine Informationen über Intrigen und interne Vorgänge in der Brunnenstraße zu verdanken hatte: dem eifrigen Deutsch.

Deutsch war ein Diplomat und gleichzeitig ein Kunstkenner, zumindest hielt er sich für einen. Er trat so souverän auf, wie sich das für einen AEG-Direktor gehörte, der die umfänglichen Auslandsgeschäfte in der Hand hielt. Aber er konnte auch anders. Das bewies er, als er den ebenfalls nicht zimperlichen Kessler einschüchterte, weil dieser vorhatte, in seiner Rathenau-Biographie die Verbindung zwischen Rathenau und Deutschs Gattin offenzulegen. Da schreckte Deutsch weder vor persönlichen Drohungen noch davor zurück, harte gerichtliche Schritte anzukündigen, falls Kessler in seinem Buch den Namen Lilis erwähnen würde. Die verängstigte Reaktion Kesslers – er räumte den Briefen zwar gebührenden Platz ein, erwähnte aber den Namen der Dame, an die sie gerichtet waren, mit keinem Wort – zeigt, wie ernst man Deutschs Ansagen nehmen mußte.

Dabei scheint Lilis Gatte vor allem befürchtet zu haben, daß Kessler einen Eindruck erwecken könnte, der der offiziellen Version von der Beziehung Rathenaus zu Lili Deutsch zuwiderlief. Als nämlich sein Rechtsanwalt Wenzel Goldbaum das vom Verlag nach Androhung einer einstweiligen Verfügung überlassene Manuskript gelesen hatte, erklärte dieser die Sache für nicht justiziabel – und Kesslers Buch konnte erscheinen.[23]

Die Verbindung mit Lili Deutsch hatte durchaus eine offizielle, allseits geduldete Seite: Rathenau ging wie viele andere (unter anderem auch Kessler) bei den Deutschs ein und aus. Es war ein normaler Umgang, schließlich arbeitete er im gleichen Konzern wie der Gatte Lilis. Als nach Rathenaus Tod seine Mutter die Briefe an ihren Sohn vernichtete, erfuhren die Deutschs zuerst davon. Das Thema wurde so offen behandelt, daß Lilis Tochter Regine darüber mit Kessler sprach. Solange diese Grenze des gesellschaftlichen Umgangs eingehalten wurde, hatte niemand etwas einzuwenden. Es sollte nur keiner auf die Idee kommen, Rathenau habe mit Lili Deutsch intim verkehrt – was ja auch nicht der Fall gewesen war.

Felix Deutsch war 1858 geboren und somit elf Jahre älter als seine Frau. Der Bankkaufmann arbeitete seit 1883 in der AEG, galt also als Mann der ersten Stunde. Bereits seit 1888 gehörte Deutsch zum Direktorium des Konzerns.

Im April 1912 explodiert die gefährliche Mischung. Lili ist so verzweifelt über die unbefriedigende Beziehung zu Rathenau und über dessen ständige Ausflüchte, in denen er ihr die Folgen einer gesteigerten Liaison für die AEG ausmalt, daß sie sich einen Verbündeten sucht. Der natürliche Ansprechpartner ist Harden, beider Freund. Um ihn in ihre Enttäuschung einzustimmen, zeigt sie dem Verleger einen bereits vier Jahre alten Brief von Rathenau an sie.

In diesem Brief hatte sich Walther wieder einmal despektierlich über die Umtriebe Hardens geäußert – der Brief stammte aus der Zeit der von ihm als bedrückend empfundenen Eulenburg-Affäre. Rathenau hatte Vorbehalte gegen Harden. Er hielt ihn für einen hervorragenden Journalisten und schätzte ihn als Verleger, aber er wußte auch, daß Harden unberechenbar war und daß man leicht mit ihm fallen konnte. Dennoch blieb er stets sein Freund – ihm gegenüber hat er seine Kritik deshalb nicht so drastisch geäußert, wie er das seiner Vertrauten Lili Deutsch gegenüber tat. Um so schlimmer war der Vertrauensbruch, den Lili beging, indem sie Harden den Brief zeigte.

Rathenau war außer sich, als er davon erfuhr. Zwar führte er das Ereignis auf eine »leidenschaftliche Erbitterung« zurück, die Lili angetrieben habe, aber er wußte auch, was das für seine Freundschaft zu Harden bedeutete: den Bruch. Harden war bekannt dafür, daß er, wenn es um seinen Ruf ging, sehr impulsiv reagieren konnte.

Rathenau fürchtete zuerst, daß Harden den Brief in der *Zukunft* veröffentlichen und ihn damit öffentlich bloßstellen würde. Eine eigenartige Befürchtung, die nur durch Hardens extremen Charakter zu erklären ist. Rathenau kannte seinen Verleger gut, er wußte, daß Harden ein Wahrheitsfanatiker war – zumindest was die Umtriebe und Schwächen seiner Widersacher anging. Dieser Fanatismus hätte durchaus so weit gehen können, daß er selbst den Schatten ignorierte, der durch eine Veröffentlichung der privaten Korrespondenz auf ihn fallen würde. Doch Harden schwieg öffentlich über die Kränkung, die er durch Rathenaus Brief erlitten hatte – was nur zeigt, wie tief sie war.

Es folgt eine Aussprache zwischen den beiden Männern, die die Luft etwas reinigt, aber zu keiner Entspannung des Verhältnisses führt. Dann schreibt Harden einen Brief an Rathenau, der an Deutlichkeit nichts zu wünschen übrig läßt: Harden ist tief verletzt und sieht keine Chance mehr für ihre Freundschaft.

Rathenau nahm dieser Bruch ebenso mit wie Harden. Der Verlust Hardens war enorm, vielleicht war der Verleger bis dahin der einzige Freund gewesen, mit dem er offen über die wichtigen Dinge seines Lebens hatte reden können – auch wenn er mit ihm keine schwärmerische, jugendbewegt aufgewühlte Korrespondenz führte wie später mit Wilm Schwaner. Dafür war Harden eben nicht der Mann. Weder schwärmte der stadtbekannte Don Juan von gefühlsbetonten Männerbeziehungen, noch war sein Schreibstil so ausufernd und spätromantisch, wie eine solche Brieffreundschaft es erforderte.

Harden war ein harter, offener Mensch, exaltiert und direkt bis zur Beleidigung. Aber er war auch gescheit und geschickt, er durchschaute fast jeden und ließ sich von niemandem (sieht man einmal von seinem zeitweiligen Idol Otto von Bismarck ab) einwickeln. In dieser Hinsicht war er der Gegentyp zu Rathenau – und vielleicht war auch das, neben anderen, praktischen Dingen, das Geheimnis ihrer Freundschaft.

Lili Deutsch hat mit der verzweifelten Indiskretion nicht nur die jahrzehntelange Verbindung Harden–Rathenau, sie hat auch Rathenaus Vertrauen, ja vielleicht sogar seine Liebe zu ihr zerstört. Rathenau verlor in jenen Apriltagen 1912 zwei Menschen, die ihm wichtig und nahe waren, wobei der Verlust der Frau für ihn der schlimmere war.

Die Protagonisten dieses Trauerspiels sind sich noch häufiger begegnet. Aber es kam nie wieder zu dem Einverständnis, das vor Lilis Indiskretion bestanden hatte. Harden verfolgte Rathenau – trotz mehrerer halbherziger Versuche, die alte Verbindung wieder aufleben zu lassen – publizistisch mit einem Haß, der seinesgleichen sucht. Je mehr Erfolg Rathenau als Publizist und Politiker hatte, desto härter wurden die Ausfälle seines früheren Freundes gegen ihn. Das schlimmste Beispiel ist Hardens galliger Nachruf auf den ermordeten Rathenau. In einem Brief schrieb er noch 1927 an Oberst Schützinger: »Seine Eitelkeit aber ging, wie mir sein Nächster schrieb, ›bis an die Grenze der Unzurechnungsfähigkeit‹ [...] Er war schon lange verkalkt, hatte politisch schnell abgewirtschaftet: nun schmerzloser Märtyrertod.«[24]

Wenig später starb Harden an den Spätfolgen des Attentats, das kurz nach Rathenaus Tod auf ihn im Grunewald verübt worden war. Nach der Trauerfeier, die im Deutschen Theater für den Publizisten veranstaltet wurde, sprach Kessler am 21. November mit Lili Deutsch über die beiden Toten, mit denen sie so eng befreundet gewesen war.

An Rathenau ließ seine alte Freundin kein gutes Haar. Sie war fünfeinhalb Jahre nach dessen Tod immer noch tief gekränkt darüber, daß er ihre Liebe nicht so erwidert hatte, wie sie es sich gewünscht hätte. Rathenau habe nur ein großes Gefühl gekannt, erzählte sie seinem Biographen, den Willen zur Macht. Menschen hätten bei ihm nur Statistenrollen gehabt, sie selbst eingeschlossen. Gefühle habe er nicht gekannt, er habe immer nur Sehnsucht nach Gefühlen verspürt.[25]

Bemerkenswert ist, daß Lili Deutsch, damals schon fast 60 Jahre alt, keinen Hehl daraus machte, was sie gegen ihren alten Freund Rathenau aufgebracht hatte: daß der nämlich trotz seiner Leidenschaft eine bestimmte Grenze nie überschritten habe. Lili Deutsch, selbst Jüdin und mit einem Juden verheiratet, merkte dem Nichtjuden Kessler gegenüber an, so etwas käme vielleicht »nur zwischen Juden vor, diese kühle Zurückhaltung trotz starker Leidenschaft«.

Daß Rathenau einen mörderischen Kampf mit seinem gespaltenen Selbst auszustehen hatte, kam ihr nicht in den Sinn – überhaupt scheint sie die naheliegende Annahme, daß Rathenau homosexuell veranlagt sein könne, nie in Erwägung gezogen zu haben. Vielmehr führt sie seine sie kränkende Reserve in sexuellen Dingen darauf zurück, daß er auf die AEG habe Rücksicht nehmen wollen – was natürlich in den Augen der liebenden Frau ehrenrühriger und hasenfüßiger erschien als das Naheliegende.

Daß Rathenaus Freundschaft mit Harden scheiterte, hat für Lili Deutsch einen ganz simplen Grund: Rathenaus intellektuelle Überlegenheit, mit der Harden angeblich nie fertig wurde. Lili Deutsch hält übrigens auch Rathenaus Seelenlehre für eine Art Mimikry, viel treffender und ihrer Meinung nach bleibend seien seine Einsichten in die Ökonomie. Da kommt es eben auf den Verstand an und weniger auf die Emotion, an der Rathenau nach Lili Deutsch litt.

Die anderen Personen, mit denen Rathenau eng verbunden war, sieht sie nur unter dem Aspekt seines Machtwillens. Er habe Kontakt zu den Mächtigen gesucht – zum Kaiser, zu Bernhard von Bülow, zu Bernhard Dernburg –, weil sie ihm nützlich sein sollten. Aber er habe auch seinen Spaß daran gehabt, weniger bedeutende Menschen an sich zu binden und sie zu instrumentalisieren.

So zum Beispiel ein »kleines buckliges Persönchen«, über das er nach der Revolution und einer persönlich depressiven Phase habe Einfluß im linken Milieu gewinnen wollen.

Lili Deutsch war nicht die erste, die darüber räsonierte, was ihn bewogen haben könnte, sich mit der verkrüppelten Journalistin Lore Karrenbrock anzufreunden. Andere waren der Meinung, sie habe ihn angebetet, und er habe ihre Gefühle klug geschürt, weil er gehofft habe, über sie ein publizistisches Standbein im linken Spektrum der Weimarer Republik zu bekommen. Das jedoch ist ebenso übertrieben wie Lili Deutschs tiefenpsychologische Betrachtungen über seine Machtversessenheit.

Rathenau stand während der Ereignisse 1918/19 eine Weile auf verlorenem Posten, aber er hatte es nach seinen erfolgreichen Veröffentlichungen der Kriegsjahre nicht mehr nötig, über Dritte Anschluß an eine Redaktion zu suchen. Im übrigen war zu der Zeit, als er mit Lore Karrenbrock befreundet war, noch nicht absehbar, wie die erbitterten Grabenkämpfe der politischen Lager ausgehen würden. Voreilig auf die linke SPD zu setzen, zu der Lore Karrenbrock tendierte, wäre sinnlos gewesen. Rathenau ging, wenn er taktisch dachte, nicht so vordergründig vor, wie manche das gerne glaubten.

Rathenau hat mit seinen Lesern immer eine rege Korrespondenz geführt. Wenn sich jemand an ihn wandte, der mit ihm über seine Veröffentlichungen diskutieren wollte, fand der Autor immer Zeit, sich einer Auseinandersetzung zu stellen – zumal wenn es sich wie bei Lore Karrenbrock um Bewunderer seiner Werke handelte. Es war also keine Seltenheit, daß Rathenau sich mit Menschen traf, die Kontakt zu ihm suchten – auch wenn das öfter mit Lesern als mit Leserinnen geschah.

Im Fall Karrenbrock mag eine gewisse Anziehungskraft dazugekommen sein, die aber einseitig war. Rathenau unterhielt sich gerne mit der gescheiten jungen Frau. Erotische Absichten hatte er jedoch bestimmt nicht, und seine zweifellos vorhandenen Machtgelüste konnte er auf ganz anderen Ebenen ausleben als in der winzigen Redaktionsstube einer unbedeutenden Parteizeitungs-Redakteurin. Zumal Rathenau realistisch genug war zu wissen, daß auch eine Lore Karrenbrock es nicht schaffen würde, die Ressentiments auszuräumen, die ihm als angeblichem Kriegstreiber und Großkapitalisten im sozialdemokratischen Lager entgegenschlugen.

Gänzlich falsch liegt Lili Deutsch mit ihrem letzten Beispiel für Rathenaus kalkulierten Umgang mit Menschen. Sie beging Kessler gegenüber, der in diesem Fall besser Bescheid gewußt haben dürfte, die Unvorsichtigkeit, Rathenaus Verhältnis zu dem völkischen Schriftsteller Schwaner anzusprechen. Auch diesen habe Rathenau aus purem Machtwillen an sich gebunden, um die Klientel, die hinter dem Redakteur eines völkischen Blättchens stand, für sich einzunehmen. Schwaner verfügte zwar über eine beachtliche Leserschaft – das aber waren durchweg antisemitische, stramm deutschnationale Radikale, die Rathenau haßten. Über Schwaner in dieser Szene, aus der schließlich auch seine Mörder kamen, eine Verbesserung seines Images erzielen zu wollen wäre schlicht weltfremd gewesen. Rathenau aber war in politischen Dingen Realist – und seine Beziehung zu Schwaner hatte vor allem romantische Motive, wie wir noch sehen werden.

Es ging Lili Deutsch 1927 darum, ihrem Haß auf Rathenau Luft zu machen. Der alte Stachel saß immer noch tief im Fleisch der stolzen Frau. Nichtsdestotrotz sah Lili Deutsch, die Rathenau vielleicht besser als jeder andere gekannt hatte, vieles klar, pointierte es aber unter dem Eindruck der Kränkung, die sie durch ihn erlitten hatte. So war ihre Einschätzung, Rathenau sei zeit seines Lebens ein Monarchist gewesen, nicht ganz falsch – so wie auch die von ihr unterstrichene Bedeutung der ökonomischen Aspekte seines Werkes gerade heute ins Auge sticht. Rathenaus Kritik an Wilhelm II. widerspricht dem nicht: Er war nicht der einzige Intellektuelle seiner Zeit, der in einer vernünftig geführten Monarchie größere Vorteile sah als in einer republikanisch geordneten Demokratie; auch Harden dachte da nicht anders.

Lili Deutsch kam unter tragischen Umständen ums Leben. Sie mußte vor den Nazis aus Europa fliehen. Zusammen mit ihrer Tochter Regine und dem Dirigenten Gustav Brecher, ihrem Schwiegersohn, schiffte sie sich nach Amerika ein. Das Passagierschiff wurde jedoch von einem deutschen Torpedo getroffen und sank im Atlantik. Da die Briefe bei dem Untergang des Schiffes verlorengingen, bleibt Kesslers Biographie bis heute die einzige Möglichkeit, sich von der jahrelangen intensiven Korrespondenz zwischen Rathenau und Lili Deutsch einen Eindruck zu verschaffen.

Die fruchtbaren Jahre

1912 griff Rathenau wieder publizistisch in die Politik ein. Zwar hatte er auch in den Jahren zuvor regelmäßig in Zeitschriften veröffentlicht, doch seine Themen hatten bis dahin immer den typischen Rathenau-Touch: eine Mischung aus fachspezifischer Reflexion auf die Funktionsweise der Gesellschaft und soziokulturellen Aspekten. So etwa »Unser Nachwuchs« (1902 bzw. 1908), »Massengüterbahnen« (1908), »Promemoria betreffend die Begründung einer Königlich-Preußischen Gesellschaft« (1910) oder »Politik, Humor und Abrüstung« (Ostern 1911, *Neue Freie Presse*, Wien).

Das Wettrüsten zwischen dem Deutschen Reich und England wurde immer gefährlicher. Ein Funke konnte Europa jederzeit in Brand setzen. Angeregt durch Alfred T. Mahans *The Influence of Seepower upon History* trieb der Kaiser das ehrgeizige Unternehmen voran, die Briten zur See militärisch zu überflügeln. Die Flotte war lebensnotwendig für Großbritannien. Durch sie wurde der weltweite Seehandel gesichert. Ein Drittel aller in Großbritannien verbrauchten Nahrungsmittel wurde importiert. Das Nationaleinkommen des Landes basierte auf dem Außenhandel, die britische Handelsflotte wickelte mehr als die Hälfte des gesamten Welthandels ab. Ohne eine weitreichende Sicherung an allen Knotenpunkten der Weltmeere war ein solches ökonomisches System nicht zu halten. Deshalb nahm London die Marotte des deutschen Kaisers sehr ernst – und rüstete seit Jahren mit aller Kraft mit den neuen »Dreadnoughts« auf. Es war ein Wettrüsten um den Bau von Großkampfschiffen.[26] Auf keinen Fall durfte das Deutsche Reich Britanniens Rolle auf den Meeren gefährden. Dafür riskierte man sogar eine gefährliche Schieflage des Haushalts, die den wechselnden Regierungen in London die Luft abschnürte.

Im Februar 1912 kam der britische Kriegsminister Richard Burdon Lord Haldane nach Berlin, um mit den Deutschen ein Abkommen über eine Begrenzung der Flottenrüstung auszuhandeln.

Walther Rathenau und Albert Ballin hatten sich für eine Quote ausgesprochen: Die deutsche und die britische Flotte sollten auch bei gesteigerter Rüstung immer im Verhältnis Eins zu Drei zueinander bleiben.

Von einer Festschreibung der Kräfteverhältnisse auf dem Meer wollten aber der Kaiser und sein Flottenpropagandist Alfred von Tirpitz nichts wissen. Der Admiral arbeitete bereits – angeregt durch die Turbulenzen der Agadirkrise – an einem neuen Flottenbauplan, der dem Reichstag im Herbst des Jahres 1912 vorgelegt werden sollte.[27]

Aus London berichtete der ihm ergebene Marineattaché Wilhelm Widenmann dem Kaiser, die Stimmung auf der Insel sei eher für ein Nachgeben gegenüber Deutschland, ja, es fehle nicht mehr viel, und Großbritannien sei bereit, Deutschland als gleichwertige Großmacht anzuerkennen. Auf keinen Fall, so der eifrige Widenmann, sei man geneigt, wegen der kolonialen Eskapaden Frankreichs, die Deutschland nach Meinung vieler Engländer nur unnötig reizten, in den Krieg zu ziehen.

Das war nur zur Hälfte richtig, spornte aber die Phantasien in Berlin mächtig an.

Ballin hatte als Eigner der großen Hamburg-Amerika-Linie seine Kontakte zur Wirtschaftselite der City of London spielen lassen und signalisiert, die Zeit sei reif für eine vernünftige Beilegung der Konflikte und eine Entschärfung der allgemeinen Situation.

Daran waren viele interessiert. Unter dem Eindruck des deutschen Panthersprungs nach Agadir hatte die weltgrößte Nachrichtenagentur Reuters am 21. August 1911 allen Nationen vermeldet, zwischen Deutschland und Frankreich sei der Krieg ausgebrochen. Damals hatte es einen sekundenlangen Herzstillstand in der internationalen Öffentlichkeit gegeben. Angesichts der verfahrenen Situation und der allseits bloßliegenden Nerven hatte kaum jemand am Wahrheitsgehalt der Schreckensmeldung gezweifelt.

Zwischen Paris und Berlin stand es Spitz auf Spitz: Deutschland hatte als Ersatz für seinen Abzug aus Marokko Äquatorialafrika gefordert. Frankreich hatte die Forderung entrüstet zurückgewiesen. Einen halben Tag lang glaubte die Welt, es ginge los. Die Großmächte schienen nach jahrelangem Drohen aufeinanderzuprallen. Erst am Nachmittag jenes heißen Augusttags kam die erlösende Meldung, die Verhandlungen zwischen den Rivalen gingen weiter. Doch richtig aufatmen konnte seither in Europa niemand mehr. Um so dringender wünschte man 1912 einen Erfolg von Lord Haldanes Mission in Berlin.

Haldane hat in Göttingen studiert, er kennt das Reich gut und spricht fließend Deutsch. Der Kanzler hat den Lord ausdrücklich eingeladen, er gilt wie viele deutsche Intellektuelle und Wirtschaftsleute als britenfreundlich. Doch seine Absichten sind andere als die des Briten. Während Haldane nichts anderes will als ein vernünftiges Flottenabkommen und damit ein Ende des ruinösen Wettrüstens, ist Theobald von Bethmann Hollweg durch die halsbrecherischen Planungen des deutschen Generalstabs gezwungen, ein politisches Einlenken zu fordern: Die deutschen Militärs wünschen sich nichts sehnlicher als eine Neutralitätserklärung Englands, damit sie ohne Angst vor den Briten einen Krieg mit Frankreich führen können.

Am Berliner Hof hofft man, Haldane weichklopfen zu können, indem man ihn einen Blick in die neue Flottenvorlage werfen läßt, an der Tirpitz fieberhaft arbeitet. Gleichzeitig erklärt man dem verdutzten Kriegsminister, an dieser Vorlage werde sich kein Jota mehr ändern.[28]

Da die Dinge so standen, mußte Haldane unverrichteter Dinge abreisen. Nach Hause nahm er die Überzeugung mit, daß mit diesen Deutschen kein vernünftiges Abkommen zum beidseitigen Nutzen zu erzielen sei. In London forcierte man nach der ungewöhnlichen Erfahrung des Kriegsministers die Verhandlungen mit Frankreich. Auch hier ging es um ein Flottenabkommen – aber um eines, das zeitgemäßer war als das, das man sich in Berlin erhofft hatte.

Mit Paris sprach man nicht mehr über Abrüstung, mit Paris sprach man bereits über den Krieg. Die englische Flotte sollte im Ernstfall aus dem Mittelmeer abgezogen werden und zusammen mit der Home Fleet den Kanal gegen die Deutschen verteidigen, so daß Frankreichs Flotte sich ganz auf den Mittelmeerraum würde konzentrieren können. Das war der Anfang vom Ende der deutschen Blütenträume.

Vor dem Hintergrund dieser dramatischen Entwicklung war die neue Flottenvorlage von Tirpitz das Thema der Stunde in

Berlin. Alle waren der Meinung, daß eine neue Aufrüstung unumgänglich sei. Nur wenige hatten Angst vor der drohenden Eskalation. Zu den wenigen gehörte Rathenau.

Doch seine Haltung in diesen Monaten war zwiespältig. Rathenau wollte sich nicht ohne Not gegen die Mehrheit der Deutschen stellen. Er wollte warnen, aber nicht aufrütteln. In seinem Artikel »Politik, Humor und Abrüstung«, der später auch in *Zur Kritik der Zeit* aufgenommen werden sollte, hatte er im April 1911 vorgeschlagen, die Rüstung zu kontingentieren – und zwar in vernünftigem Verhältnis zum »inneren Machtkomplex eines Landes«.

Das sprach zwar für seine Verhandlungsbereitschaft und unterstrich seinen weithin bekannten Sinn für den vernünftigen Ausgleich. Doch die Bindung an den »inneren Machtkomplex« war genau das, was die Rüstungsbefürworter um den Kaiser, Tirpitz & Co. unentwegt einklagten: daß nämlich das Reich endlich den Platz im Kreis der Weltmächte erhielt, der ihm ihrer Meinung nach zustand. Wenn Deutschland im internationalen Spiel der Mächte unterrepräsentiert war, so gebot ihm eben sein »innerer Machtkomplex«, als intakte Großmacht im Herzen Europas hochzurüsten, um ebendiese Stellung zu erringen.

Rathenaus zweite Einschränkung lautete: Der Wehretat eines Landes solle eine feste Relation zum Gesamtetat beibehalten. Das unterstrich die Forderung der Hardliner ja noch, wies aber auch schon Grenzen: Sobald die Rüstung – wie in England – das Land zu ruinieren drohe, solle sie beschränkt werden.

Auch zum Zankapfel zwischen Frankreich und dem Reich, dem seit 1871 annektierten Elsaß-Lothringen, nimmt Rathenau eine ambivalente Position ein. Als er im Juni 1911 den Exkanzler Bernhard von Bülow in Rom zu einer Tour d'horizon trifft, äußert er sich zu den Maßnahmen der Berliner Regierung zur Befriedung der französischen Bevölkerung.

Bülow, der seine sprichwörtliche Forderung nach einem »Platz an der Sonne« für Deutschland auch nach seinem Rücktritt noch als politisch relevantes Ziel ansah, kritisierte seinen Nachfolger. Am 26. Mai 1911 hatte die Reichsregierung den Provinzen Elsaß-Lothringen, die der Souveränität aller deutschen Fürsten unterstellt waren, ein freies und geheimes Wahlrecht für einen Landtag eingeräumt und gleichzeitig zum Schutz gegen Obstruktionen seitens der Franzosen diesem ein aus deutschfreundlichen Adeligen bestehendes Oberhaus verordnet.

Rathenau stimmt in Bülows Lamento ein und vermerkt schneidig, ein Königtum hätte ihm besser gefallen, um die Herzen der Elsässer damit für das Reich zu gewinnen.[29]

Dabei war die Verbindung Rathenaus zu Bethmann Hollweg mittlerweile sehr eng, fast familiär. Die Kinder aus Hohenfinow besuchten Schloß Freienwalde, Rathenau ließ sie photographieren und schickte die Photos beglückt seinem Nachbarn. Rathenau und der Kanzler sprachen oft über aktuelle politische Themen, wobei sie meistens verschiedener Meinung waren, miteinander aber ausführlich und kontrovers diskutieren konnten.

Am 25. Juli ist Rathenau wieder einmal zum Tee bei Kanzler Bethmann Hollweg, und man spricht über das Elsaß. Der Kanzler war mit der schwelenden preußischen Wahlrechtsreform recht unzufrieden, überall sah er Gefahren für seine Position. Deshalb hatte er dem psychologisch notwendigen Wahlrecht in den annektierten Gebieten auch nur widerwillig und unter Vorbehalten zugestimmt. Er war es auch, der das eigenartig unzeitgemäße Oberhaus installiert hatte, das ein konservatives Gegengewicht zu dem frei gewählten Landtag bilden sollte. Bethmann Hollweg war stolz darauf, daß sich schon 100 Adlige für das Parlament gemeldet hatten.

Weiter hatte er dem Landtag bei der Verabschiedung eines neuen, eigenen Etats Steine in den Weg gelegt. Ohne Finanzhoheit aber waren dessen Handlungsmöglichkeiten weitgehend eingeschränkt. Schließlich sahen Bethmann Hollwegs Gesetze auch noch die Einrichtung einer Militärdiktatur im Kriegsfalle vor – was den Ausgleichswillen der französischen Bevölkerung nicht gerade befördert haben dürfte.

Rathenau schlug in die gleiche Kerbe: Am besten, meinte er beim Tee in Hohenfinow, sei eben doch eine Dynastie für Elsaß-Lothringen und nicht etwa ein modernes Parlamentssystem. Im übrigen genüge es zur Wahrung des Friedens völlig, daß den elsässischen Burschen eine Karriere im Reich offenstünde, wenn sie das Zeug dazu hatten.

Als Bethmann Hollweg ihn spät in der Nacht zum Wagen bringt und dabei seine Mutlosigkeit angesichts des weiter schwelenden Konflikts äußert, tröstet ihn Rathenau: Er solle nur wie immer die Nerven behalten und sich nicht allzusehr der öffentlichen Meinung unterordnen.[30]

Noch in der Nacht in Freienwalde setzt sich Rathenau an den Schreibtisch und schreibt dem Kanzler einen Brief, in dem er dessen Ängste in bezug auf Afrika zu dämpfen versucht. Der leitende Verkehrstechniker des Reichskolonialamts Hermann Schlüpmann habe ihm am Vortag noch versichert, daß man sich nicht mit den Franzosen um das Hinterland prügeln müsse; der Hafen von Duala reiche für die Abwicklung des Verkehrs völlig aus.

Man sieht, Rathenau bleibt trotz seiner politischen Abstinenz in Tuchfühlung, und es gelingt ihm, durch die Nähe zu Politikern im Zentrum der Macht Einfluß auf die Politik zu nehmen – auch wenn er selbst kein Reichstagsmandat errungen hat.

Am 13. Februar 1912 hat er wieder einmal Gelegenheit, den Kaiser im engsten Kreis zu sprechen. Wilhelm II. ist ebenso wie er zu Admiral Fritz von Hollmann geladen, dem Staatssekretär im Reichsmarineamt. Dabei spricht man ganz offen über die Katastrophen der letzten Wochen. Der Kaiser meint, Haldane sei zwar sehr deprimiert gewesen über die Berliner Drohgebärde, aber die »Engländer sagen und vertragen die Wahrheit«. Erst müßten die politischen Fragen geklärt werden, bevor man an eine Synchronisation der Flotten denken könne. Im übrigen sei nicht England der Friedensstörer, sondern Frankreich. England werde schon bald bemerken, daß es von Frankreich »mißbraucht« werde. Als Zukunftsvision schwebten dem Kaiser die »Vereinigten Staaten von Europa« vor, die dann gegen das erstarkende Amerika zusammenstehen könnten. Frankreich zögere zwar naturgemäß noch, werde aber zwangsläufig auch dazustoßen müssen.[31]

Rathenau lobte die »klare und pointierte Darstellung«. Wie sehr er dieser Vision des deutschen Kaisers zu folgen geneigt war, zeigte er im Dezember 1913, ein gutes halbes Jahr vor Ausbruch des Krieges: In »Deutsche Gefahren und neue Ziele« griff er die Vorstellung von einem europäischen Bündnis unter deutscher Federführung auf und entwickelte sie weiter.

Am Tag nach dem Treffen bei Admiral Hollmann schickte Rathenau Photos von seinem Schloß Freienwalde an Wilhelm II. So privat verkehrte man mittlerweile miteinander. Und natürlich erkundigte sich der Kaiser auch besorgt bei Walther nach dem Zustand seines alten Bewunderers Emil Rathenau, als der infolge seiner Zuckererkrankung mit dem Tode rang.

Am 18. März 1913 hielt Winston Churchill eine Etatrede vor dem britischen Parlament. Unter dem finanziellen Druck, in den das Empire durch den Rüstungswettlauf geraten war, bot er dem Deutschen Reich ein Flottenfeierjahr an – also einen Aufschub der Fortrüstung. Sollte Deutschland auf die nächsten drei Schiffe verzichten, so wollte Großbritannien freiwillig den Bau von fünf Schiffen stornieren.

Am Tag nach Churchills Angebot ist Rathenau abends bei Axel Varnbüler von und zu Hemmingen geladen, dem württembergischen Gesandten in Berlin, dessen Frau ihren männlichen Gästen zu vorgerückter Stunde gerne Ausdruckstänze vorführt. Dem Direktor im Auswärtigen Amt, Wilhelm von Stumm, gegenüber zieht Rathenau bei dieser Gelegenheit vom Leder: Churchill brauche eine deutliche Antwort aus Berlin. Diese sollte nach Rathenaus Meinung eher in einer Rüge bestehen als in einer Geste der Bereitwilligkeit.

Rathenau war trotz seiner Liebe zu England und seiner Bewunderung für die britische Verwaltungsroutine der gleichen Überzeugung wie der Kaiser, der Kanzler Bethmann Hollweg und der gemeinsame Freund Ballin: Bevor Deutschland Zugeständnisse hinsichtlich der Flottenrüstung mache, müßten die Briten endlich von Frankreich abrücken und die Neutralitätserklärung abgeben, die das deutsche Militär so sehnsüchtig für den Kriegsfall mit Frankreich erwartete.[32]

In dem am 6. April 1912 in der *Neuen Freien Presse* erschienenen Artikel »England und wir« legt er noch einmal in kernigen Worten nach: Die Verpflichtung zur Neutralität habe von England auszugehen. Komme sie nicht, so sei Deutschland zu einem Krieg gezwungen, in dem auch England sein Gegner sei. Erst nach einer Neutralitätserklärung sei eine Abrüstung von deutscher Seite möglich – denn ohne diese müsse es ja für den Krieg gerüstet sein. Allerdings schätzte Rathenau nach dieser etwas fragwürdigen Wendung die Wahrscheinlichkeit eines solchen europäischen Krieges als sehr gering ein, da die industrielle Zerstörung im Falle einer Auseinandersetzung im Herzen des Kontinents so verheerend sein würde, daß sie auf alle Beteiligten abschreckend wirken müsse.

Das war eine damals in Deutschland weit verbreitete Haltung: Ebenso wie Rathenau glaubten viele Menschen, das Reich brauche nur mit dem Säbel zu rasseln, um sich im Kreis der überheblichen Weltmächte Gehör zu verschaffen. Das Risiko eines Kriegsausbruchs schätzte man gering ein, verdrängte es auch. Sogar einer der schärfsten Propagandisten des Wettrüstens, der Großadmiral Tirpitz, zeigte sich, als das Kind dann in den Brunnen gefallen war, ernsthaft betroffen und äußerte, er habe mit dem Ausbau der Flotte niemals einen Krieg gewollt, vielmehr sei das Gegenteil seine Absicht gewesen, nämlich eine Einschüchterung der Westmächte und damit die Abschreckung von einem möglichen Waffengang.

Noch deutlicher wurde diese ambivalente Haltung in dem Artikel »Den Finger auf die Wunde«, den Rathenau im Juni schrieb. Er sprach sich entschlossen für eine beidseitige Rüstungsbeschränkung und eine militärische Symmetrie aus. Gleichzeitig aber betonte er, daß England gegen die Logik einer solchen Symmetrie verstoße, indem es sich so eng an Frankreich anlehne. Rathenau polemisierte offen gegen die Entente und stellte England noch einmal vor die Alternative: entweder ein Neutralitätsabkommen mit Deutschland oder den Krieg. Allerdings bekam er sofort ein schlechtes Gewissen und verlieh reumütig seiner Hoffnung Ausdruck, daß der Konflikt »mit einem Händedruck beschlossen« werden könne.[33]

Dem folgte wie nach einer festgelegten Dramaturgie am 25. Juli 1912 beim Essen mit dem Kanzler in Hohenfinow ein dezidiert politisches Programm. Rathenau war endlich so weit, daß man ihm an höchster Stelle aufmerksam zuhörte. Deshalb wollte er dem ungeordneten Treiben, das er derzeit allenthalben beobachtete, endlich ein Ziel geben – das Ziel, das der deutschen Politik so schmerzhaft zu fehlen schien. Selbst Bethmann Hollweg, darauf angesprochen, hatte erklärt, es gebe keine Fernziele, an denen man sich derzeit orientiere. Also ließ der Kanzler seinem Gast nach dem Essen die Zeit, sich ausgiebig über das zu äußern, was er langfristig für notwendig hielt.

Rathenau ratterte sein Programm wie ein Uhrwerk herunter.

1. Wirtschaftlich müsse Deutschland eine Zollunion mit den mitteleuropäischen Mächten begründen. Damit waren die »wohlgesinnten« Nachbarstaaten Österreich, Schweiz, Italien, Belgien und die Niederlande gemeint. Hinter diesem Plan stand eine neue Mitteleuropakonzeption, die in der Rathenau nahestehenden Nationalliberalen Partei intensiv diskutiert wurde.

2. Der Grundkonflikt zwischen Deutschland und Frankreich könne gelöst werden, indem man England von Frankreichs Seite wegziehe und anschließend mit ihm eine vernünftige Abrüstungslösung vereinbare. Um diesen für Deutschland optimalen Ausgang zu erreichen, sei es in der jetzigen Situation notwendig, weiterzurüsten und Englands Position am Rande Europas, also im Mittelmeer, so weit wie möglich zu schwächen. Bethmann Hollweg nannte das an anderer Stelle die »Quadratur des Kreises«: Wie sollte man sich mit England einigen, wenn man es gegen die Wand drängte und zur Gegenwehr zwang?[34]

3. Innenpolitisch sei eine Wahlrechtsreform dringend notwendig, um – Rathenaus altes Thema – endlich alle Talente an der Lösung drängender nationaler Fragen zu beteiligen.

Kanzler Bethmann Hollweg soll sich, laut Rathenau, mit allem weitgehend einverstanden erklärt haben – entweder war er am Ende eines langen Arbeitstags einfach zu müde, um der Argumentationsmaschine Rathenau noch zu widersprechen, oder aber er wußte, daß die Situation viel zu ernst war, um sich noch lange mit solchen Denkspielen aufzuhalten.

In seinem Tagebuch vermerkt Rathenau später stolz, der Kanzler habe ihn an diesem Abend gleich dreimal aufgefordert, seine Ideen für eine Wahlrechtsreform auszuarbeiten, das letzte Mal besonders eindringlich, als der Gastgeber seinen Nachbarn zum Wagen begleitete und ihn warmherzig verabschiedete. Doch jedesmal habe er, Rathenau, entschieden abgelehnt.

Bethmann Hollweg habe unter seinen Leuten doch geeignetere für diese Aufgabe als ihn, hatte Rathenau gesagt – was nichts anderes hieß als: Wenn ihr mich nach all den Brüskierungen doch noch für eure Politik gewinnen wollt, dann müßt ihr euch schon etwas anderes einfallen lassen als die trockene Konzeptionsarbeit an einer sowieso umstrittenen Wahlrechtsreform, die nie realisiert werden wird.

Wie eng das innenpolitische Streitthema der Wahlrechtsreform für ihn mit dem drohenden Krieg zusammenhing, machte er schon Anfang des neuen Jahres klar. Am 23. März 1913 – also ein gutes Jahr vor der Eskalation – erschien in der *Neuen Freien Presse* in Wien ein Artikel, der den Streit um die Steigerung der Rüstungsausgaben kommentierte. Der Kaiser und seine Militärs verlangten eine Milliarde Mark. Das Heer sollte auf fast 550 000 Mann aufgestockt werden. Die Marine plante, ihre Flotte auf fünf Geschwader mit acht Linienschiffen zu erweitern. Rathenau schrieb dazu: »Die doppelte Spannung, die gefährlicher als ausgesprochen, zwischen England und uns, ausgesprochener als gefährlich zwischen Frankreich und uns bestand, gewinnt jetzt ihre volle Expansionskraft, verschärft durch Rußlands Empfindlichkeit, die die Milliardensaat im Festungsgürtel längs seiner Grenze aufsprießen sieht. Durch jenes Eumenidenopfer, das uns verkündet wird nach dem Gesetz hundertjähriger Wiederkehr, wird nicht ein Schicksal gewendet, sondern beschleunigt.«

Die Rüstungsbefürworter hatten sich bei ihrer Vorlage auf das Jahr 1813 bezogen. Genau 100 Jahre war es her, daß sich Preußen gegen die französische Fremdherrschaft erhoben und in der Koalition mit Österreich Napoleon verjagt hatte. Rathenau stößt sich heftig an dieser Reminiszenz, die nur ein Ziel hat: das Volk gegen einen imaginären Besatzer zu mobilisieren und Geld für die Flotte zu bekommen. Raffiniert kehrt er das fadenscheinige Argument um: Wenn der neuerlichen Rüstungsanstrengung auch innenpolitische Reformen folgten, hätte das Opfer, das das Volk finanziell leisten müsse, einen Sinn.

Hier geht es ihm wieder um sein dringlichstes Ziel: Daß das Reich endlich alle Kräfte am großen Ganzen beteiligen möge und die Rettung nicht nur der ausgedünnten und weitgehend unfähigen Aristokratie überlassen dürfe: »Klassenherrschaft, ausgedrückt durch mangelhafte Selektion und schwache Politik, Konservativismus der Führung, ausgedrückt durch Ungleichheit der Lasten: das ist das doppelte Unrecht und die doppelte Gefahr unseres Landes.«

Also fordert Rathenau Hand in Hand mit der Flottenerweiterung eine Reform des »ungerechten Wahlgesetzes« in Preußen. Allerdings wagt es der Mahner auch hier nicht, Roß und Reiter beim Namen zu nennen. Schuld an der Misere hätten nicht der Kaiser und seine Kaste, sondern das schwache Bürgertum, das dieses Unrecht duldete. Aber er droht denen, die uneinsichtig bleiben würden: Niemand solle glauben, ein Krieg ohne die verfassungsmäßige Beteiligung des ganzen Volkes könne überstanden werden, ohne daß im Strudel der Kämpfe zwangsläufig ein innenpolitischer Umsturz erfolgen würde. Hier hat Rathenau wirklich prophetische Gabe bewiesen.

Zur Kritik der Zeit

Walther Rathenaus intellektuelles Exerzierfeld war längst nicht mehr die Tagespublizistik. Rathenau war unter die Schriftsteller gegangen. Er schaute tiefer. Er wollte das Übel an der Wurzel packen.

Das Buch, das 1912 bei Hirzel erschien, war nicht Rathenaus erste gebundene Veröffentlichung. Aber die *Impressionen* von 1902 und die *Reflexionen* von 1908 bestanden aus disparaten Essays, die im Laufe der Jahre mal hier und mal dort erschienen waren. Auch die *Kritik der Zeit* hatte noch den Charakter einer mühsam zusammengebundenen Textsammlung, deren Einzelteile nur mit viel Wohlwollen thematisch miteinander in Verbindung gebracht werden können.

Das Kernstück der *Kritik der Zeit* löste dennoch einige Verwunderung aus. Dazu dürfte auch die dick aufgetragene Widmung an Gerhart Hauptmann beigetragen haben: »Dir, Gerhart, habe ich stets geglaubt, ohne Beweis und ohne Umschweife.«

Rathenau unterscheidet in *Zur Kritik der Zeit* geschichtete und ungeschichtete Völker. Ungeschichtete Völker bestehen aus gut »zusammengekochten Rasseelementen«. Die Kraft ihres Anfangs hat sich aufgebraucht. Das Schicksal dieser einschichtigen Völker ist der Stillstand, die kulturelle Lethargie.

Nur da, wo es zwei Schichten gibt, eine herrschende Oberschicht und eine davon »stammverschiedene«, von ihr beherrschte Unterschicht, entwickelt sich eine Dynamik, es beginnt

Geschichte. Indem die Handwerker der Unterschicht sich in den Dienst der Ideale der Oberschicht stellen, entwickelt sich Kunst. Da bei dieser Vermischung der Elemente die von unten kommenden Einflüsse naturgemäß zahlreicher sind, bestimmen sie auch eher das Endprodukt. Die Wirtschaft wird zwangsweise demokratisch. Die von unten Kommenden sind zäher und wandlungsfähiger als die Aristokratenkaste, die sich über Generationen hinweg nur mit sich selbst ausgetauscht hat. Also – so Rathenaus Wink an den wilhelminischen Staat – integriere uns, oder ersticke an uns!

Die Kräfte von unten haben eine Veränderung der Welt erzwungen: Sie haben sie so umgeformt, daß es möglich wurde, auf engstem Raum eine Unzahl von Menschen zu ernähren. Dies ist mit Hilfe der Mechanisierung geschehen, ein Schlüsselbegriff in Rathenaus Denken. Die Welt wird nur noch nach den Gesichtspunkten ihrer nützlichen Verwendung in Hinblick auf das demographische Problem gesehen. Unterschiede und Nuancen fallen unter den Tisch. Wichtig ist nur das, was dem gesunden Überleben der Mehrheit nützt.

Rathenau beklagt diese schleichende »Entgermanisierung« des Kontinents. Für ihn ist die doppelgeschichtete (wilhelminische) Gesellschaft ein gefährdetes Erfolgsmodell. Aber er glaubt, das Rezept gegen die partielle Verhärtung gefunden zu haben: Er präsentiert eine Anleitung zur optimalen Vermischung der Talente aus Unter- und Oberschicht. Rathenau will das unfaire System reformieren – damit diejenigen, die ihn einst ausgeschlossen haben, ihn nicht mehr hassen, sondern endlich lieben und in ihre Arme schließen.

So analysiert er also das dem Dilemma zugrundeliegende Prinzip: die Mechanisierung. Sie hat die Welt mit Hilfe der Technik und der Organisation rationalisiert. Die Produktion wurde erhöht, Arbeit und Material wurden immer weiter eingespart. Dazu brauchte die Gesellschaft ein zweckmäßiges Denken, das sich keine Kapriolen erlaubt und nie sein rechnerisches Ziel aus den Augen verliert. »Dem Blutumlauf vergleichbar ergießt sich der Güterstrom durch das Netz seiner Adern und Arterien. In jedem Augenblick des Tages und der Nacht donnern die Schienen. Rauschen die Schiffsschrauben, sausen die Schwungräder und dampfen die Retorten, um die Last dieses Umlaufs zu erneuern und zu bewegen.« Rathenau vermag es, in noch unschuldigem Erstaunen vor dem eben erst entstandenen Organismus der Industrialisierung zu verharren. Gerade diese suggestive Beschwörung der inneren Kräfte einer neuen Welt, die die Menschen fest umklammert hält, ohne daß diese sich dessen bewußt sind, macht die Faszination von Rathenaus wissenschaftlicher Prosa aus.

In der mechanisierten Welt geht der besondere Reiz der handgearbeiteten Waren verloren. Die Dinge werden auf schnelle Verbrauchbarkeit hin hergestellt. Wenn sie sich auflösen, wartet schon das nächste, noch kostengünstigere Modell. Die Menschen können sich mehr leisten, und sie können die Waren schneller ersetzen. Doch darunter beginnt ihr ästhetischer Sinn zu leiden. Dennoch hat die Mechanisierung auch ihre guten Seiten. Die Wirtschaftsgemeinschaft muß enger zusammenrücken, die ökonomische Abhängigkeit wird größer. So wird es immer schwieriger, einen Krieg anzuzetteln und zu führen.

Die höchste Form der Mechanisierung ist der moderne Staat. Er übt eine Kontrolle über die Wirtschaft aus, nicht nur im Krieg, wenn er rationalisieren muß, auch in Friedenszeiten. Er ist dazu da, die Auswüchse des Marktes einzudämmen. Dennoch herrscht auch in der mechanisierten Gesellschaft immer noch eine soziale Schieflage. Dem Sozialismus, der angetreten ist, diese zu regulieren, geht es laut Rathenau jedoch nur um die Beseitigung wirtschaftlicher Ungerechtigkeit. Damit bleibt er hinter der eigentlichen Aufgabe zurück, nämlich der, der Gesellschaft, die im Zuge der Mechanisierung geistig verarmt ist, neue Ideale zu verschaffen, die sich nicht allein auf die materialistische Grundauffassung stützen.

Rathenau wollte die Welt nicht gleicher machen, er wollte sie endgültig befreien von den Kategorien des Vorteils und des Profits. Viel schlimmer als materielle Ungerechtigkeiten sind für ihn die Blessuren, die der Geist durch die Mechanisierung davonträgt: Es ist nicht mehr die Freude des Schaffens, die den Menschen beseelt, er zehrt nur noch von einer schwächlichen Freude des Erledigens. Die Freuden, die ein Rathenau schätzt, läßt der mechanisierte Mensch links liegen: Die Natur und die Kunst geben ihm nicht mehr das, was er braucht.

Die frühe Herrschaftsschicht in Mitteleuropa war eine germanische Rasse, die sich durch zweckfreies Denken auszeichnete – das Gegenteil des modernen Menschen der mechanisierten Welt. Rathenaus germanische Urrasse lebte sorgenfrei in den Tag hinein, hatte ihre Freude am Kampf und war eher verspielt als besonders planend. Die Mechanisierung ist erst durch diejenigen in die Welt gekommen, die schwach waren und unter der Knute der alten Herren standen. Sie haben gelernt zu dulden und sich zu gedulden. Sie haben tausend Mittel ersonnen, mit denen sie der Gewalt und dem Hereinbrechen der Ungerechtigkeit begegnen konnten. Ihr Leben war ohne Transzendenz, denn die ist das Reich des Zweckfreien.

Der Ehrgeiz als Motor der modernen Gesellschaft läßt sich aus der urzeitlichen Furcht der Schwachen ableiten. Die Mutmenschen kennen nach Rathenau keinen Ehrgeiz: Von germanischem Herrentum und germanischem Selbstbewußtsein berichtet die Überlieferung, nicht aber von Ehrgeiz und Eitelkeit. Diese modernen Basistugenden des Wirtschaftslebens sind Eigenschaften einer sich duckenden Unterschicht.

Hier sehen wir die kritische Hauptlinie Rathenaus, die er mit vielen konservativen Zivilisationskritikern gemeinsam hat: Die moderne Gesellschaft hat sich zu sehr zum Intellekt hin entwikkelt. Erfinder und Entdecker stehen höher im Kurs als Kriegshelden (zumindest war das vor dem Weltkrieg so). Das vorherrschende Gefühl in den Zeiten der Mechanisierung ist das Mitleid – ein Relikt aus der Schicht der unterdrückten Stämme. Die Menschen hören auf zu staunen, nichts kann sie noch wirklich überraschen. Die Vernunft ist ihrer Seele weit voraus – das Schlimmste, was einem Menschen passieren kann, findet Rathenau.

Auch wenn die Mechanisierung äußerlich, also politisch, ihr Ziel unweigerlich erreichen wird: Sie trägt dennoch ihren Tod schon in sich. Sie hat vor sich selbst Angst, sie strebt insgeheim zur Befreiung von den »Ketten unablässiger Zweckgedanken«.

Die Menschen streben nach Glück und Sinn, die Epoche aber gibt ihnen materielle Güter. Auch Philosophie, Religion, Wissenschaft und Kunst bieten dem fragenden Menschen nur Relativismus an. Die Menschen aber wollen andere Werte, mit den »kleinen Heiligtümern« der mechanisierten Welt, den »Dachgärten auf Fabrikgebäuden«, können sie auf lange Sicht nicht leben.

Rathenau geht wieder zurück zur Entstehung der Mechanisierung, um dieses Dilemma aufzuklären: Vor Anbruch der Geschichte waren Kraft und Mut die höchsten Tugenden des Menschen. Einseitige, vernichtende Auslese des Intellektualismus habe die Werte der alten Welt, in denen es mutige Herrscher und furchtsame Beherrschte gab, hinweggefegt.

Durch den Drall, den die Mechanisierung in unser Leben brachte, sind wir der Logik des Verschleißes verfallen: Wir produzieren uns zu Tode. Ein Drittel der Produktion dient überflüssigen Luxus- und Reizgütern, findet Rathenau. Durch diesen Suchtcharakter des Produzierens entfernen wir uns immer weiter von unseren Wurzeln in der Natur, wir beuten sie aus und konsumieren endlos. Die Welt wird sich, hat sie diesen Mißstand erst erkannt, von der nichtigen Warenwelt abwenden, hofft er. Damit wäre die Befreiung von der Mechanisierung schon so gut wie vollzogen.

Der Mensch sehnt sich nach einem neuen Sinn, der »jenseits des Beweisbaren« liegt. Das einzige, was ihn vor dem letzten Schritt noch abhält, ist die Willkürlichkeit dieses fremden Sinnes. Aber das ist nur eine Schwäche aus seiner mechanistischen Vergangenheit: Dem freien Menschen wird diese Willkür nicht mehr als wesensfremd erscheinen, wenn er sich erst vom Diktat der Vernunft gelöst hat. Die Seele, sein inneres, durch Kausalität verschüttetes Maß, wird ihm den Weg zeigen. Das Mysterium, das uns innewohnt, wird die Hülle einer geordneten und durchgeplanten Welt durchstoßen. Denn: »von jedem alltäglichen Erlebnis bedarf es eines einzigen Schrittes bis zum Mittelpunkt der Welt.«

Die Seele ist das Refugium eines autonomen Menschseins. Sie muß also nicht erst erzeugt werden, sie ist da. Selbst in dunkelsten Zeiten brutaler Mechanisierung war sie da. Sie muß nur befreit werden, zum Aufstieg ist sie allein fähig. Das bedeutet jedoch nicht, daß Rathenau zum Wirtschaftsverzicht aufruft. Die Produktion steht nicht still: »Auch wenn das Wertlose vom Wünschenswerten und Nötigen gesondert wird, bleibt noch viel, noch mehr als heute zu schaffen, um größere und gleichmäßige Sorgenfreiheit der Lebensführung zu sichern.«

Hier beginnt Rathenaus Therapie nebulös zu werden. Als das Ziel des wahren Menschseins ortet er das »Mysterium der Liebe«, also die Vereinigung der Geister, ein Vorgang, dessen Gesetzmäßigkeit er in einer noch ausstehenden Fortsetzung, der *Mechanik des Geistes*, näher beleuchten will. Auf jeden Fall ist ihm jetzt schon so viel klar: Der »unendlich summierte Geist« empfindet sich selbst als eine Einheit und somit die Vereinigung als Einlösung seines Wesens.

Die Aufhebung des Individuellen ist in Rathenaus Augen keine Selbstaufgabe, sondern eine qualitative Steigerung, denn sobald die individuellen »Willenstäuschungen« sich erledigt haben, öffnet sich das Reich der Liebe: »... und dieses Reich der Seele und der Liebe kann tatsächlich auch das Reich Gottes genannt werden, weil es seinen Schwerpunkt vom geistig Individuellen in das seelisch Universelle verlegt.«[35] Damit hat Rathenau einen mystischen Höhepunkt erreicht – darüber hinaus läßt sich nichts mehr sagen über die Seele und ihre Bedeutung für das Glück des Menschen.

Zur Kritik der Zeit erschien im Januar 1912 bei Fischer. Der Text war ursprünglich ein Artikel für die *Neue Rundschau*, den Rathenau immer weiter ausarbeitete, um dem Publikum nach den Jahren der punktuellen Auseinandersetzung in disparaten Zeitschriftenartikeln endlich einen Überblick über das Konzept zu geben, das hinter seinen Einzelkritiken stand. Im Fischer-Verlag, der die *Neue Rundschau* herausgab, bemerkte man irgendwann, daß es mit dem bestellten Artikel nichts werden würde – und verschaffte sich kurz entschlossen eine Option auf den Text, der aus dem Artikelvorhaben erwachsen war.

Am 7. Oktober 1911 hatte Rathenau an Hirzel in Leipzig geschrieben, also an den Verlag, der seine beiden bisherigen Bücher *Impressionen* und *Reflexionen* herausgebracht hatte. Er teilte dem Verleger, der ihm die aufwendige bibliophile Ausstattung der *Reflexionen* möglich gemacht hatte, mit, daß Fischer den Zeitschriftentext für seinen Stammverlag haben wolle. Hirzel ließ Rathenau achselzuckend ziehen: Zwar hätte er gerne weiter von der Prominenz seines Autors profitiert, er wußte aber, daß er ihn nicht halten konnte, wenn Rathenau einen Text verfaßt hatte, der für ein ganz großes Publikum geeignet war.

Obwohl der Wechsel von Hirzel zu Fischer für den Autor einen enormen Aufstieg in der Hierarchie des Verlagswesens bedeutete,